アメリカにおける国家安全保障と大学

宮田 由紀夫

関西学院大学出版会

はじめに

　本書の目的は、アメリカにおける大学と国家安全保障・国防省（この組織ができたのは 1947 年ですが）との関係を分析することです。国防省が大学の研究のスポンサーとして果たしてきた役割と、大学側の軍事技術開発への対応についての双方向で考察します。

　アメリカの大学は秀逸ですので、世界各国がアメリカの高等教育制度を導入しようとしています。もともと戦後、アメリカの制度の影響が強かった日本も「アメリカの大学では」ということで、さまざまなアメリカの制度を新たに導入しています。筆者がこれまで研究してきたのは、大学による特許取得を促進する「日本版 TLO (Technology Licensing Organization)」、大学スポーツのビジネス化を目指す「日本版 NCAA (National Collegiate Athletic Association)」でした。いずれもアメリカの制度が皮相的に議論され、都合のよい面のみが喧伝され、日本に導入されれば一緒に入ってくるであろう弊害については無視されてきました。

　そして今回は、軍事研究における「日本版 DARPA」について考えてみたいと思いました。本書の中で詳説しますが、DARPA (Defense Advanced Research Projects Agency) は国防省の中の組織で、大学などの省外の組織に研究資金を提供して画期的なイノベーションを生み出してきました。ステルス戦闘機やトマホークミサイルといった軍事技術だけでなく、民生品市場で応用されたインターネットやカーナビも DARPA のプロジェクトが基になっています。日本でも防衛省の資金で大学が研究を行うこと、それが民生品でのイノベーションになることが期待されています。

　わが国では第 2 次大戦の反省から長い間、大学の軍事研究をタブー視してきました。軍事研究とは軍事目的の技術を開発すること、軍事組織（防衛省）からの資金での研究です。昨今の活発化する憲法改正論議のなか、大学における軍事研究の解禁・拡充が議論されています。国立大学の教員は（法人化以

降はそうではないのですが）公務員なのだから、また国から研究費を得ているのだから、国が軍事研究を求めるのならば従うのが当然である、という意見も見られます。

　このような議論の高まりのなかで、本家のアメリカで大学と国家安全保障がどのような関係を持ってきたかを学ぶことは重要です。本書ではアメリカの事情は特殊なので日本に当てはめるわけにはいかない、ということを主張します。国（連邦政府）が大学の研究や企業の民生技術の研究開発に資金を提供する伝統のなかったアメリカでは、国防省は軍事技術との関係が希薄なテーマでも大学の研究を支援し、また、軍事技術から民生品技術へのスピンオフが大きな役割を果たしたのです。日本では文部科学省が大学の研究を支援し、経済産業省が民生技術の研究開発を支援しているので、両者の予算を着実に増加させればイノベーションに寄与できるわけで、防衛省が大学の研究を支援したり、その成果の民生品への移転を期待したりする必要はないのです。

　本書の構成は次の通りです。第1章では、第2次大戦までの政府・軍と大学との関係と、第2次大戦での大学の軍事研究について紹介します。第2章では、第2次大戦以降の科学者と議会・大統領との関係について考察します。第3章では、1970年代末までの大学の研究支援やハイテク産業振興において国防省が顕著な役割を果たしていた時代のことを分析します。第4章では、1980年代以降の大学の研究やハイテク産業に対する国防省の役割の変化を考察します。第5章では、国の軍事技術の開発政策を大学の研究者が客観的に評価してきたことについて考察します。第6章では、国家安全保障の名のもと共産主義支持者がキャンパスで弾圧され「言論の自由」が侵された時代を振り返るとともに、その今日的な意味を考えます。第7章では、大学生が戦場に送られる可能性のあったベトナム戦争の時代を考えます。第8章では、国防省は研究だけでなく教育支援も行ってきましたので、その点を考察します。最後に第9章では、最近の問題である留学生の存在の国家安全保障への懸念を簡単に述べた後、日本への政策含意をまとめます。

　本書は関西学院大学国際学部開講の「アメリカ高等教育産業論」のテキス

トブックとして執筆しました。アメリカの大学（高等教育産業）を語る上で、研究や奨学金の資金源として、さらに教員や学生による軍事研究・政策への反対運動など国防省との関係はきわめて重要です。また、前述したように「アメリカでは」という論調で、産学連携、大学スポーツビジネスと並んで、今日、軍事研究が推進されていますので、アメリカの現状をしっかりと理解していただきたいと思います。

　本書は、文部科学省科学研究費「学問の自由の動態と再構築に関する国際比較研究―コモンローと制定法―」の支援を受けました。研究代表者の東北大学名誉教授の羽田貴史先生に御礼申し上げます。本書は教科書という性格上、厳密な文献引用はしていませんが、本書のアカデミックバージョンは科研費プロジェクトの成果として別に発表の機会を持ちたいと思います。

　田中直哉さんと松下道子さんをはじめ、関西学院大学出版会の皆さんには大変お世話になりました。感謝いたします。

　最後になりますが、20年以上前に大学教員としての最初のフルタイムの職場を筆者にご紹介いただいた、山下博先生（大阪大学名誉教授）と高橋哲雄先生（甲南大学・大阪商業大学名誉教授）に御礼申し上げます。

2018年9月

宮田 由紀夫

アメリカにおける国家安全保障と大学　目次

はじめに　i

第1章　第2次大戦までの構図 ―――――――――― 1

   1.1　軍隊と大学　1
   1.2　連邦政府の役割　3
   1.3　大恐慌と大学　6
   1.4　第2次大戦における研究開発―レーダーと近接信管―　9
   1.5　第2次大戦における研究開発―原子爆弾―　13

第2章　科学者と政治 ―――――――――――――― 20

   2.1　『ブッシュ・レポート』と科学技術省構想　20
   2.2　分権的科学技術政策　22
   2.3　科学アドバイザーの登場　25
   2.4　ニクソン政権と科学者　28
   2.5　政府・議会の科学への干渉　32
      column 1　ヒトゲノム解読プロジェクト　37

第3章　冷戦型ナショナル・イノベーション・システム ―― 39

   3.1　イノベーションの経済学理論　39
   3.2　冷戦型システムの特徴　43
   3.3　冷戦型大学としてのMITとスタンフォード大学　51
   3.4　間接的な産業政策―半導体とコンピューター―　54
   3.5　間接的な産業政策―航空機―　59
      column 2　ジェットエンジン　65

第 4 章　ナショナル・イノベーション・システムの変容と国防省 ── 69

　　4.1　ナショナル・イノベーション・システムの変化　69
　　4.2　半導体産業と国防省　73
　　4.3　DARPA　76
　　4.4　TRP　82
　　4.5　SBIR　85
　　　　column 3　インターネット　90
　　　　column 4　身近なスピンオフ　92

第 5 章　核・ミサイル開発と科学者 ── 94

　　5.1　核兵器の管理の問題　94
　　5.2　水素爆弾の開発　97
　　5.3　科学者による反核運動　99
　　5.4　ミサイル防衛システムをめぐる論争　102
　　5.5　スターウォーズ計画の登場　104
　　5.6　スターウォーズ計画の現実　108
　　5.7　冷戦終結とミサイル防衛システム　113
　　　　column 5　フォン・ブラウン　120
　　　　column 6　レーザー　123

第 6 章　キャンパスにおける言論の自由 ── 126

　　6.1　アメリカにおける言論の自由　126
　　6.2　テニュア制度の確立　129
　　6.3　共産主義批判　131
　　6.4　ソ連のスパイ活動　133
　　6.5　マッカーシズムと大学への弾圧　136
　　6.6　人文・社会科学と国家安全保障　142
　　6.7　21 世紀における言論の自由　145
　　　　column 7　オッペンハイマー　153

第7章 大学における反戦運動 ─────── 156

7.1 ベトナム戦争と科学者　156
7.2 Jason　160
7.3 ベトナム戦争と学生　164
7.4 アメリカにおける徴兵制度　169

第8章 国防省による教育の支援 ─────── 175

8.1 軍人への恩給制度　175
8.2 G.I. Bill の成立　178
8.3 高等教育の拡大　180
8.4 国家国防教育1958年法の成立　183
8.5 近年の経済的徴兵制　189

第9章 グローバル化と日本への含意 ─────── 197

9.1 移民研究者　197
9.2 留学生受け入れのメリット・デメリット　202
9.3 日本の大学における軍事研究　213
9.4 最近の議論　217
　　column 8　ナチスからの亡命科学者　222

おわりに　226
推奨文献　230
索引　231

第1章
第2次大戦までの構図

1.1　軍隊と大学

　アメリカは植民地時代の州の連合体です。USA（United States of America）は本来は「アメリカ合州国」と訳すべきですが、これを「合衆国」と訳した先人の知恵についてはふれないでおきます。建国当時には連邦政府の権限を強めたいフェデラリストと州の独自性を維持したい反フェデラリストとの対立がありました。第3代大統領に反フェデラリストのジェファーソン（Thomas Jefferson）が就任して以来、州権主義が強まりました。アメリカでは連邦憲法に規定されていることのみが連邦政府の責務となり、それ以外はすべて州政府の責務です。教育は植民地時代から州政府と自治体が行っていましたので、独立後も州政府の所管となりました。国立大学は初代ワシントン（George Washington）大統領や州権主義の3代目ジェファーソン大統領でさえも提案していましたが、その度、議会が否定しています。

　一方、アメリカでは連邦政府が平時に強力な軍隊を持つことは市民を圧迫する恐れがあるとして、戦時には民兵を召集して戦いますが、戦争が終われば除隊させ常備軍は最小限にしていました。独立戦争のとき市民がすぐに軍隊として編成される民兵組織はMinutemanと呼ばれました[1]。第2次大戦後にはアメリカの伝統通りに兵力を削減しすぎたことが、冷戦での共産主義勢力の増大に対する出遅れにつながったとの批判もあります。また、市民が銃を持つ権利を認めているのも、市民と政府軍と軍備で格差がなければ市民が圧制を受けないという理由からです。

Corps of Artillerists and Engineers at West Point という軍の技官向けの施設があったのですが、1794年に建物が焼失してしまいました。それを1802年に US Military Academy として再建しました。これが陸軍士官学校ですが、工学の教育を行いました。遅れて1845年には海軍士官学校もできました。陸軍士官学校は土木工学、海軍士官学校は機械工学の教育機関にそれぞれなりました。陸軍にとって大砲に壊されない城壁を作ること、橋や道路を築くことは重要でした。一方、海軍では軍艦の動力源として蒸気機関の知識が重要でした。南北戦争後に常備軍がリストラされ、士官学校出身者が創成期の州立大学工学部の機械工学の教員となって知識を広めていきました。一方、フランスではフランス大革命以後、エンジニアが亡命してしまったので政府が工科大学を作って土木工学を振興しました。工科大学（Institute of Technology）は19世紀末にアメリカに導入され、州立・私立のものが設立されました。

　アメリカの学術団体はヨーロッパに倣って学会ごと、地域ごとに設立されて、1847年には100近く存在していたといわれます。しかし、ヨーロッパでは政府・貴族から認可・支援を受けるものが多かったのですが、アメリカでは政府との関係は希薄でした。南北戦争が始まると、北軍には市民から軍事利用してほしいと発明の持ち込みが多数ありました。それを著名な物理学者だったバーチェ（Alexander Dallas Bache）とヘンリー（Joseph Henry）がさばいていました。バーチェは1863年に国による組織を作って対処すべきと考えましたが、ヘンリーは議会が設立するのとは別に海軍の組織として立ち上げようとしていました。海軍長官（Gideon Wells）も恒久的組織の設立を認めましたので、50人の科学者が選ばれて同年に議会によって全米科学アカデミー（National Academy of Science, NAS）が設立され、バーチェが初代会長になりました。NASの目的は、連邦政府省庁の要望に基づき科学についての調査報告を行うことでした。1863年にすでに10件の依頼がありました。ところが、南北戦争が終わると依頼はほとんどなくなってしまいました。解散すべきとの意見もありましたが、NASは入会資格を緩め会員数を増やして存続しました。しかししだいに、NASはメンバーになることが名誉とされる科

学者の組織になってしまいました。19世紀末のマーシュ (Othniel Charles Marsh) 会長は、NAS はあくまでも政府からの依頼に基づいて調査・助言すべきで、こちらから提言すべきでないという考えでした。それでもいくつかの重要な貢献を果たしました。1894年には議会から電気の単位の名称を決めるよう求められ、翌年、オーム、アンペア、ワット、ボルトなどが定められました。1896年に議会において医療実験での動物の使用を禁止する法案が提案されたときも、政府機関からその影響の検討を依頼され、NAS は法案に反対する諮問を行い、結局、法案は審議されませんでした。さらに、1902年にはメートル法を科学に用いることを提案しています[(2)]。しかし、20世紀に入り各省庁が独自の研究施設を持つようになりましたので、NAS への諮問はあまり多くなりませんでした。

1.2 連邦政府の役割

19世紀の大学では自然科学がカリキュラムの中に導入されるようになりました。ただ、あくまでも全人として精神を豊かにするための手段の1つとしかみなされていませんでしたので、授業時間も限られていました。1847年にハーバード大学にローレンス科学学校、1861年にエール大学がシェフィールド科学学校を設立して、理系の学士号 (Bachelor of Science) が与えられるようになりました。ただ、人文学の学士号 (Bacheor of Arts) よりも理系のそれは低くみなされていました。

イギリスの貴族・化学者のスミソン (James Smithson) は1829年に亡くなるときの遺言で「3番目の甥が死んだらアメリカの科学知識の増大のために寄付をしたい」と述べました。1836年にその甥が亡くなり、50万ドル（2015年実質ドル換算では約1177万ドル）が寄付されることになりました。しかし、アメリカ政府には受け皿（科学を研究する組織）がありませんでしたので、1846年にスミソニアン協会が設立されました。現在では博物館として有名ですが、スミソニアン協会は大学の研究を支援するとともに自ら研究も行いましたの

で、数少ない連邦政府の研究機関といえます。

　化学知識を応用した農学によって農業生産性を高めようという動きが、1862年のモリル法につながりました。同法では連邦政府が国有地を州政府に払い下げ、州政府はその売却益によって農学と工学を教えるとともに、(南北戦争のときだったので)軍事教練も行う大学を設立するというものでした。この法律で設立された大学をランドグラント大学と呼びます。モリル法によって大学は設立されましたが、連邦政府からは通常の運営予算は与えられませんでしたし、本来支援を行うべき州政府もその意欲がありませんでした。また、19世紀後半はようやく公立の中学が普及し始めた時代でしたので、大学進学者数は限られていました。この窮地を救ったのが、1887年のハッチ法と1890年の第2モリル法です。前者は農業試験場に補助金を支給しました。農業試験場は農務省の管轄ですが、大学に併設されることが多く、中には関係の悪い州もあったそうですが、一般的に大学農学部と農業試験場は連携していましたので、間接的に農学部への補助金となりました。大学の農学部教員の研究成果(新しい農法や品種)が農業試験場で実地に示されて地域の農民の間に普及しました。後者は、農業試験場経由でなくランドグラント大学への直接の補助金です。

　農学は、農務省の農業試験場を通して連邦政府が研究資金を援助した例外的な分野なのです。リンカーン(Abraham Lincoln)大統領は南北戦争のときに西部の支援を得たかったので、農務省を作って農学を支援しました。第2次大戦直前には、連邦政府は家畜の疾病の治療の研究開発に人間の疾病の治療よりも予算を割いていたといわれます。

　第3代大統領のジェファーソンによるルイス・クラークの探検隊(陸軍のMeriwether LewisとWilliam Clerkを長とする志願兵から成る探検隊)の支援以来、政府は地質調査、海洋調査、気象調査を自ら行っていました。19世紀後半、首都ワシントンはハーバード大学のあるボストン(ケンブリッジ)、エール大学のあるニューヘブン、コロンビア大学のあるニューヨークと並んで科学者コミュニティの存在する町になっていました。ヨーロッパにないサンプルが得られた地質学、動物学、植物学では、アメリカの学者はヨーロッパの

学者からも注目されるようになりました。しかし、1880年代半ばに政府の研究組織に対する腐敗・浪費の疑念が高まり、議会はアリソン (William Allison) 上院議員を長とする上下両院の調査委員会を設置しました。NASはこれを機会に大改革を行って連邦科学省が設立されることを求めました。科学者は政治的な後盾になってくれる政府組織が欲しかったのです。しかし、1886年に提出されたアリソン委員会の最終報告書では、共和党議員3人と民主党議員1人が、政府は海洋調査や地質調査を支援はするが介入しないこと（現状維持）を支持し、民主党議員2人のみが改編を求めました。こうして限定的ではありますが、政府による科学研究は継続されることになりました。ただ、基礎研究、純粋科学というより応用研究・実学重視でした。

　19世紀末に議会で民主党が強くなると、彼らは政府支出削減を主張し、また商工業の盛んな都市部ではなく農村部選出でしたので科学への関心が薄く、政府の研究予算を削減する声が高まりました。しかし、1897年に景気が回復し、議員も交代すると科学への逆風は弱まりました。工業化が進み技術進歩は評価され、自身は大卒ではありませんがエジソン (Thomas Edison) やカーネギー (Andrew Carnegie) などの企業家は大卒者による研究開発活動を評価しました。ドイツのゲッティンゲン大学で博士号を取得してからGE社に入社したラングミア (Irving Langmuir) はランプの寿命の研究を行いましたが、大学院時代の研究テーマに戻って高熱のフィラメントの近くでのガスの動きを調べ、水素分子が原子になっていることを突き止めました。その結果、ランプを真空にするのでなく窒素で満たすことによって寿命を伸ばす方法を開発しました。これは1913年に特許になりGE社に大きな利益をもたらしました。大企業は大学院で訓練を受けた人材の基礎的科学知識の重要性を認識し、GE社がハーバード大学、AT&T社がマサチューセッツ工科大学 (Massachusetts Institute of Technology, MIT) と連携することにしました。一方、政府機関としての国家標準局 (National Bureau of Standards) の設立は1901年に議会で簡単に認められました。

　1916年、ニューランズ (Francis Newlands) 上院議員が農業試験場に倣った工業試験場の設立を提案しました。ランドグラント大学に設置することには

ランドグラント大学でない州立大学が反発しました。48州のうち20州（主に南部と西部）ではランドグラント大学と旗艦州立大学とは同じでなかったのです。これらの州は私立大学が活発に設立されていなかったので、モリル法以前に州立大学が設立され、それらが一番有力な州立大学(旗艦州立大学)となっていました。東部は多くの私立大学がすでに存在し、州政府は州立大学を設置していなかったので、モリル法によって設立されたランドグラント大学がその州で一番有力な州立大学になっていたのです。

（ランドグラント大学でない）ジョージア工科大学のコンサルタントのステファンス（Phineas Stephens）は、旗艦州立大学でもランドグラント大学でも州内で一番優れた工学部の工業試験場を併設することを提案し、ジョージア州選出のスミス（Hoke Smith）上院議員とハワード（William Howard）下院議員に提案してもらいましたが成立しませんでした。農業は地域ごとに作物、土壌、天候が共通なので、農学部・農業試験場が処方箋を出せば地域の農民は皆、恩恵を得られるのです。この点、今日でも製造業は工場ごとに製品の種類、労働者の技能、用いる技術などで抱える問題が異なりますので、地元の大学工学部が処方箋を出すのが難しいといえます。

1.3　大恐慌と大学

第1次大戦が始まった当初アメリカは中立を保っていましたが、1915年にイギリスの客船(軍事物資も積載)ルシタニア（Lusitania）号がドイツの潜水艦Uボートによって撃沈され、多くのアメリカ人も犠牲になりましたので、ドイツに対して参戦しました。天文学者のヘール（George Hale）はNASが政府に協力すべきと考え、NASのウェルチ（William Henry Welch）会長とともにウィルソン（Woodrow Wilson）大統領に会いました。1916年に、大統領はNASの提案を実行する委員会としての全米研究評議会（National Research Council, NRC）の設置を認め、ヘールが長となりました。ヘールの他には物理学のミリカン（Robert Millikan）と化学のノイス（Arthur Noyces）が中心人物で

した。正式には9月に設立され、17（年末までには28）の委員会で審議・研究を行いました。軍と協力して窒素の合成の研究を行いましたが、これは戦争終結時に間に合わず、チリからの硝石の輸入に頼らざるを得ませんでした。喫緊の課題として、NRCは40人以上の物理学者を集めて何回も会議を行い潜水艦探知技術を提案しました。また、毒ガス戦の被害者の治療法の開発や、初めて心理学を科学として活用し、兵士の学力・識字力を測定するテストを開発しました。

　ヘールはNRCが戦争終結後も存続することを期待しました。ウィルソン大統領は行政命令でNASに対してNRCを継続するよう求めました。しかし、平時になるとNRCと政府の関係は希薄になり、NRCとNASとの関係も幹部同志の会合がなくなり、NASがNRCを包含しているという認識が弱まりました。連邦政府の側に科学技術政策も大学の研究支援政策も存在していませんでしたし、大学、とくに私立大学は、連邦政府が資金を出せば介入もしてくる（「カネを出せばクチも出す」）ことを警戒して、連邦政府資金を受けたがりませんでした。

　1925年にヘールの主導でNASがNational Research Endowmentを設立して、基礎研究のための2000万ドル（2015年実質ドル換算で約2億6000万ドル）の寄付集めを開始しました。しかし、企業側の反応は鈍く、National Research Fundと改称しましたが大恐慌の中、1932年に解散しました。民間企業は研究成果が公共財（公共財の厳密な定義は第3章で行います）となり他企業も利用できる基礎研究には資金を出したくなかったのです。GM社でさえ資金提供を断ってきました。参加したのはAT&T社とUS Steel社のように、基礎研究の成果がその産業にもたらす恩恵をすべて享受できる独占企業でした。

　1929年の株の大暴落をきっかけに大恐慌が起こりますと、科学・技術は過剰生産、失業の元凶だとして批判されます。NRCは1933年6月にScience Advisory Board（SAB）を設立し、ニューディール政策のなかでの科学・技術者の立場を主張していこうとしました。ルーズベルト（Franklyn Roosevelt）大統領の7月31日の行政命令で2年間の予定でSABの設立が許可され、MITのコンプトン（Karl Compton）学長が長となりました。公共事業局（Public

Work Administration, PWA) は 30 億ドル（2015 年実質ドル換算で約 540 億ドル）の年間予算を持っていましたので、そのうち 5 年間で 7500 万ドル（同 13 億 5000 万ドル）を科学者、エンジニアの雇用創出に当ててもらうよう陳情しました。大統領は内務省長官イッキース（Harlod Ickes）に省内の National Resource Board で検討するよう命じました。Board が設立した委員会は、デラーノ（Frederick Delano、大統領の叔父）を長として、経済学者のミッチェル（Wesley Michell）とデューイ（John Dewey）ならびに政治学者のメリアム（Charles Merriam）から成っていました。これらの社会科学者は SAB の提案に冷淡でした。国家の危機は技術的でなく社会的、経済的問題に関係していると考え、7500 万ドルの支出に二の足を踏みました。後述するように、1950 年に大学への研究資金援助をする連邦政府省庁である全米科学財団（NSF）が設立されたときに、支援対象から社会科学が外れたことは、このときの冷遇に対する自然科学者の報復とも考えられます。

　PWA は 60％（のちに長官のホプキンス [Harry Hopkins] の進言で 90％）の資金援助は失業者に対して行うことを求めていました。SAB が提案する資金援助の対象となる科学者（とくに優秀な科学者）の多くは失業者でありませんでしたので、コンプトンの計画は受け入れられませんでした。コンプトンの最終案では 350 万ドル（2015 年実質ドル換算で約 6270 万ドル）で NAS と NRC の助言に基づいて非営利組織での科学研究を支援することになりました。イッキースは政府資金を科学者に自由に使わせるこの案に反対し、科学プロジェクトはデラーノ、ミッチェル、メリアムの許可を得るべきだと主張しました。コンプトンは科学の進歩は予測できないので、事前にプロジェクトを決定することは難しいため、科学者に臨機応変に決めさせることを主張しました。結局、SAB は何も得られないまま 1935 年末に当初の予定通り解散しました。SAB に代わるものとして NAS は Committee on Government Relations を設立しましたが、充分な役割を果たせていないと判断され、1939 年に就任したジュウェット（Frank Jewett）NAS 会長が 10 月に廃止しました。こうして、平時においては民間企業も連邦政府も大学の研究のスポンサーとなりえず、カーネギーやロックフェラーのような非営利財団がエリート大学の研究を支

援していました。

1.4　第2次大戦における研究開発—レーダーと近接信管—

　1939年に第2次大戦が勃発しましたが、第1次大戦と同様、当初アメリカは参戦しませんでした。NASは政府からの要請で動く諮問機関であり、政府に対して売り込みをせず、また軍事技術の生産には関与しませんでした。NRCは本来は国の科学的資源を動員する組織でしたが、その前の動員計画作りができていませんでした。MITの元教授のブッシュ（Vannevar Bush）は、自分が長をしている国家航空諮問委員会（National Advisory Committee for Aeronautics, NACA。今日の航空宇宙局［National Aeronautics and Space Administration, NASA］の前身）に倣った組織を提案しました。NACAは非軍事政府機関でしたが、航空技術に関する問題の実験・研究を行い、結果を航空機メーカーに広く伝えていました。こうして1940年6月に国家防衛研究委員会（National Defense Research Committee, NDRC）が設立され、ブッシュが長となりました。NACAと異なりNDRCは固有の研究所を持たず、大学や企業の研究所で政府資金による研究が行われました。ただし、大学の研究者を分野ごとに特定の研究施設に集めることはありました。さらに、1941年6月にやはりブッシュの提言で科学研究開発局（Office of Scientific Research and Development, OSRD）が設立され、NDRCはその下に組み込まれました。ブッシュがOSRDの長となり、NDRCの長にはハーバード大学の学長で化学者のコナント（James Conant）が就任しました。NDRCは大統領の戦時非常用の予算措置でしたが、OSRDは議会から予算がつき、同時にNDRCよりも大きな裁量権を持つことができました。OSRDが主導した第2次大戦中の大学の研究者による発明がレーダー、近接信管、原子爆弾です。

　レーダーの起源は1904年、ドイツのジーメンス社から独立起業したヒュルスマイヤー（Christian Hulsmeyer）による、電波の反射を利用した船舶衝突防止装置の公開実験です。しかし、当時は注目を集めませんでした。普及し

始めた無線通信を使えばよいと考えられたからです。また、真空管が発明されていませんでしたから安定した電波を発生できず、周波数も選択できませんので、普及したらおそらく混線したであろうと考えられます。しかし、あまりに先進的過ぎて注目されなかったともいえます。

1930年にアメリカの海軍研究所のハイランド（Lawrence Hyland）は、飛行機が地上からの電波を反射することをたまたま発見しました。同研究所のヤング（Leo Young）が開発を引き継ぎました。1935年に議会下院の海事委員会（Naval Affair Committee）が開発予算をつけてくれました。陸軍との連携はなく、陸軍はたまたま1936年に陸軍の技術者が海軍研究所を訪ねたときにレーダー開発の事実を知りました。しかし、まもなく海軍が機密扱いにしたので、陸軍は独自に開発せざるを得ませんでした。また、当時、数が増えつつあった民間企業の電子工学の技術者との連携もありませんでした。

イギリスも1935年に、ワトソン－ワット（Robert Watson-Watt）が電磁波による航空機の検出のアイディアを出しました。防空担当司令長官のダウディング（Hugh Dowding）もチャーチル（Winston Churchill）首相も電子技術に関心を持っていました。1939年秋にバーミンガム大学に電子管開発を委託し、1940年にはキャピティ（空洞）マグネトロンをブート（Henry Boot）とランドール（John Randall）が完成させました。イギリスはレーダーをシステムとして巧みに配備・運用し、1940年の英本土航空戦でドイツの爆撃機の迎撃に成功しました。

一方、アメリカでも陸・海軍がそれぞれ波長1–2メートルのレーダーを完成させていました。1940年9月にアメリカは参戦していませんでしたが、イギリスと軍事技術開発協定を結び、イギリスのレーダー技術がアメリカに紹介されました。アメリカの技術者は、イギリスの開発した10センチの波長を発生できるキャビティマグネトロンを見て驚愕しましたが、イギリスとしても配備のための量産化ではアメリカの貢献に期待しました。OSRDのブッシュはMITに放射線研究所（レーダーの開発と悟られないためこの名称になりました）を設立し、電子工学の研究者を集めて開発しました。ちなみにレーダー（Radar）という名称はアメリカ側がRadio Detection and Rangingの略

でつけたものです。

　レーダーは電波の波長が短くなるほど小さなものも探知できるようになり、受信アンテナが小さくできるので機器が小型化され、航空機にも搭載できるようになります。レーダーでは一定方向だけに電波を出す必要があるのですが、1942年に（お皿型の）パラボラアンテナが発明されるまでは、日本の東北大学の八木秀次教授と宇多新太郎講師が1925年に発見した原理を応用した「八木アンテナ」が使われていました。しかし、日本はこの理論を利用した技術開発をしていませんでした。開戦後、シンガポールを占領した際に接収した書類にYAGIとありましたが意味がわからず、イギリス軍レーダー操作要員の捕虜に訊いて、初めて八木アンテナの重要性を理解しました。

　アメリカはレーダーを1941年には配備しており、日本軍の真珠湾攻撃の航空機も察知されていたのですが、担当者が当日、アメリカ本土から飛来する予定のB-17爆撃機の部隊と誤解していたので報告を怠りました。もう少しレーダーの運用に習熟していれば誤解することはなかったと考えられます。さらに、1942年の珊瑚海海戦ではレーダーを実戦に用いました。

　放射線研究所を中心としたレーダーの開発には、第2次大戦を通して15億ドル（2015年実質ドル換算で約200億ドル）、4000人（1000人が大学の研究者）が動員され、100以上のレーダーシステム・機器が発明されました。隣接したハーバード大学ではレーダー妨害技術も研究されていました。ただ、レーダー妨害技術は実戦に用いるとドイツに模倣される恐れがあるので運用には消極的でした。連合国もドイツも金属片を散布して航空機と見分けをつけにくくすることは行っていました。放射線研究所が開発したH2Sマイクロ波レーダーは小型化できたので飛行機に搭載可能でした。また、1943年に導入されたSCR720レーダーは静止物と動いているものを識別できるので、金属片の囮に対して有効でした。

　ドイツ爆撃機の航続距離では大西洋を越えてアメリカ本土に飛来する脅威はありませんでしたが、アメリカにとってはレーダーを用いての潜水艦（Uボート）対策が急務でした。参戦後の1942年、毎月50万トンの輸送船が大西洋で撃沈されていました。ドイツの潜水艦は第1次大戦のときにも脅威で

したが、アメリカは音波によるソナー（探知機）を開発して対抗しました。第2次大戦のドイツの潜水艦は急速に深く潜航でき、また囮としてのあぶくを発生させるため、音波ソナーでは探知できなくなっていました。また、1942年秋には、Uボートは自分が波長の長いレーダー波を受けていることを探知できるようになっていました。

　Uボートは電池充電、本国との通信、酸素補給のため（夜間は）水面に浮上してきます。ブッシュはこれをマイクロ波レーダーを搭載した改良型B-24爆撃機で探知して機雷を投下することを提案しました。海軍は輸送船を戦艦で囲んで防御する護送船団方式を主張し、また陸軍の爆撃機の助けを借りることに難色を示しましたが、ブッシュが押し通しました。ブッシュ案は功を奏し、1943年4月以降、アメリカの輸送船よりもドイツのUボートの犠牲の方が多くなりました。

　レーダーとともに電子技術が貢献したのが近接信管（Proximity Fuse、通称"Magic Fuse"）です。これは自ら電波を発信する砲弾で、敵の航空機が一定の距離に近づくと爆発します。対空砲火は高速で飛ぶ航空機にはなかなか命中しません。ただ、命中しなくても爆発した砲弾の破片が航空機に損傷を与えることで飛行不能にしていました。通常の砲弾は発射後、一定の時間がたったら爆発するのですが、それでは敵機に損傷を与えるには効率がよくありません。そこで航空機が一番近づいたときに爆発するようにしたのです。もともとはレーダーと同様、1940年にイギリスからアイディアが導入されました。アメリカではカーネギー協会のテューベ（Merle Tuve）が開発していましたが、試作品を量産品にまで仕上げる場所を探していて、母校のジョンズホプキンス大学に頼んだことがきっかけとなり、1942年に同大に応用物理学研究所が設立されました。科学知識の粋を集めた技術ですが、不発弾をドイツ軍に回収されると構造が知られてしまうので、ドイツ戦線ではあまり使用されませんでした。ただ、ドイツの無人ジェット爆弾（V1号）のイギリス上空での迎撃には貢献しました。不発弾が海に沈む太平洋での海戦においては日本軍相手に使われ、神風特攻機への艦船からの砲撃では効果をもたらしました。

近接信管には後述の原子爆弾ほどではありませんが、ナチスからの亡命者が貢献しています。アイスナー（Paul Eisner）は1936年にロンドンに亡命しましたが、敵性国民ということで収容所に送られました。解放後、彼は連合国に貢献しようと、電子回路を平面上に印刷するプリント回線の技術を開発しました。ほとんどの技術者から無視されましたが、唯一の例外がアメリカ軍であり、近接信管に利用しました。

1.5　第2次大戦における研究開発—原子爆弾—

　1932年にイギリスのケンブリッジ大学のチャドウィック（James Chadwick）が中性子を発見しました。それまで、物理学者は粒子を原子核に衝突させ原子核の構造を明らかにしようとしていましたが、電子は軽すぎて衝突させても原子核は壊れず、また、陽子は正電荷を持つためやはり正電荷を持つ原子核と反発してしまうので衝突させることができないでいました。そこで、電荷を持たず陽子と同じ重さの中性子を衝突させる実験が各地で行われるようになりました。ウランに中性子を衝突させれば、さらに質量が重い超ウラン原子になると予測されていたのですが、1938年のドイツのカイザー・ヴィルヘルム研究所のハーン（Otto Hahn）と助手のシュトラスマン（Fritz Strassmann）の実験では、中性子をウラン原子に衝突させると2つのバリウム原子が検出されました。ハーンは、元共同研究者でユダヤ系オーストリア人であるためスウェーデンに逃れていたマイトナー（Lise Meitner）に手紙を出しました。彼女は「ドイツのキュリー夫人」と呼ばれた優秀な核物理学者でした。甥のフリッシュ（Otto Frisch）もコペンハーゲンに亡命していましたが、クリスマス休暇でマイトナーを訪ねていました。2人はこの実験結果を質量がエネルギーになるというアインシュタイン（Albert Einstein）が提唱していた理論を用いて証明し、この現象を核分裂（Fission）と命名しました。

　フリッシュはコペンハーゲンに戻り、ボーア（Niels Bohr）に報告しました。1939年1月にボーアは学会参加のため渡米します。ボーアはハーンが発表

するまで待つつもりでしたが、同行したローゼンフェルト（Leon Rosenfeld）が出迎えに来たホイラー（John Wheeler）に話してしまいました。一方、ドイツでも相談を受けたロスバウト（Paul Rosbaud）が政府から禁止されていないうちの公表を勧めたので、ハーンとシュトラスマンの論文が 1939 年 1 月にドイツの雑誌（*Die Naturwissenchaften*）に掲載されました。2 月にイギリスの『ネイチャー（*Nature*）』誌がフリッシュとマイトナーの論文を掲載し、ボーアもアメリカ理論物理学会で正式に報告しました。1939 年 4 月にドイツ政府は核物理学の研究を非公開にしましたが、核分裂の発見は世界中に広まり各地で研究者が追試に成功しました。

　ハンガリー出身の物理学者シラード（Leo Szilard）は、1934 年に亡命先のイギリスで核連鎖反応を示唆する論文を書いていましたが、イギリス海軍省に預けて非公開にしました。彼は渡米後に、ナチス・ドイツが先に原子爆弾を開発してしまうのではないかと恐れ、やはりハンガリー出身でアメリカに渡っていた物理学者ウィグナー（Eugene Wigner）とテラー（Edward Teller）に相談しました。第 2 次大戦はまだ始まっていませんでしたが、彼らはナチスの拡張主義の脅威を深刻に捉えていました。シラードのベルリン大学留学時代の恩師のアインシュタインはすでにアメリカに亡命していましたので、1939 年 8 月、アインシュタインの署名入りでルーズベルト大統領宛に原子爆弾開発を進言する手紙を作成しました。シラードはその手紙を親しくしていた政権の経済顧問のザクス（Alexander Sachs）に渡したのですが、しばらくは彼の手元にあったままでした。1939 年 10 月 11 日にザクスはようやく大統領に説明の機会を持つことができました。当初、大統領は関心を示しませんでしたので、ザクスは自分でアインシュタインの手紙を要約して翌日に再度説明しました。大統領も理解を示し、国家標準局のブリッグズ（Lyman Briggs）局長を長とするウラン諮問委員会が立ち上がりました。1940 年に NDRC ができるとウラン諮問委員会はこの下に入りました。ウラン諮問委員会は NDRC の監督下になると軍事プロジェクトになりましたので、シラードらアメリカ市民権を持っていない移民科学者は直接の関与が難しくなりました。しかし、移民科学者の中では政治的活動から疎遠だとみなされて

いたフェルミ (Enrico Fermi) とベーテ (Hans Bethe) は中心的役割を続けました。

基礎的な知識が不充分ななかでの原子爆弾の開発には時期尚早という意見もあり、NDRC のブッシュやコナントは原爆開発に懐疑的で、むしろ開発が不可能なことを証明するために研究すればよいと考えていました。しかし、1940 年 3 月までにはウラン 235 の濃縮が大きなエネルギーを生む可能性があること、またそれを実現するには大規模な研究開発プロジェクトが必要なことが明らかになりました。

問題は、核分裂を起こすウラン 235 は天然ウランの中には 0.7％しか含まれていないので、それをいかにウラン 238 から分離するかということでした。いくつかの方法が試されました。

① **ガス拡散法**：六フッ化ウランのガスを圧力差で細孔のあいた壁を通します。軽いウラン 235 の方が運動速度が速いので、通ったガスを集めるとウラン 235 の濃度が濃くなりますので、これを繰り返すことでウラン 235 を集めます。

② **遠心分離法**：六フッ化ウランのガスを円筒に入れて高速回転させると軽いウラン 235 が中心の軸側に、重たいウラン 238 が遠心力で円周側にそれぞれ集まるので分離します。成果が出ないので 1943 年に開発は断念されましたが、現在ではむしろこの方法が効率的なことが判明しています。

③ **電磁分離法**：六フッ化ウランのイオン化した（電荷をつけた）ガスの流れに磁場をかけて曲げさせます。軽いウラン 235 は内側の軌道を重たいウランが遠心力で外側の軌道をそれぞれ走るので分離できます。電力消費が大きいのが難点ですが技術的には容易でした。

④ **熱拡散法**：六フッ化ウランに熱を加え拡散流を起こすと、軽いウラン 235 が上に、重たいウラン 238 は下に集まるので分離できます。消費エネルギーが大きいのが問題でした。

1941 年半ば、イギリスの研究でウラン 235 は当初の予想より少ない 11 キロを精製できれば TNT 火薬 1800 トン分の威力の爆弾になることがわかり、開発成功の可能性が高まりました。さらに電磁分離法を研究していたカリフォルニア大学バークレー校で、シーボーグ (Glen Seaborg) がウラン 238 に

中性子を衝突させると新たな元素ができることを発見し、プルトニウムと名づけました。プルトニウムも原子爆弾の材料となりますが、ウラン 235 よりも簡単に生成できます。原子爆弾の開発の見込みが立ちましたので、1941 年 10 月に本格的な開発計画が始まりました。参戦後の 1942 年 1 月にシカゴ大学に冶金研究所（レーダーの開発と同様、真の目的を隠すための名称です）を設立し、フェルミがコロンビア大学から移ってきました。彼によって 1942 年 12 月に制御された核分裂反応による原子炉の稼動が成功しました[3]。

　開発が本格化するなか、原爆開発プロジェクトは 1942 年 6 月に OSRD から陸軍に移管されました。管轄部署の陸軍工兵隊はニューヨークのマンハッタンが本部（Manhattan District of the Army Engineers）でしたので、「マンハッタン計画」と呼ばれるようになりました。陸軍単独の担当になったのにはブッシュと海軍は関係があまりよくなかったことも影響しました。ブッシュが 1917 年に提案した磁気反応を利用した潜水艦探知技術を海軍が冷たく拒否したという経験があったのです。第 2 次大戦でも前述のように U ボート対策で対立していました。実際、海軍は原子力を爆弾よりも船舶の原動力として利用することに期待していました。

　陸軍側の長はグローブス（Leslie Groves）大佐（就任後、准将に昇進。のちに 1944 年に少将、1948 年に中将）でした。彼は国防省本部（ペンタゴン）ビルの建設の監督で実績を上げていました。それまでは OSRD/NDRC の方式でシカゴ大学、コロンビア大学、カリフォルニア大学、ミネソタ大学、バージニア大学などさまざまな大学で研究が進められ、そこに研究者が集められていました。しかし、1943 年にマンハッタン計画が本格化すると、テネシー州オークリッジがウラン 235 の分離方法の研究の中心になりました。上記の方法のうち②の遠心分離法は断念しましたが、①のガス拡散法と③の電磁分離法によるウラン 235 分離施設を建設し、さらに④の熱拡散法によるものも加わりました。一方、ワシントン州ハンフォードではプルトニウム生成施設の建設が開始されました。

　グローブスはシカゴ大学の冶金研究所で軍事機密を守るため科学者同志の情報交換・交流を厳しく規制し、「区画化」と称して科学者は分業システム

で与えられた仕事だけをすればよいようにしました。これには科学者からの不満の声が上がりました。グローブスはそれならば、人里離れたところに科学者を集め、施設内では情報交換を自由にする代わりに外部との接触を制限しようと考えました。また、原爆を実験する場も必要でした。そこで、ニューメキシコ州のロスアラモスに研究施設を作り、カリフォルニア大学のオッペンハイマー（Robert Oppenheimer）を長としました。

　原子爆弾を起爆させるためには、核分裂物質を瞬時に集めて維持することが必要ですが、2つの方法が考えられました。1つは図 1.1 が示すように、核分裂物質を砲弾のように核分裂物質にぶつける「砲身方式」、もう1つは図 1.2 が示すように、核分裂物質を球体に閉じ込め、その周りに爆薬を置いて爆発させることで球体を圧縮する「爆縮方式」です。後者は球の中心に向かって均質に圧力をかけなければならないので難しいものでした。ところが、1944 年春に、プルトニウムでは自発核分裂で多くの中性子が生成され、未成熟な状態の核分裂が生じる「不完全爆発」が起こりやすく、「砲身方式」よりももっと高速で合体させないとうまくいかないので、「爆縮方式」を完成させなければならないことがわかりました。爆縮方式において中心部がどれくらい正確な球体でなければならないかは、やはり亡命してきた数学者のフォン・ノイマン（John von Neumann）が理論的に証明しました[4]。一方、ウラン 235 の方は宇宙線からの迷走中性子をしっかり遮断すればそれほど純度が高くなくてもよく、ガンも小型化できることがわかりました。ガス拡散法で濃縮されたウラン 235 を用いた原爆は「リトルボーイ」と名づけられました。

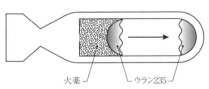

図 1.1　ヒロシマ型（ウラン 235，砲身方式）

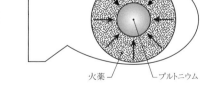

図 1.2　ナガサキ型（プルトニウム，爆縮方式）

科学者は「リトルボーイ」には自信を持っていたので、実験なしでも使用できると考えました。一方、「ファットマン」と名づけられたプルトニウムの爆縮方式爆弾には自信がなかったので、実験することになります。1945年7月16日の実験は成功し、プルトニウム5キロがTNT火薬1万8000トン相当の威力を発揮しました。しかし、科学者は実際にどのくらいの威力になるかわかっておらず、300トンから4万5000トンまでさまざまな予想に賭けをしていました。

オッペンハイマーはこの実験をジョン・ダンの詩の一節にある「私の心を打ち砕いてください。三位一体の神よ」から「トリニティ（三位一体の神）」と名づけました。言語習得の天才でもあったオッペンハイマーは実験の結果を見て、「我は死なり。世界の破壊者なり」というヒンドゥー教の経典の一節を思い浮かべたといいます。同僚のベインブリッジ（Kenneth Bainbridge）はオッペンハイマーに「これでみんなろくでなしに成り下がった」と告げました。ただ、その場にいた多くの参加者にとっては、莫大な時間と国家予算をつぎ込んだプロジェクトに失敗しなくてよかったという達成感と安堵感が強かったといわれます。グローブスとコナントは「もし失敗したら、余生は議会への言い訳に費やすことになるのだから、首都ワシントンに引っ越そう」という会話をしていました。

ドイツはすでに降伏しており、7月17日から8月2日までベルリン郊外のポツダムでアメリカのトルーマン（Harry Truman）、イギリスのチャーチル、ソ連のスターリン（Joseph Stalin）が戦後処理を話し合っていました。トルーマンは会談前に原爆成功というカードを持っていたかったので、7月16日までの実験成功が求められたのでした。こうして、「リトルボーイ」が8月6日広島に、「ファットマン」が8月9日長崎に投下されました。

注

(1) 第2次大戦後の核弾頭ミサイルの名前になりました。
(2) 一般社会での使用は求めませんでした。メートル法の一般社会への導入はその後、20年間に30回以上議会で審議されましたが成立しませんでした。
(3) シカゴ大学は開学当初、知名度向上のために研究だけなくアメフトにも力を入れていたのですが、その役割は果たしたとして1939年以降、アメフト重視をやめました。不要になった大きなスタジアムの観客席の下のスペースに、この原子炉は建設されました。
(4) 彼は第3章で述べるようにコンピュータの発展にも貢献しましたが、ロスアラモスでの核実験の被曝が原因でガンになり、1957年に53歳で死去しました。

第2章
科学者と政治

2.1 『ブッシュ・レポート』と科学技術省構想

　OSRDの長であるブッシュは戦争終結とともにOSRDを廃止することを考えていましたが、1944年秋にルーズベルト大統領から平時の科学技術政策について考案することを諮問されます。実際には、構想を発表したいブッシュと側近が大統領に頼んで諮問の手紙を書いてもらったのです。文体までまねて大統領がサインすればよいだけにしておきました（もちろん大統領は諮問することに同意していましたので、偽造ではありません）。ブッシュが諮問案として、*Science: The Endless Frontier*（『ブッシュ・レポート』）という報告書を完成させたとき、ルーズベルト大統領は死去しておりトルーマン新大統領が受け取りました。ブッシュは大学の基礎研究を政府が支援すれば、その成果が政府や企業によって利用され、国家安全保障、経済発展、（医学進歩を通しての）国民の厚生に貢献すると考えました。ブッシュ自身はアナログコンピュータの研究者であり科学者というよりエンジニアで、基礎研究の成果が応用研究、開発につながってイノベーションが起こるという「リニアモデル」は楽観的すぎると考えていましたが、政府にはカネは出すがクチは出さない存在でいてほしかったのでこのように主張したと考えられます。実際に、東部の名門大学のエリート科学者の中には純粋にリニアモデルを信じている人もいました。しかし、前述のように大学、とくに私立大学は連邦政府からの介入を警戒していました。戦前の一流大学の研究はロックフェラー財団やカーネギー財団のような非営利財団が支えていました。研究の規模も大

きくなかったのでそれでよかったのです。OSRD を通して大学の研究者は潤沢な政府資金を享受しました。彼らは戦前の清貧な状態に戻りたくはなかったのですが、資金を出すようになった政府から介入を受けることを警戒していました。

『ブッシュ・レポート』には、OSRD に関係する科学者の多くが在籍する MIT の経済学者も貢献しました。のちに 1970 年の第 2 回ノーベル経済学賞を受賞するサミュエルソン（Paul Samuelson）はハーバード大学で博士号を取得後、MIT に就職したばかりでした[1]。彼は公共財である科学技術知識の創造は民間企業の市場での活動では充分に生み出されない（詳細は第 3 章参照）ので、リニアモデルによって基礎研究の部分に政府が援助をすればイノベーションが生まれるという、科学者が求める内容の原稿を作成しました。

一方、議会ではリベラルなキルゴア（Harry Kilgore）上院議員が企業による軍需生産が順調に行かないことに不満を持ち、戦時動員システムを考案していました。1944 年初めには戦略物資の生産不足はほぼ解消されましたので、彼も戦後の科学技術政策を提案しました。当時、連邦政府にはいわゆる科学技術省がありませんでした。科学技術政策の担当省庁としてブッシュが National Research Foundation（NRF）、キルゴアが National Science Foundation（NSF）を提案しました。Foundation（財団）という名称ですが連邦政府省庁です。前述のように戦前の大学の研究資金源は非営利財団でしたので、政府資金の受け入れに対して大学教員が持つ警戒感を和らげるために、あえて「財団」という名称を用いました。

ブッシュ案では科学者による自治を重視し、自然科学の基礎研究を資金援助し、資金の分配では優秀な教授を多く抱える一流大学に集中しても厭わないという実力主義でした。一方、キルゴア案では国の研究予算を決める組織なので長は大統領が任命して議会上院が承認すべきで、支援対象には実用的な応用研究も含み、資金は地方の大学にもなるべく平等に（学生数に比例などで）分配されるものとしました。1945 年当初、両者の差異は簡単に調整されると考えられていましたが、ブッシュ案を共和党が、キルゴア案を民主党が支持するようになり議会での論争が激化しました。

1946年の選挙では共和党が議会の過半数を握りました。このため1947年には議会がブッシュ案を通しましたが、トルーマン大統領が拒否権を発動して成立しませんでした(2)。トルーマン大統領は財団の長を科学者が互選で選ぶことを受け入れませんでした。1948年になると共和党は秋の選挙後に新しい(共和党)大統領のもとで財団を設立しようという思惑で審議を先延ばしました。しかし、選挙ではトルーマンは劣勢の予想を覆して再選され、議会両院も民主党が過半数を取りましたので審議は逆行しました。1950年になり朝鮮半島情勢が緊迫してきましたので科学者の動員が必要となり、新しい組織の設立が求められました。こうして議会も妥協を求められ、全米科学財団(NSF)が設立されました。名称はキルゴア案ですが内容はブッシュ案に近いものです。ただ、長は科学者の意見を聴いて大統領が任命し、上院が承認することになりました。しかし、実際に朝鮮戦争が勃発すると、NSFは軍事研究を含んでいなかったのでそれほど大きな役割を果たせませんでした。

2.2　分権的科学技術政策

　こうしてNSFの設立には審議開始から5年もかかってしまいました。その間に、国防省、原子力委員会(現エネルギー省)、農務省、保健教育福祉省(3)などが第2次大戦時の研究開発プログラムを引き継いで拡充し、大学に対しても研究開発資金援助を強化していました。彼らにはこれらの既得権益を手放す意思はありませんでしたので、設立されたNSFが中央集権的科学技術省として連邦政府の研究開発予算を統括することはできなくなりました。NSFの主務は大学への研究開発資金援助となりましたが、これにおいても国防省の後塵を拝することとなりました。
　陸軍省(War Department)(4)も海軍省(Navy Department)も、OSRDは戦時の組織なので戦争終結とともに廃止されるし、研究プロジェクトもほとんどが終了すると認識していました。しかし、優秀な科学者との関係も断ちたくはありませんでした。1944年9月にGM社長で戦時生産評議会の副委員長だっ

たウィルソン（Charles Wilson、のちの国防長官）を長とする諮問委員会が、国家安全保障のための研究審議会（Research Board for National Security, RBNS）の設置を提案しました。これは陸軍と海軍が恒久的な連邦レベルでのRBNSを設置し、NAS内には陸海軍からの資金で臨時の組織としてNAS-RBNSを設置するというものでした。NAS内ではNAS-RBNSは恒久的にすべきという意見がある反面、政府資金を受けることへの警戒感も根強くありました。その結果、NAS-RBNSは1945年2月に設立はされましたが、3月末にはルーズベルト大統領によって陸海軍からの資金提供が停止されることとなり、1946年3月に組織そのものが廃止されました。連邦政府機関としてのRNBSも、海軍のOffice of Naval Researchと陸軍のResearch and Development Division within the War Departmentの設立を議会が認めましたので不要になりました。独立性を維持したいNASが政府機関のようになることには問題があったのです。

　しかし、軍部は大学の研究への貢献は強めていきました。前述のように、海軍とブッシュは関係がよくありませんでしたので、マンハッタン計画は陸軍主導となり海軍は関与できませんでした。海軍のボーエン（Harold Bowen）中将はエネルギー局の長でしたが、高圧蒸気タービンの導入や攻撃船の建設費超過などで建設・修繕局と対立していました。海軍長官のエジソン（Charles Edison、発明王エジソンの子）は2つの局を統合して船舶局としましたが、ボーエンは長となれず、その不満を抑えるため海軍研究所（Naval Research Laboratory）の長に任命されました。ボーエンのもと、海軍はブッシュ、大学、NASとは距離を置き、独自にレーダーや核エネルギーの研究開発を行いました。

　ブッシュは海軍出身で当時はMIT教授だったフンセイカー（Jerone Hunsaker）を海軍の研究の監督として送り込みました。エジソンに代わったノックス（Frank Knox）海軍長官はフンセイカー寄りになり、ボーエンの影響力は小さくなりました。ボーエンはその後、ノックスに代わったフォレスレル（James Forresrel）長官からは評価されていましたので、5年を経て海軍における研究開発の中心人物として復活しました。陸軍のグローブス准将のも

とでの原子爆弾の開発はどうしても高圧的になり、大学教員は陸軍に対して不満を抱いていました。これに乗じてボーエンは1946年に設立された海軍研究局（Office of Naval Reserch, ONR）を通して、積極的に大学教員に接近し「カネは出すがクチは出さない」存在であることを売り込んでパイプを構築しました。

　1960年代には国防省に代わって保健教育福祉省が大学の研究の最大のスポンサーとなりました。オバマ（Barak Obama）政権で一定の成果は得ましたが、国民皆保険は長い間成立がきわめて難しかったので、議会は医学研究予算を重視しました。これにまで、反対するとさすがに選挙で不利だと多くの議員が感じていましたので、民主党の予算増額提案に共和党も反対しませんでした。保健教育福祉省の中の国立衛生研究所（National Institutes of Health, NIH）は自身が大きな研究施設を持ちますが、それ以上の金額の研究資金を外部（大学）に提供しています。

　アメリカの科学技術政策は各省庁が勝手に行っており、科学技術予算というのも政府・議会が戦略的に「科学技術予算」として決めるのでなく、各省庁の科学技術関係予算の合計に過ぎません。議会でも科学技術関連予算のすべてを決める委員会はなく、分権的です。非軍事科学技術予算については、下院の科学技術委員会、上院の商務・科学・運輸委員会が決めます。今日きわめて大きな金額を持つNIHなど医療関係の科学技術予算は、下院のエネルギー・商務委員会、上院の保健・教育・労働・年金委員会で決められます。国防関係の科学技術予算は上院・下院それぞれの国防委員会が決めます。さらに、これらの委員会が決めた歳出案（Authorization: 歳出授権）の範囲内で、予算案の実際の支出額の決定（Appropriation: 歳出配分承認）を行いますが、この歳出配分承認についても、国防、非軍事分野、医療それぞれで小委員会が異なります。

　冷静終結後の1990年代初めに国防予算が減り、国防省の科学技術予算も減り、大学への資金提供も減少しました。このため国防省が支援してきた大学の工学研究予算が減少しました。これは大統領や議会が戦略として工学軽視を決めたわけでないのに、積算の結果として起きてしまったのです。

各省庁は自分たちのニーズに合った分野の基礎研究を大学で行ってもらうよう資金を提供します（「column 1」参照）。大まかな分野に対して大学の研究者が研究計画書を提出しますので、それを同じ分野の研究者が審査します。省庁が審査する研究者を内部で抱えている場合もありますし、大学の研究者に依頼する場合もあります。大学の研究者はある時には審査する側になり、ある時には申請する側になります。いずれにせよ、政治家・官僚でなく専門の科学者が判断するので"Peer Review"（「同僚評価」「相互評価」）と呼ばれます。学術雑誌も投稿された論文を編集者が同じ分野の研究者（学会誌の場合は会員）に審査を依頼して掲載の採否を決めますので Peer Review です。Peer Review による審査は結局、『ブッシュ・レポート』が提案した実力主義ですので、一流の研究者を多く抱えた一流大学に研究資金が集中することになります。このことへの不満もありますが、能力のない、成功の見込みの薄い研究者に分配するのは、税金の無駄遣いとの指摘もなされています。

2.3　科学アドバイザーの登場

　大統領に限らず政治家には弁護士出身者が多くいます。大統領は科学技術に関してはアドバイザーからの助言を得ます。建国の父の1人で第3代大統領のジェファーソンは科学に明るい人物でした[5]。1970年代後半のカーター（James Carter）大統領は海軍士官学校出身で原子力潜水艦開発プロジェクトへの参加経験もあり、最も科学技術に精通した大統領だったといわれます。ただ、特許を取得したことのある唯一の大統領はリンカーンです。本職は弁護士でしたが、実用化はされなかったものの浅瀬を航行できる船のデザインを考案しました。前述のように、彼の時代（南北戦争）から特許を重視するプロパテントの時代になりました。上院議員時代に行った演説の一節「特許は天才の炎に利益という油を注ぐ」は、特許商標庁の入る建物の前に碑文として記されています。本書で考察するように冷戦時代、科学者と政治家は複雑な関係を持ちましたが、科学者のコミュニティと大統領をつなぐ科学アドバ

イザーも微妙な立ち位置でした。ただ、それほどの要職でなかったことも事実なのです。

　第2次大戦中のブッシュは共和党支持者でしたが、ルーズベルト大統領とは個人的に馬が合いました。そのような職名はなかったのですが実質的な科学アドバイザーでした。トルーマン大統領は経済的には保守（財政赤字を生み出してまでケインジアン公共事業政策をすることに消極的）でしたが社会的にはリベラルでしたので、ブッシュとはあまり合わず、ブッシュは1948年に政権を去りました。トルーマンは投資銀行家のゴールデン（William Golden）に非軍事分野での科学者の朝鮮戦争への貢献について諮問したところ、科学アドバイザーの設置を勧められました。大統領は支持しましたが周りの官僚は反対でしたので、1951年に国防動員室（Office of Defense Mobilization, ODM）を作り、その中にScience Advisory Committeeを設置し、長のバックリー（Oliver Buckley）が科学アドバイザーという形になりました。

　1957年に、ソ連がアメリカに先駆けて人工衛星を打ち上げる「スプートニクショック」が起こると、科学技術政策の見直しが迫られました。まず、Special Assistant to the President for Science and Technologyが設けられ、MIT学長のキリアン（James Killian）が就任しました。ただし、彼は経営学者で博士号も持っておらず、大学行政に秀でた人物でした。さらに、ODMを格上げして大統領科学諮問委員会（President's Science Advisory Committee, PSAC）とし、キリアンはその長として科学アドバイザーとなりました。しかし、キリアンの就任式はきわめて簡単でした。これはアイゼンハワー（Dwight Eisenhower）大統領がオーガスタゴルフクラブ（マスターズ・トーナメントの開催地）でプレーをする予定が入っていたためであり、その程度の位置づけなのでした。しかし、アイゼンハワー大統領と科学者との関係は良好でした。彼は軍人出身でしたが制服組の暴走を防ぎたかったので、文民である科学者の意見を重用しました。次の科学アドバイザーのキスティアコフスキィ（George Kistiakowsky）は、超音速爆撃機B-70は大型でレーダーに捕捉されやすく、エンジンから高温を発するので熱探知でも見つけられやすいので開発を中止すべきだと進言しました。時代は超音速爆撃機から弾道ミサイルにシ

フトしていたので、1959年にアイゼンハワー大統領は開発中止を決定しました。

アイゼンハワーは1961年1月の退任演説で、政府（国防省）―軍需産業―大学が軍産学共同体を形成し、そのエリート科学・技術者が国を支配しつつあるとの危惧を表しました。科学者コミュニティは大統領とうまくいっていると思っていましたので、この演説にショックを受けました。大統領はこの反応に心を痛め、後日、彼が嫌うエリート科学・技術者はロケット開発者のフォン・ブラウン（Wernher von Brawn、「column 5」参照）と核物理学者のテラーだと述べました。アイゼンハワー政権下でFederal Council for Science and Technology（FCST）が作られ、省庁間の科学技術政策の調整が図られ、NSFが当初持つはずの調整機能が小さくなる一方で、FCSTができたことで科学技術省設立の議論は下火になりました。

ケネディ（John F. Kennedy）政権は、1962年にOffice of Science and Technology（OST）を作り、その長としてMITのウィーズナー（Jerome Wiesner）が科学アドバイザーとなりました。これによって省庁間の科学技術政策の調整というNSFの機能は完全になくなりました。OSTはホワイトハウスの外で大統領行政室（Executive Office of the President）の中に置かれましたが、PSACのメンバーは大統領でなくウィーズナーに報告するようになりましたので、この点では彼らの影響力はむしろ小さくなりました。ケネディ政権のときのPSACにはScience for Policy（科学知識を政策決定に活かす）だけでなくPolicy for Science（科学を振興する政府予算の増加を目指す）の面が加わりました。ウィーズナー自身は科学者の代表でなく大統領に尽くすと述べていましたが、実際には科学者コミュニティの利益を代弁していました。

アイゼンハワーのPSACは有人宇宙飛行には科学的意義がないと考えていました。しかし、1961年4月のソ連のガガーリン（Yuri Gagarin）の有人宇宙飛行の成功もあり、ケネディ大統領は冷戦の競争の証として宇宙開発に積極的となり、1961年5月の演説で1960年代末までに月面着陸を成功させると宣言しました。これはPSACの同意があったわけではありませんでした。PSACは軍事を含めて応用が期待できるので、地球の軌道に母船を置き月に

小型船を送ろうとしましたが、月の軌道に母船を置き着陸船を出すNASAの提案が採用されました。また、ウィーズナーとPSACは大気中核実験に反対していました。そこで、1963年に米英ソによる大気、水中、宇宙での部分的核実験禁止条約が締結されました。

ケネディ・ジョンソン（Lyndon Johnson）政権下でベトナム戦争が本格化していきましたが、ベトナム戦争を支持する科学者はPSACの中にほとんどいませんでした。ただ、科学技術の力で勝利する、または戦況の悪化を防ぐことができると考えていた人はいました。PSACのメンバーは自分たちは政権に反対すべきでないし、戦争には技術面のアドバイスで貢献すべきで政治・倫理的議論には参加すべきでないと考えていました。

2.4　ニクソン政権と科学者

ニクソン（Richard Nixon）大統領の時代には、ミサイル防衛システム、ベトナム戦争のための軍事研究ならびに超音速旅客機（Super Sonic Transportation, SST）の開発において、科学者が政権批判を強めました。これに反発したニクソン大統領は、再選後の1973年1月にPSACとOSTを廃止します。ミサイル防衛システムとベトナム戦争については、それぞれ第5章と第7章とで考察しますので、ここでは超音速旅客機について述べます。

超音速旅客機はNACAのスタック（John Stack）が1947年に検討を始めていました。1958年にNACAがNASAに改組されたとき、力点も航空から宇宙にシフトしましたが、SSTの開発は継続されました。1963年にケネディ政権によって2つの試作機の開発が支援され、その後1968年にボーイング社の2707-300というモデルが候補として選定されました。

SSTは採算面で問題視されており、マクナマラ（Robert McNamara）国防長官は悲観的でした。ここに環境問題が加わります。超音速で飛行することによって発生する衝撃波の地上への影響については、1962年の超音速爆撃機B-58を使ってのテストで早くも市民から苦情が出ていました。1966年に

NAS の検討会とジョンソン政権の科学アドバイザーのホーニング（Donald Horning）の検討会は、衝撃波のために陸上での飛行を禁止すべきと結論づけました。政府外部の学者も衝撃波に懸念を表明しました。1967 年には物理学者のシュークリフ（William Shurcliff）と生物学者エドサル（John Edsall）が中心になり Citizen's League Against the Sonic Boom が結成されました。環境団体の Sierra Club は、原子力発電に関しては酸性雨の対策になるとして反対していませんでした。この方針に不満なブラウン（David Brown）は 1969 年の役員選挙で追放され、Friends of the Earth を設立していました。この Friends of the Earth と Sierra Club があえて協力し現職議員のスタッフなどが加わり、1970 年 3 月に Coalition Against SST を結成しました。

　SST の排出する水蒸気や窒素酸化物がオゾン層を破壊することも指摘されました。1970 年ごろまでにオゾン層そのものの破壊はそれほど大きくなくても、その破壊は皮膚がんを増加させることが明らかになりました。さらに騒音の問題も懸念されました。こうして SST は採算性と環境破壊の 2 つの面からの反対に直面しました。また、超音速旅客機という民生品の実用化に連邦政府が介入することへの、保守派からのイデオロギー的反発もありました。1970 年 7 月にフルブライト（William Fulbright）上院議員が 16 人の経済学者に SST について尋ねると、15 人までが開発反対を主張しました。1970 年 5 月に、プロキシマイヤー（William Proximire）上院議員が委員長の小委員会で物理学者のガーウィン（Richard Garwin）が証言しました。彼は、OST の SST 臨時検討委員会の長でしたが、SST 開発を批判しました。ガーウィンの作成した報告書はホワイトハウスが公表を差し止めましたが、ガーウィンが科学アドバイザーのドゥブリッジ（Lee DuBridge）に発言してよいか相談したところ、公表されている情報に基づいて SST 批判を行うのは問題ないといわれました。

　ニクソン大統領は保守派で、マッカーシズム時代には共産主義者取り締まりの先鋒でしたが、就任後に中国との国交を結ぶなど現実的な面もありました。環境保護の声が高まっていたので、環境保護庁（Environment Protection Agency, EPA）を設立するなど環境保護にも力を入れていました。しかし、

1970年秋の中間選挙で共和党は議席を減らします。ニクソンは環境保護を訴えても票にならないと認識し、共和党本来の親ビジネス路線に回帰し、環境保護団体との対立の激化も厭わないという方針を採りました。こうして、ニクソンはSSTの採算性と環境保護を執拗に訴える科学者と対立することになったのです。1971年3月に下院215対204、上院51対46という僅差でSST開発は中止されました。実際、先行した英仏共同開発のSSTであるコンコルドは、イギリス航空とエールフランスという開発国の旗艦航空会社しか購入せず、14機のみの販売で1979年9月に生産中止になりました。ソ連のツポレフ144はコンコルドより先に就航しましたが8機のみの生産で終わりました。その後もNASAはスケールダウンしたSupersonic Cruise Aircraft Research (SCAR) を行いましたが、1981年に中止になりました。1989年からNASAはHigh Speed Research Program (HSR) を行いますが、これも1998年に中止になりました。騒音、オゾン層破壊、衝撃波の問題についてはかなり改善が見られたのですが、採算性の悪さは最後まで障害になりました。また、民間航空機メーカー、とくにボーイング社が興味を示さないので実用化は難しいものでした。旅客機は過去40年の間に燃費が3分の2になり、メンテナンスコストは60％になりましたが、速度はほとんど変わっていないのです。

　科学者との対立が深まり、ニクソンは再選後の1973年1月にPSACとOSTを廃止しました。廃止にはもう1つの伏線もありました。実は1964年の大統領選挙では科学者は珍しくまとまって政治行動を起こし、核兵器使用も辞さない立場の共和党保守派のゴールドウォーター (Barry Goldwater) に反発して、ジョンソン大統領の再選を後押ししました。保守派のニクソンはその報復をしたともいえます。ニクソンはそれ以前にも、ケネディ・ジョンソン政権の科学アドバイザーだったウィーズナーがMITの学長となり、ニクソン政権批判をするので、同大学への連邦政府研究補助金を全廃するように、科学アドバイザーのディビッド (Edward David) に命じました。ディビットにとってウィーズナーは大学院時代の恩師でありこの命令には当惑しましたが、エーリックマン (John Ehrlichman) 補佐官から「しばらくそのままにし

ておけばよい」というアドバイスに従っていたところ、大統領からはそれ以上の指示はありませんでした。しかし、科学アドバイザーそのもののポジションが廃止され、NSFには科学技術政策統括の機能が戻されることになりましたが、ホワイトハウスからは科学者が締め出されました。

次のフォード（Gerald Ford）政権下で1976年に国家科学技術政策組織優先法（National Science and Technology Policy Organization and Priorities Act）によって科学技術政策室（Office of Science and Technology Policy, OSTP）が設置され、その長が科学アドバイザーの役割を担うこととなりました。OSTPもNSF同様、中央集権的な連邦科学技術省とはほど遠い存在です。OSTPディレクターは1976年の法律に基づいて作られたポジションなので、大統領が勝手に廃止することはできません。しかし、OSTPディレクターをどの程度重用するか、さらにその上の補佐官（Assistant）にまでするかは大統領次第です。

一方、議会には1972年に技術評価室（Office of Technology Assessment, OTA）が作られ、技術の社会への影響などを調査し報告書を作成していました。エドワード・ケネディ（Edward Kennedy）上院議員が影響力を行使した時期もあり、しだいに民主党寄りとの批判が強まります。1993年にOTAのディレクターだったギボンズ（John Gibbons）がクリントン（William Clinton）政権の科学アドバイザーになったことは、OTAと民主党との近さを示すことになりました。共和党が下院で多数派を握ると、1995年に議会予算削減の一環としてOTAは廃止されてしまいました。また、OTAは第5章で述べるレーガン（Ronald Reagan）政権の「スターウォーズ計画」における宇宙でのレーザー光線による核ミサイル迎撃計画の実現性を批判した報告書を1984年に出したことがあり、共和党保守派はその報復の機会をずっとうかがっていたともいわれます。

しかし、議会は支援組織として、議会調査局（Congressional Research Service, CRS）、会計検査院（かつてはGeneral Accounting Office、現在はGovernment Accountability Office, GAO）、議会予算室（Congressional Budget Office, CBO）を持っており、これらには理系出身者の分析官もいて科学技術政策の分析に当たっています。

2.5 政府・議会の科学への干渉

　一般に民主党政権になると、社会・経済問題解決のための科学技術の役割が期待され、応用研究にも政府が支援を行うようになります。また、民主党の大統領は環境問題において科学者の意見に耳を傾けます。カーター政権やクリントン政権にはその傾向が強く、前者はエネルギー危機に対応するため石炭液化やガスタービンエンジン車など、エネルギー関連の実用化を意識した研究開発プロジェクトを推進しました。後者はハイテク産業育成政策として、連邦政府による技術開発の支援にも積極的でした。オバマ政権もリーマンショック後の経済立て直しのための公共事業では、エネルギー・環境技術開発への投資を行い「グリーンニューディール」と称しました。また、大学の教員・研究者は、権威に挑戦しているという仕事柄、本来、リベラルな人が多いのです。自然科学の大学教員も文系ほどではありませんがリベラルです。自然科学の教員は45.2％が自分をリベラルだと回答し、7.8％のみが自分は保守だと回答しています。リベラル対保守は人文科学では52.2％対3.6％、社会科学では58.2％対4.9％です（残りは「支持なし」「中立」との回答です）。つまり、科学者は民主党支持者になる傾向があります。科学アドバイザーは大統領選挙後、大統領の就任式までに任命されていないことが多いのですが、例外が民主党のクリントンとオバマ大統領のときです。

　一方、共和党政権は「リニアモデル」を支持し、技術の実用化は市場メカニズムに基づいて企業が行えばよいので、非軍事研究分野では連邦政府は基礎研究のみを支援すればよいと考えます。カーター政権のエネルギー関連プロジェクトは共和党のレーガン大統領によってカットされました。同様の反動は、クリントン政権のプロジェクトに対して共和党議会が1995年に行いました。基礎研究には政府が資金を出すという点では、保守派の「リニアモデル」支持者にも妥協の余地がありました。「リニアモデル」は企業の戦略としては支持されなくなっているのですが、国の政策モデルとしては代替するものもなく、また、市場信奉主義のイデオロギーと合致しているので、支持

されています。

　科学者が組織だって政治に関わる、とくに選挙に関わることはまれです。しかし、例外としては前述のように1964年の選挙で、科学者は共和党保守派の反共主義者で核兵器の使用も厭わないと発言していたゴールドウォーター候補に反発して、ジョンソンの再選を支持しました。

　いま1つの事態が2004年の大統領選挙で科学者がブッシュ（子）(George W. Bush) の再選を嫌い、民主党のケリー (John Kerry) 候補を支援したことです。2004年、Union of Concerned Scientists という科学者の団体が、ブッシュ政権が政策決定における科学諮問の役割を歪めているというレポートを発表し、60人以上の著名な科学者が賛同の署名をしました。ブッシュ政権は、地球温暖化などの政策決定において、科学者コミュニティの主流派の意見に対して、少数派意見が存在していれば「科学的に充分な裏づけがない」という立場をとって規制に反対しました。保守派はさかんに"Sound Science"という言葉を用います。ここでSoundとは「完全な、無傷な」という意味で、科学的にしっかりとした裏づけがなければ政策として導入すべきではないという立場です。地球温暖化のメカニズムについて科学者の意見が全会一致ではないので、規制はすべきでないということになります。地球温暖化懐疑論の学者は金や権力につられて主張しているのでなく、少数派ながら信念を持ってきました。ただ、彼らを保守派政治家や企業が支援して、発言や発表の機会を増やしています。科学の世界では少数派が正しいこともありうるのですが、実際には科学者の間では地球温暖化懐疑派は少数なのに、市民から見ると科学者の半分が懐疑派のように見えてしまっています。保守派はそれを理由に科学的裏づけが不充分なので規制をすべきでないと主張しています。

　さらに、ブッシュ政権はキリスト教保守主義の影響から、受精卵を壊すことは妊娠中絶と同じだとして、2001年8月9日にヒト胚性幹細胞 (Human Embryonic Stem Cell) の細胞株を新たに作ることに連邦政府資金を出すことを禁止しました。ただ、この時点ですでに存在している細胞株を使っての研究や、州政府や民間の資金を使って新たに細胞株を作ることは禁止されませんでした。1970年代の遺伝子組換え技術の立ち上がりの時期には、ドイツや

北欧での研究に反対する「緑の党」のような政治勢力がアメリカにはなかったことが、バイオテクノロジーの発展には幸いしたのですが、21世紀には政治が科学研究の障壁になりました。また、2005年8月には天地創造論（近年は、自然のような複雑なものは神様が意志をもって作ったのだという意味で"Intelligent Design"と呼ばれます）を進化論と並行して学校で教えるべきだとも主張しました。

さらに、妊娠中絶に反対する立場から、国立がん研究所のウェブサイトに中絶と乳がんの相関関係はない、という記述があったのが削除され、後日の改訂版では結論は出ていないというニュアンスに変わりました。保守派議員からの「中絶をするような人間には天罰が下る」という発想の圧力に、国立の研究機関が屈してしまったのです。実際、この干渉があまりに反科学的でしたので、科学者が2004年に反ブッシュとなる要因になりました。

連邦政府に雇用されている科学者が自由に意見を言えないことに関しては、ブッシュ政権末期には、勢力を伸ばした議会民主党が、政府の科学者の間の意見交換・発言の自由を確保することを、2007年のAmerica COMPETE法（Creating Opportuniteis to Meaningfully Promote Excellence in Technology, Education, and Sicence Act）の細則に盛り込みました。2006年度歳出案でも、保健福祉省の科学諮問委員の候補に対して政治的思想で採否を決めないことということを含めました。オバマ大統領も2009年1月に、政策決定プロセスでの科学技術情報が秘匿扱いされてしまうことの根拠になっていた2007年の大統領行政命令13422号の廃止を発表しました。さらに、オバマ大統領は、就任早々、ヒト胚性幹細胞の研究支援禁止を取り消し、軌道修正を図りました（天地創造説を教育に導入することの主戦場は地方の教育委員会になっています）。

オバマ大統領はクリントン大統領同様、就任のときにはホルドレン（John Holdren）を科学アドバイザーに決めていただけでなく、補佐官の肩書きも与えました。すなわち、アドバイザーは直接、大統領に会えるしメモを渡せるのです。実際、ホルドレンのもとでOSTPはさまざまな科学技術問題に対処し、大統領も彼の意見をよく聴きました。2010年のメキシコ湾海底での重油流出事故、2011年の日本での福島第1原発事故、2014年のエボラ出血

熱の流行など科学が関連した危機の際に、ホルドレンは大統領に的確に助言をしました。NIH における神経科学、がん、オーダーメイド医療の研究の推進や、商用ドローンの規制案策定も行いました。

　科学アドバイザーには、科学者コミュニティの意見を政権に伝えるというタイプと、政権の考え方を社会に伝えるというタイプがあります。かつては前者が強かったのですが、しだいに政権の一員として大統領の立場を市民に説明したり、場合によっては科学者コミュニティを説得する役目を負うようになりました。第5章のレーガン政権のスターウォーズ計画や、前述のブッシュ（子）政権の地球温暖化防止に関する京都議定書からの離脱、ヒト性幹細胞への公的資金提供の中止は大統領の意見で、科学アドバイザーの進言によるものではありません。科学アドバイザーは初めからその対外的説明役の任を求められたのです。ただし、ブッシュ（子）政権の Intelligent Design の教育への導入の主張に対しては、物理学者であった科学アドバイザーのマーバーガー（John Marburger）は明確に「進化論が現代生物学の基礎であり、Intelligent Design は科学ではない」と述べ、政権と距離を置きました。オバマ政権のホルドレンは大統領のスポークスマンというより、大統領の意思決定を助けるというアイゼンハワー時代の科学アドバイザーでした。また、科学アドバイザーの役割についても政策に科学的思考を導入することと、科学のための政策（研究費増額）を進言することがあります。前述のようにケネディ政権で後者が加わりました。ただ、大統領に耳の痛いことを言うとニクソン大統領のときのように科学者を遠ざけるという形で報復されることが起こります。

　トランプ（Donald Trump）政権は地球温暖化懐疑論に傾倒するとともに、科学研究の支援にも無関心です。そして、何より問題なのは 2017 年 1 月の政権発足後、科学アドバイザーを 1 年半以上も指名していないことです。2001 年 1 月に発足したブッシュ（子）政権は科学アドバイザーを 9 月まで指名しなかったのですが、トランプ大統領はこの不名誉な記録を大幅に更新しました。前述のように、OSTP は 1976 年に議会が法律を通して設置しましたから、長を指名しないことは法律違反です。また、OSTP のスタッフの空席が

埋まっていません。オバマ政権はブッシュ（子）政権時代よりOSTPを拡充し、スタッフも100人を超えるなど、とくに多くなっていたこともありますが、トランプ政権下のOSTPは、オバマ時代の3分の1程度で、科学者でないスタッフも多いのです。現在のOSTPの実質的なトップはシリコンバレー企業の財務家として活躍したクラツィオス（Michael Kratsios）で、政治学の学士号しか持っていません。地球温暖化のパリ協定からの離脱も宇宙ステーションより月着陸を重視する方針も科学アドバイザー不在のなか、決定されたのです。トランプ政権はEPAや議会の科学委員会委員長に地球温暖化懐疑論者を置いているので、科学アドバイザーにどのような人物が指名されるか不安はありますが、「科学者である限りどんなアドバイザーでもいないよりはまし」という雰囲気さえ現れています[6]。

注
(1) サミュエルソンはユダヤ系でした。ハーバード大学はユダヤ系の学生は受け入れましたが、教員は受け入れませんでした。MITは寛容でした。
(2) 法案は議会を通過した後で大統領が署名して成立します。大統領が署名を拒否することを「拒否権の行使」と呼びます。議会の両院で3分の2の賛成で再可決すれば拒否権を覆して法案は成立します。3分の2の賛成票獲得が難しい場合、大統領が拒否権の行使を示唆した時点で議会は審議をあきらめます。
(3) 1979年に教育省が独立しましたので、現在は保健福祉省です。
(4) 1947年に陸軍航空隊が空軍になり、陸海空軍ならびに海兵隊は国防省（Department of Defense、この名称になったのは1949年）の傘下に入りました。
(5) ケネディ大統領がノーベル賞受賞者をホワイトハウスに招いたパーティで、「アメリカの偉大な知性の持ち主がこれほどホワイトハウスに集中したことはない」「唯一の例外はジェファーソンがここで1人で食事をしていたときだ」と述べました。
(6) 2018年8月、トランプ大統領はオクラホマ大学のドローゲマイヤー（Kelvin Droegemeier）をOSTPディレクターに任命しました。彼は一流の気象学者ですから意外な人選でしたが、科学者コミュニティも議会も歓迎しています。ただ今後、地球温暖化懐疑論の強い政権のなかでの彼の発言が注目されます。

column 1

ヒトゲノム解読プロジェクト

　各省庁は自分の必要とする分野の研究を支援しているわけですが、注目すべき事例がエネルギー省によるヒトゲノム解読プロジェクトです。核兵器の開発を行う原子力委員会から1977年に改称されたエネルギー省は、原爆被害の調査のために医学部門を持っていました。1984年、広島・長崎の被爆者とその子孫のDNAの変異を見つけるためには平均的なヒトのDNA解明が必要だと考えられました。DNAの直接解析は突然変異の増加を検出するには適切な方法でないことが明らかになりましたが、1985年に健康・環境研究局長に就任したデリシ（Charles DeLisi）は1986年にヒトゲノムの解読を進めることを決定しました。

　エネルギー省はコンピュータ解析能力には優れていましたが、核兵器開発以外の貢献が求められていました。それはとくに冷戦終結後の1990年代には組織の存続を賭けたものでした。また、1980年代は自動車・半導体産業で大きな対日貿易赤字が問題になっていましたので、バイオテクノロジー・医薬品産業の分野でまで日本に対して競争力を失いたくないとの思いから、このプロジェクトは推進されました。

　実は、わが国では東京大学教授の和田昭允が1981年に自動解析装置を開発し、1984年には試作機を完成させたのですが、それ以上、予算がつかずそこで終わってしまいました。手作業で行ってきた生命科学の研究者が生物物理学者である和田が発明した機械での解読に批判的で、予算を持っていかれることを嫌ったためともいわれています。アイディアが先進的過ぎたのかもしれませんし、アメリカのやっていないことに予算をつけることに不安感があったとも考えられます。

一方、アメリカではNIHも研究資金の提供を始めました。1988年からは競合するのでなく共同運営になりました。また、1990年からはヨーロッパ・日本などとの国際協力も得られ、2005年までに30億ドルかけて解読することを目指しました。元NIHの研究者だったベンター（Craig Venter）は、1992年に非営利研究機関のゲノムリサーチ研究所を設立して独自にゲノム解読を行いました。ベンターは若いころはそれほど勉強熱心でなく短大在学中にベトナム戦争に召集されたのですが、知能指数が高いことがわかり、衛生兵に回されました。ただし、北ベトナム側は兵士に対してアメリカの衛生兵の殺害には褒賞を出していたそうで、危険な任務であったことに変わりありませんでした。若者の生死の狭間に直面することを経験して除隊後、ベンターは医学を志します。

　ベンターはゲノムDNAを物理的に切断し断片ごとに解読して、断片の情報をつなぎ合わせる「全ゲノムショットガン方式」というやり方をとり、解読装置の処理能力を活かして解読していきました。1998年にセレラ社を設立して、政府プロジェクトとしのぎを削りました。結局、2000年に両者は同時に別々に発表することで勝ち負けをつけませんでした。また、公表して公知の事実にすることで特許化を防ぎ、誰でも利用できるようにしました。ベンターと政府プロジェクトの関係はライバルとして描かれることが多いのですが、ベンターはエネルギー省から資金援助も受けており、エネルギー省の関係者には敬意を払っていました。ただ、セレラ社設立のスポンサーだったホワイト（Tonny White）はベンターばかり称賛されるので面白くなく、ベンターはセレラ社を解雇されました。ヒト遺伝子の数は5～14万個と考えられていましたが、実際には2万5000個しかなく、2003年4月に99％の解読を完了し最終バージョンを発表しました。予定より2年早く、費用も約27億ドルで終わったといわれます。ゲノム解読は国家安全保障のために蓄積されてきた研究能力をうまく活用した事例と評価できましょう。

第3章
冷戦型ナショナル・イノベーション・システム

3.1 イノベーションの経済学理論

　イノベーションの定義は研究者・実業家によって多少異なっていますが、ここでは「新しい製品や製法を成功裏に実用化・普及すること」としたいと思います。政府による配給、とくに軍事の場合には兵器としての採用ということもありますが、資本主義社会での「成功裏に実用化」というのは、企業により生産・販売され、しかもヒットするということを意味します。試作品を作ったり特許を取っただけではイノベーションではありません。また製品化したとしてもライバルに負けてしまって淘汰されたものもイノベーションではありません。第2章で紹介した『ブッシュ・レポート』はリニアモデルに基づいていました。リニアモデルでは基礎研究、応用研究、開発、生産、販売が逐次的に起こってイノベーションにつながります。「成功裏に実用化」なので、生産、販売にまで至らなければなりませんが、実際にはこれらのステップは必ずしも順調に起こるわけではありません。研究開発を行っても試作品もできない、すなわち技術的に失敗することを「魔の川」と呼びます。試作品・特許には至っても低コストで均一の品質による量産化に失敗するかもしれません。ここには設備投資資金を集められないことも含みますが、「死の谷」と呼ばれます。さらに、製品化してもヒットせずに淘汰されてしまうことを「ダーウィンの海」と呼びます。これら技術的・商業的ハードルを越えないとイノベーションは起こらないのです。さらに現実には、生産してみてうまくいかないから、設計をやり直す、場合によっては研究・開

発にまで立ち返るというフィードバックが重要です。

　イノベーションの担い手は企業ですが、後述のように公共財や外部性の存在により基礎研究への投資成果は回収しにくいので、企業は基礎研究投資に躊躇します。そこで政府が大学や国立研究所の基礎研究に財政支援することが戦後のアメリカの科学技術政策となりました。しかし、大学や国立研究所は生産・販売施設を持っていませんので、研究成果を企業にいかに結びつけるかという産学官連携の制度が重要になります。さらに、イノベーションで重要な役割を果たすのが失敗を恐れない起業家です。彼らは新製品・新製法を実現するため企業を設立しますし、リスクを取っているので成功すれば大きな報酬を得るのです。もちろん、失敗する起業家もたくさんいます[1]。ただ、起業家が活躍できる社会環境が重要です。マイクロソフト社の創業者ゲイツ（William Gates）も、1950年代のアメリカに生まれたから成功したのかもしれません。1930年代のアメリカや、1950年代のインドに生まれていたら別の人生になっていたでしょう。このようにイノベーションを生み出す環境・制度をナショナル・イノベーション・システムと呼びますが、これを整備することがイノベーションにとって重要なのです。グローバルな時代にナショナル（国家）という概念は適切でないという意見もあるかもしれませんが、特許・独占禁止法などの法律は国単位であり、国が大きな研究開発予算を組んだり補助金を支給したりしているので、国単位での分析は依然として重要だと考えられます。また成文法だけでなく規範・文化も重要です。大学の教員が国防省や企業からの資金で研究することが法律では認められていても、本人が好ましく思わない、または本人はやりたいのに周りが批判的雰囲気であれば、実行されないでしょう。

　アメリカのナショナル・イノベーション・システムは第1章で述べたように、それまでの企業任せの自由放任主義でしたのが、第2次大戦を契機に連邦政府が大きな役割を果たすようになりました。しかし、その大きな部分を占めるのは国防省の軍事研究予算です。民生品市場での政府支援は行わないという自由放任主義は継続されました。この点で、特定の産業を育成し産業構造を変化させる産業政策は否定されたのです。

1940年代末に確立したナショナル・イノベーション・システムでは、連邦政府が大学や国立研究所（運営は大学、企業、非営利財団に委託されている場合もあります）の基礎・応用研究を支援します。市場メカニズムのもとでは企業による研究開発投資は個々の企業にとっては最適かもしれませんが、社会的に最適なレベルからは過少になりますので、政府が支援するわけです。このように市場メカニズムに任せておいては社会的に最適な結果になるとは限らないという「市場の失敗」は、「スピルオーバー効果」（「プラスの外部性」）に由来します。スピルオーバー効果とはある人の努力が他の人を助けることです。企業が研究開発投資をしてもその成果をすべて回収できず周りの人を助けてしまうので、企業にとっての研究開発投資の私的収益率は、社会全体の恩恵を含めた社会的収益率よりも小さくなることを意味します。スピルオーバー効果は科学技術知識が公共財であることと、第1種価格差別が実行できない、という2つの点から生じます。

公共財とは非競合性と非排除性を満たす財です。非競合性とは一緒に消費しても価値が減らないこと、非排除性とは料金を払わない人を消費から排除できないことを意味します。科学技術知識は公共財です。科学的知識を他人に教えても知識そのものは損なわれないので、非競合性は満足されます。一方、知識を生み出した人は誰かにその知識を教えた後、知識の受け手が頭の中でその知識を使う度に料金を徴集することはできませんので、非排除性も当てはまります。公共財では消費者が供給者と個別に交渉して価格を決めるのですが、消費者は正直に自分が払う意思がある価格を言わないでしょう。言わなくても非排除性のために消費ができなくなることはないからです。したがって、公共財を創造しても民間企業は充分な利益を得られません。一方、知識を得た人はそれを利用できるのに知識の価値は減らないので、できるだけ多くの人に知識を知らしめることが社会にとっては望ましいのです。ですから、市場に任せず政府が提供する（資金を出して大学で研究してもらう）ことになります。

一方、第1種価格差別とは生産者が各消費者から留保価格を払ってもらうようにすることです。留保価格とは消費者の払ってもよいと思う上限価格で

す。たとえば、Aさんはのどが渇いているので1個目のりんごに200円払ってもよいと思っています。これが上限価格です。しかし、実際にはりんごの値段は誰に対しても市場でのセリで1個100円と決まっています。200円払ってもよいと思っている人にとっては200-100円の100円分が得になります。2個目のりんごには180円払ってもよいと思っているので80円分得をします。5個目くらいになるともうおなかがいっぱいなので、それほど高い価格を支払う気はなく110円が上限価格となり10円しか得しません。6個目のりんごには90円しか払う意思がないので100円で売られているりんごは買いませんから5個だけ購入します。上限価格と市場での価格との差は消費者が得ている部分であり、消費者余剰と呼ばれます。第1種価格差別では各消費者にりんご1つ1つの上限価格ぎりぎりまでを支払ってもらうのですが、ここでも公共財のときと同様、実際には消費者と生産者との間で1個ずつの上限価格を交渉するのは難しく、上限価格いっぱいまでは回収できません。200円払う意思のある人も130円くらいならば売ってくれるだろうと思って正直には言いません。この結果、たとえば新しい合金を開発した企業はたしかに利益を増やしますが、合金のユーザーである自動車メーカー、建設会社、自動車のユーザー、住宅の購入者の消費者余剰すべてを獲得することはできません。その結果、研究開発投資の私的収益率は社会的収益率よりも小さくなります。これがスピルオーバー効果の第2の要因です。

　スピルオーバー効果がありますので、研究開発投資の社会的収益率は私的収益率を上回ります。企業は市場メカニズムのもとで私的収益率に基づいて意思決定しますので、企業は社会にとって有益な研究開発投資を行わないかもしれません。そこで政府が研究開発投資を肩代わりする必要が出てきます。『ブッシュ・レポート』はリニアモデルに基づいて市場では充分に行われない基礎研究を、大学や国立研究所で行うよう政府が財政支援すれば、その成果が逐次的に応用研究、開発、生産へとつながり、イノベーションを生み出して国家経済、国家安全保障、市民の医療・厚生になると主張しました。公的資金による研究開発の成果は論文や学会発表の形で公開されます。企業の研究者は公開された研究成果に対し、自社での商品化が見込めれば開

発を行います。大学の研究には大学院生が参加し、次世代の人材が育成されます。この研究と教育の一体化がアメリカの強みでした。大学はコンピュータ科学の研究を行いつつ、ソフトウェア技術者を育成するのです。西ドイツやソ連（いずれも当時）は国立研究所で優れた研究を行っていましたが、そこでは教育の役割が重視されていませんでした。また、アメリカでは大学、国立研究所、企業の研究者が国からの資金で行った研究成果を実用化するために起業しました。1930 年代半ばから 1970 年代末までは独占禁止法の運用は大企業に厳しく、特許政策も特許権者を重視しないアンチパテント政策でしたので、新興企業が大企業の特許を侵害しても問題になりませんでした。これらの環境は新興企業の創出・成長には追い風でした。これはアメリカの公的資金の研究成果を利用できる外国企業がほとんどいない時代には適した政策だったのです。

3.2　冷戦型システムの特徴

　連邦政府の研究開発予算の中で大きな割合を占めていますのが、国防省のものです。図 3.1 は連邦政府研究開発予算の中の軍事関係予算の比率です。後述するように、国防省からの研究には大学で行う基礎研究もあってすべてが軍事関係ではなく、また、他省庁のものでも国家安全保障関連の研究がありますが、ここでは国防省とエネルギー省内の国家核安全保障局の研究開発予算の合計を示しています。1970 年代は冷戦が緩和され、また連邦政府が医療・環境・エネルギーなど社会に役立つ研究を重視したので軍事研究の比率は低下しますが、1980 年代の「レーガン軍拡」で格差が拡大し、冷戦終結後に差が縮まりました。しかし、21 世紀になると「テロとの戦い」で再び差が開いています。共和党政権は国防予算を重視し、民生市場でのイノベーションは市場メカニズムに委ね政府が介入すべきでないという方針なので、共和党政権下では軍事研究の割合が高まる傾向になります。国防省の研究開発の中心は軍事システム（兵器）の実際の開発であり、その大きな部分は入札

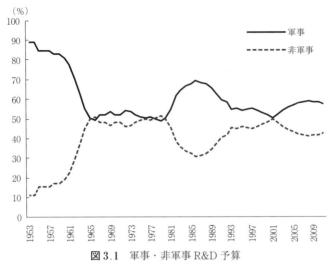

図 3.1　軍事・非軍事 R&D 予算
出所：National Sicence Foudnation, Science and Engineering Indicators（various years）

で勝った企業に渡ります。国防省予算の中では基礎研究も、大学に渡る研究資金も大きくはないのですが、受け取る大学にとっては大きな金額でありがたかったのです。

　第2章で述べたように、アメリカの科学技術政策は分権的で各省庁が自分たちの目的に合った研究開発を行っていますが、大学の研究支援も同様です。表3.1 は、2016 年度の分野ごとにどの省庁が支援をしているかを示しています。各行の数字を横に加えると合計が 100％になります。表3.2 は、各省庁がどこの分野に出しているかを示し、縦に加えると 100％になります。この2つの表から、総額では NIH を擁する保健福祉省が 60％近くを占めていることがわかります。第2章で述べたように、議会は国民医療保険では合意が形成できそうにないので、有権者向けに医学研究支援には熱心なのです。しかし、当然、保健福祉省の研究支援は医学・生命科学に集中し、農学にとっては農務省、天文学にとっては航空宇宙局、物理学にとってはエネルギー省が重要なスポンサーです。国防省は電子工学、機械工学、航空工学、材料科学、そしてとくにコンピュータ科学にとって重要なスポンサーです。

第3章 冷戦型ナショナル・イノベーション・システム　45

表3.1 大学の学問分野における各省庁の比率（2016年度）

分野	総額(億ドル)	省庁間内訳（％）						
		保健福祉省	国防省	全米科学財団	航空宇宙局	エネルギー省	農務省	その他
全分野	387.94	53.25	13.70	13.18	3.85	4.56	3.12	8.34
科学	310.90	63.63	8.52	11.52	3.12	3.43	3.54	6.24
コンピュータ科学	14.43	5.56	41.89	40.90	1.13	4.03	0.24	6.25
数学・統計学	4.44	10.50	27.12	51.69	0.71	2.63	1.10	6.26
地球科学、大気、海洋学	19.93	3.17	9.50	35.43	17.74	5.33	1.57	27.26
生命科学	217.98	83.22	4.38	3.34	0.42	0.74	4.52	3.37
農学	9.77	6.75	1.39	8.70	0.93	2.91	63.97	15.35
生物科学	77.08	83.41	3.44	6.65	0.51	1.06	2.42	2.53
医学	120.98	91.43	4.92	0.50	0.31	0.13	0.55	2.17
物理科学	32.87	15.79	15.98	29.82	14.26	21.34	0.19	2.64
天文学	4.18	0.15	2.38	22.57	70.40	2.32	0.01	2.19
化学	10.98	40.75	13.72	30.23	1.19	11.85	0.33	1.92
材料科学	1.12	6.39	33.56	27.63	2.86	22.66	0.26	6.66
物理学	15.24	3.68	19.87	31.02	9.20	33.54	0.13	2.56
工学	65.83	9.98	39.61	19.29	7.78	10.60	1.01	11.72
航空工学	6.24	0.35	60.64	3.90	23.00	3.08	0.07	8.96
生物工学	6.51	58.38	19.19	11.49	0.77	5.23	2.51	2.43
化学工学	4.68	15.84	19.72	31.30	1.61	25.06	1.63	4.83
土木工学	5.92	3.63	8.63	20.88	2.56	9.19	1.49	53.62
電子工学	17.43	3.34	53.86	23.61	6.94	5.86	0.07	6.32
機械工学	8.61	5.40	42.93	21.73	7.70	13.80	0.26	8.18
金属工学	4.43	4.56	38.47	23.43	2.78	21.22	0.53	9.02
心理学	7.61	65.68	9.19	9.34	2.87	0.05	0.89	11.98
社会科学	8.99	35.99	8.55	16.18	0.89	1.16	5.57	31.67
その他（人文学・教育学など）	11.20	19.56	5.10	23.48	0.83	0.62	3.68	46.73

出所：National Science Board (2018) *Science and Engineering Indicators 2018*, Washington, D. C.: National Science Foundation, Appendix Table 5-3.

表 3.2　省庁の大学への研究資金における分野ごとの比率 (2016 年度)

(%)

	全体	国防省	エネルギー省	保健福祉省	航空宇宙局	全米科学財団	農務省	その他
全分野 (万ドル)	3879.35	531.30	177.08	2065.88	149.19	511.42	120.87	323.61
科学	80.14	49.84	60.20	95.76	65.02	70.02	91.10	59.98
コンピュータ科学	3.72	11.37	3.28	0.39	1.09	11.54	0.29	2.79
数学・統計学	1.15	2.27	0.66	0.23	0.21	4.49	0.40	0.86
地球科学、大気、海洋学	5.14	3.56	10.69	0.31	23.70	13.81	2.59	16.79
生命科学	56.19	17.98	9.08	87.81	6.17	14.25	81.60	22.69
農学	2.52	0.26	0.77	0.32	0.61	1.66	51.70	4.63
生物科学	19.87	4.99	4.63	31.12	2.61	10.02	15.41	6.02
医学	31.19	11.20	0.91	53.54	2.49	1.17	5.46	8.12
物理科学	8.27	9.88	29.66	2.51	31.41	19.16	0.51	2.68
天文学	1.08	0.19	0.55	0.00	19.73	1.85	0.00	0.28
化学	2.83	2.84	7.34	2.17	0.88	6.49	0.30	0.65
材料科学	0.29	0.71	2.12	0.03	0.21	0.60	0.02	0.23
物理学	3.93	5.70	28.86	0.27	9.40	9.24	0.16	1.20
工学	16.97	49.08	39.41	3.18	34.35	24.84	5.49	23.85
航空工学	1.61	7.12	21.35	0.01	9.61	0.48	0.04	1.73
生物工学	1.68	2.35	1.92	1.84	0.34	1.46	1.35	0.49
化学工学	1.21	1.74	6.62	0.36	0.51	2.86	0.63	0.70
土木工学	1.53	0.96	2.88	0.10	1.01	2.42	0.73	9.80
電子工学	4.49	17.67	5.76	0.28	8.11	8.05	0.10	3.40
生産工学	0.38	1.47	0.58	0.04	0.29	0.58	0.07	0.54
機械工学	2.22	6.95	20.87	0.23	4.44	3.66	0.19	2.18
金属工学	1.14	3.21	5.31	0.10	0.83	2.03	0.19	1.23
その他	2.89	1.07	0.39	1.06	0.62	5.14	3.41	16.17

出所: National Science Board (2018) *Science and Engineering Indicators 2018*, Washington, D. C. National Science Foundation, Appendix Table 5-3.

図3.2は大学の研究の資金源を示しています。連邦政府が主であることがわかります。1960年代のピークから低下しているとはいえ、依然として大学の研究開発予算の60％近くは連邦政府が支えています。図3.3は、大学の研究の方向性を示しています。1950年代末は基礎研究と応用研究が金額ベースで同じ比率でしたが、1960年代に基礎研究重視が定着しました。図3.4は、連邦政府から大学への研究開発資金における方向性を示していますが、図3.3と同じ形状をしており、1960年代に基礎研究重視が確立しました。図3.2が示しますように、大学の研究開発費の主要スポンサーは連邦政府ですので、連邦政府からの資金が基礎研究重視になったことで大学全体の研究が基礎研究重視になりました。興味深いことに図3.5が示すように、企業から大学への研究開発資金は1950年代から一貫して基礎研究重視です。企業は製品化に近い開発では大学より秀でています。むしろ自分たちが苦手で大学が得意な基礎研究のために資金提供するのです。

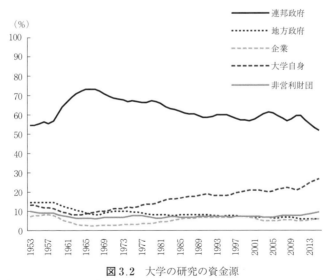

図3.2　大学の研究の資金源

出所: National Science Board (2018) *Science and Engineering Indicators 2018*, Washington, D. C.: National Science Foundation, Appendix Talbles 4.2-4.5.

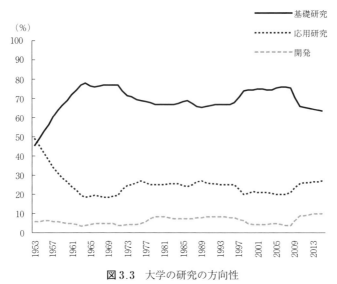

図 3.3　大学の研究の方向性

出所：National Science Board (2018) *Science and Engineering Indicators 2018*, Washington, D. C.: National Science Foundation, Appendix Talbles 4.2-4.5.

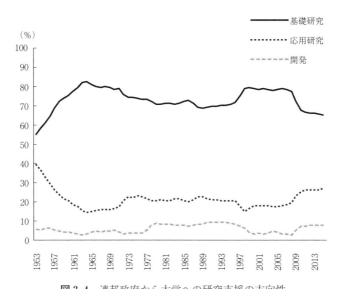

図 3.4　連邦政府から大学への研究支援の方向性

出所：National Science Board (2018) *Science and Engineering Indicators 2018*, Washington, D. C.: National Science Foundation, Appendix Talbles 4.2-4.5.

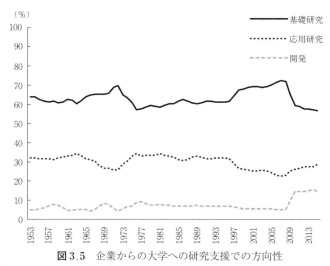

図 3.5 企業からの大学への研究支援での方向性

出所: National Science Board (2018) *Science and Engineering Indicators 2018*, Washington, D. C.: National Science Foundation, Appendix Talbles 4.2-4.5.

　前述のように、企業は自ら基礎研究に投資しても、スピルオーバー効果のためその成果は完全には回収できないので、基礎研究投資に躊躇します。図 3.6 は、大学が（資金源は連邦政府が多いですが）実施主体としてアメリカ全体で行われる基礎研究の担い手であることを示しています。図 3.7 は、企業が実施する研究開発費における連邦政府資金の比率です。1950 年代末から 1960 年代初めはその比率がきわめて高く、また、開発において高かったのです。これは国防省から特定の兵器の開発のための資金が多かったためです。企業は本来は成果を回収しにくく、投資を躊躇する基礎研究において連邦政府資金への依存度が高いはずですが、実際には具体的な兵器の開発のための資金を連邦政府が負担しているのです。また、軍拡の時期に国防予算が増えそれが企業にも行くので、連邦政府資金への依存度も高くなります。ただ、傾向としては企業の研究開発費の連邦政府への依存度は低下傾向にあります。図 3.7 とは表裏一体ですが、図 3.8 は、連邦政府から企業に向かう研究開発費の方向性です。一貫して開発が多いことが明らかです。

50

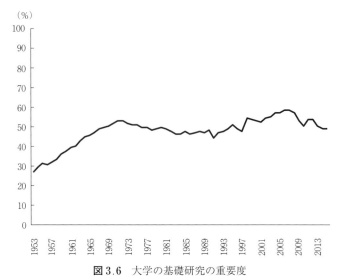

図 3.6　大学の基礎研究の重要度

出所: National Science Board (2018) *Science and Engineering Indicators 2018*, Washington, D. C.: National Science Foundation, Appendix Table 4.3.

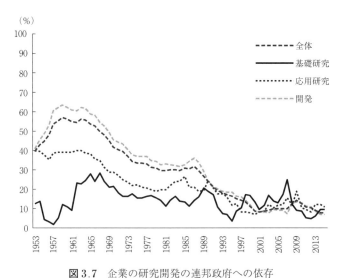

図 3.7　企業の研究開発の連邦政府への依存

出所: National Science Board (2018) *Science and Engineering Indicators 2018*, Washington, D. C.: National Science Foundation, Appendix Talbles 4.2-4.5.

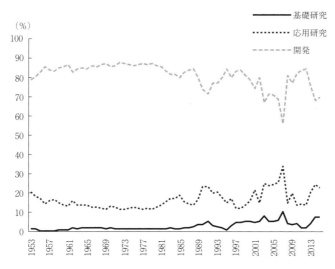

図 3.8 連邦政府から企業への研究支援の方向性

出所：National Science Board (2018) *Science and Engineering Indicators 2018*, Washington, D. C.: National Science Foundation, Appendix Talbles.

3.3 冷戦型大学としての MIT とスタンフォード大学

　戦後のナショナル・イノベーション・システムから大きな恩恵を受けたのは、MIT とスタンフォード大学です。

　MIT はもともと産学連携が活発でしたが、1920 年代には教員の研究が企業のための短期的な応用研究志向になり、企業秘密を守るため学生を立ち入り禁止にした研究が行われ、企業の下請けのようになってしまったことが問題になっていました。コンプトン学長は基礎研究の上での実用的な研究を目指し、研究の立て直しを図りました。そのとき、模範としたのが後発のカリフォルニア工科大学でした。第 2 次大戦中、MIT は連邦政府からの研究支援の最大の受益者でした。OSRD は合計で 4 億 5000 万ドル（2015 年実質ドル換算で約 60 億 4000 万ドル）使いましたが、MIT の受けた金額は 1 億 1700 万ド

ル（同15億7000万ドル）で最大でした。カリフォルニア工科大学が8300万ドル、ハーバード大学とコロンビア大学がそれぞれ3000万ドルでした。企業ではAT&T社の子会社のウェスタン・エレクトリック社が1700万ドル、GE社が800万ドルでしたので、MITの受けた金額の大きさがわかります。

MITは第2次大戦中にレーダーの開発をしていた放射線研究所を戦後はResearch Laboratory of Electronics（RLE）に改組しました。地元のレイセオン社やシルバニア社との連携も重視し、設立後の20年で14社のスピンオフ企業が生まれました。1950年12月に空軍がMITに機密研究を行うための研究所の設立を求めましたので、1951年にリンカーン研究所が設立され、高性能レーダーとミサイル防衛システムの研究が行われました。教員が兼任したり学位論文の研究が行われるなど、メインキャンパスとの交流はありました。後述のDigital Equipment Corp（DEC）社をはじめ多くのスピンオフ起業が輩出されました。1947年のガスタービン研究所と1949年の海軍超音速研究所での風洞実験と、さらにそこから輩出される人材は軍需航空機メーカーに恩恵をもたらしました。航空学科のドレイパー（Charles Draper）教授は、第2次大戦中に海軍のために対空砲火照準器などを発明していました。陸軍航空隊のデイビス（Leighton Davis）は教授の授業を聴いて研究内容に関心を持ち、1945年にMITにインスツルメンテーション研究所を設立してもらいました。ここでドレイパーは慣性航法ですぐれた研究を続けました。資金は国防省とのちの航空宇宙局からでした。この研究所は航空宇宙学科に属しており、リンカーン研究所以上に大学との関係が密接でした。1965年までに27社のスピンオフ企業が生まれました。

スタンフォード大学の工学部教授のターマン（Frederic Terman）は「シリコンバレーの父」と呼ばれ産学連携、卒業生の起業を促しました。教え子のヒューレット（William Hewlett）とパッカード（David Packard）が1939年に設立したのが今日のヒューレット・パッカード社です。しかし、彼は第2次大戦中、ハーバード大学でレーダー妨害技術の研究に携わり、大学や軍の幹部とも交流し、第2次大戦後も引き続き国防省から大学に研究費が行くであろうことを知り、スタンフォード大学のランクをさらに上げるためには国防省か

らの研究資金を積極的に獲得すべきだと考えました。戦後、スタンフォード大学に戻り副学長（Provost）として、国防省が重視しそうなのはレーダーなどの通信技術（彼自身の研究分野でもありました）、のちには半導体だと考え、この分野に優秀な人材を集め、まず電子工学科を看板学科として一流にしようとしました。そこから工学部全体の地位を高め「西のMIT」となり、さらに医学も含めた理系全体、そして文系も含めた総合大学として「西のハーバード」にならんとしたわけです。この"Steeples of Excellence"（直訳すれば「秀逸な尖塔」ですが、競争力のある分野に資源を集中させる企業戦略でいわれる「選択と集中」です）の戦略は成功し、戦前も優秀な大学であったスタンフォード大学は超一流大学になりました。ターマンは産学連携を重視していましたが、MITと同様、戦前の産学連携が企業の下請けになってしまったとの反省もありました。そこで政府（国防省）資金で研究能力を高めることによって大学主導の産学連携ができると考えました。

スタンフォード大学では1946年にStanford Research Institute（SRI）が設立されました。これはイリノイ工科大学の組織を模したものでしたが、企業からの資金を受けて企業のために応用研究を行う組織で、これによって学部本体のアカデミックな基礎研究を守ることになりました。トレシダー（Donald Tresidder）学長は軍の資金よりは企業からの資金の方が好ましいと思っていましたが、実際にはSRIに企業からの資金は集まりませんでした。一方、ターマンはSRIに国からの研究資金を受けることに積極的で、軍事研究も厭わない態度でした。さらに1947年にElectronics Research Laboratory（ERL）が設立されました。ERLは基礎研究を行っていましたが、朝鮮戦争時に海軍からの機密・応用研究を行うことを求められましたのでApplied Electronics Laboratory（AEL）が設立され、ERLとAELは1955年に統合されStanford Electronics Laboratories（SEL）となりました。

物理学科のハンセン（William Hansen）はマイクロ波発生機（klystron）を1937年に発明し、ヴァリアン社のちにはスペリー社と密接な産学連携を行いました。当初は積極的だった学科長のウェブスター（David Webster）は企業の影響力が強すぎることを懸念し始めました。戦後、ハンセンはMicrowave

Laboratory を構想しました。企業の影響力は薄まり海軍研究所から 100 万ドル（2015 年実質ドル換算で 1000 万ドル）の資金を得てハンセンの死後 1949 年に完成しました。機密研究を AEL で、非機密研究を Microwave Laboratory で行う棲み分けがなされました。これによりマイクロ波発生機のメーカーがスタンフォード大学の周りに集積することになりました。1954 年に Microwave Laboratory から High Energy Physics Laboratory が独立し、原子力委員会からの資金による核物理学の基礎研究施設の誘致合戦に勝った結果、1966 年に開設された Stanford Linear Accelerator Center を管理することになりました。

このように大学が政府（国防省）と協力して研究所を作ることで政府資金による軍事研究の受け皿となり、研究を進めていきました。MIT とスタンフォード大学が最も成功した例ですが、程度の差はあれ、多くの州立・私立の研究大学は国防省からの基礎研究支援で成長しました。大学院生も研究に参加し、博士論文が機密研究のため公表されないことも起きましたが、1967 年度でも国防省から大学への研究開発費の 12％のみが機密研究でした。第 7 章で述べるように 1960 年代にはベトナム反戦運動が高揚し、大学の軍事研究にも批判が集まりました。今日では多くの大学で軍事機密研究は特定の研究所（メインキャンパスの外に所在していることが多い）で行い、メインキャンパスでの研究は国防省がスポンサーであっても公表できるものとする方針が広まっています。

3.4　間接的な産業政策―半導体とコンピュータ―

アメリカでは連邦政府が特定の産業を支援する産業政策は行われてこなかったのですが、国防省は実際には国家安全保障に必要な半導体、コンピュータ、航空機のメーカーを支援する間接的な産業政策を行ってきました。研究資金のスポンサーであるとともに開発された技術を基にした製品のユーザーでした。イノベーションにとってユーザーはきわめて重要です。第

1にユーザーは製品の不備な点をメーカーに指摘してくれますので、改良・改善に貢献します。第2にメーカーがユーザーの要望に応えてくれない場合、ユーザー自身がイノベーションを起こすことがあります。第3にユーザーが購入してくれるおかげで、企業は累積生産数の増加によって生産性が向上する「学習効果」を享受できます。試作品製造と量産化との間には「死の谷」と呼ばれるギャップがあります。実際に生産しなければ品質向上、コスト低下はできないのですが、注文がなければ生産経験を積めない、生産経験が乏しいからコスト高で不良品も多くなり売れないので量産化に踏み切れない、という悪循環に陥りますが、そこを国防省の需要が埋めてくれるのです。学習効果は、労働者が生産に慣れて効率が上がるだけでなく、経営管理者が道具・部品の配置などで改善を行うことでも生じます。工場のレイアウト設計のときにはわからなかった問題点が生産の経験を積むなかで明らかになるのです。次に実際の間接的産業政策について考察します。

トランジスタは、もともとは電話会社のAT&T社のベル研究所でショックレー（William Shockley）、バーディーン（John Bardeen）、ブラッティン（Walter Brattain）ら3人によって1947年に発明されました。電話会社としては、電話線の中の音波が減衰するので増幅器の性能向上が必要でしたし、また、電話交換手がコードを抜いたり差したりして金属同士を接触させるのでなく電子によるデジタルでのスイッチングが求められていました。これらのニーズと、固体物理学の発展というシーズが結びつきました。3人は1956年にノーベル物理学賞を受賞します。しかし、まもなく国防省がミサイルに、NASAがロケットに応用するようになりました。

温度が上がると導体（金属）では電気抵抗が大きくなりますが、半導体では電気抵抗が小さくなり半導体として機能しなくなります。ベル研究所のトランジスタはゲルマニウムという元素でできていましたが、それがシリコンに変わったのは国防省の要望によるものです。軍用の半導体は過酷な条件での使用に耐えなければなりませんので、高温での安定性に優れたシリコンがゲルマニウムに代わって使用されるようになりました[2]。

さらに、電子回路を1つの基盤の上で実現させる集積回路（Integrated

Circuit, IC)の開発に関しても、国防省は特定の回路設計を依頼したわけではなく、コンセプトを示し具体的な達成方法については企業に任せました。ミサイルで使用される小型で信頼度の高い機器のため、国防省は「分子エレクトロニクス」というコンセプトを「需要表現 (Demand Articulation)」しました。個々のトランジスタを接続して機能を発揮するのでなく、材料それ自体が発信器・増幅器の機能を持つことを求めたのです。これに応える形で1958年にテキサスインスツルメント社のカービィ (Jack Kirby) とフェアチャイルド・セミコンダクター社のノイス (Robert Noyce) とムーア (Gordon Moore) が独立に集積回路を発明しました。両企業は国防省から研究開発資金は受けていませんでしたが、成功すれば購入してもらえるので企業努力したのです。とくにフェアチャイルド・セミコンダクター社のヘルニー (Joan Hoerni) が発明した「プレナー工程」はシリコンの表面に酸化膜を作り、そこに穴をあけてシリコンよりも電子が多い、または少ない元素を入れて拡散させるプロセスを繰り返すもので、集積回路の大量生産を可能にしました。ノイスとムーアはさらに独立してインテル社を設立します。

　陸軍はベル研の研究開発費の半分を出していましたし、Western Electric 社 (AT&T 社のハードウェア製造を担当する会社)、GE 社、RCA 社、Raytheon 社、Sylvania 社の工場建設にも補助金を出しました。また、国防省は主契約企業で工場火災や製造プロセスの不具合が発生すると困るので、主契約企業に対してもう1つの企業に設計図を渡し生産を補完するという「セカンドソース」の方針を採っていました。セカンドソースにはしばしば新興企業が選ばれましたので、産業の活性化につながりました。

　半導体の新技術の発明の担い手は企業であって、大学ではありませんでした。半導体工学は物理学、材料工学、電子工学の融合した分野で、縦割り組織の大学が苦手な部分でした。しかし、スタンフォード大学では、産業界で集積回路やマイクロプロセッサなど新しい素子が発明されると、その研究が行われ、さらに教育プログラムが立ち上がり、その分野の技術者を産業界に輩出するように努めました。

　デジタルコンピュータは、弾道の計算をするために陸軍が支援してペンシ

ルバニア大学のモークリー（John Mauchly）とエッカート（Presper Eckert）によって開発されました[3]。ペンシルバニア大学のElectronic Numerical Integrator and Calculator（ENIAC）は1946年に完成し、2号機のElectronic Discreet Variable Computer（EDVAC）は、マンハッタン計画にも参加した数学者フォン・ノイマンが開発したSequential Processingを導入しました。これはデータとプログラムとをメモリが記憶して、それらを引き出して計算を行い、結果をメモリに戻すというもので、今日のコンピュータ技術の基礎が確立されたわけです。エッカートとモークリーは1947年にEckert-Mauchly Computer Corp（EMCC）社を設立しますが、資金不足のため老舗事務機メーカーのレミントン・ランド（Remington Rand）社に買収されます。1946年に海軍の支援した研究成果を基に起業したEngineering Research Associatesという会社もレミントン・ランド社に買収されました。レミントン・ランド社はUniversal Automatic Computer（UNIVAC）を販売しましたが、後発のIBM社に追い抜かれました。IBM社もアナログ計算機をはじめとする事務機メーカーでしたが、デジタルコンピュータでは出遅れていたのを販売の巧みさで売り上げトップ企業になりました[4]。しかし、IBM社も政府からの支援を受けていました。1953年にIBM701というコンピュータをマンハッタン計画を引き継いだ原子力委員会のロスアラモス研究所に納品しています。国防省が最初の生産台数250のうち50台を購入すると約束しましたので、IBM社は最初の量産型コンピュータであるIBM650を商品化できました。

　さらに、IBM社とMITは海軍研究所からの資金でProject Whirlwindを行いました。第2次大戦のときに海軍からの資金でMITはフライトシミュレーターを開発していました。しかし、海軍研究所は成果が期待したほど出ないのでスポンサーが空軍に代わることを歓迎しました。空軍の支援でSemi Automatic Ground Environment（SAGE）プロジェクトが行われ、防空システムが開発されました。1958年に部分的運用を開始し、1961年12月に全米を網羅しました。オルセン（Kenneth Olsen）はIBM社の社員としてSAGEに参加してMITのリンカーン研究所で研究していましたが、その成

果をもとに、ボストンの大学・銀行関係者が設立したアメリカ初のベンチャーキャピタルである American Research and Development（ARD）からの7万ドル（2015年実質ドル換算で約59万ドル）の投資を受けて、1957年にDEC社を設立しました。1971年には企業価値は50倍になり、DECはミニコンピュータのメーカーとしてダウンサイジング化の嚆矢となりました。また、国防省資金で行う大学のプロジェクトがソフトウェアエンジニアの養成にもつながり、大学も対応してコンピュータ科学学科を充実させました。こ

表3.3　黎明期のコンピュータへの軍需

開始年	プロジェクト名	1台の推定金額（名目万ドル）	2015年実質ドル金額（万ドル）	スポンサー
1945	ENIAC	75	990	Army
1947	Harvard Mark II	84	870	Navy
1949	Eckert-Mauchly BINAC	27.8	280	Air Force
1949	Harvard Mark III	116	1,155	Navy
1950	NBS Interim Computer (SEAC)	18.8	180	Air Force
1950	ERA 1101 (Atlas I)	50	490	Navy, National Security Agencies
1951	Eckert-Mauchly UNIVAC	40–50	365–456	Army, Air Force
1951	MIT Whirlwind	400–500	3,650–4,560	Navy, Air Force
1951	Princeton IAS Computer	65	593	Army, Navy, Atomic Commission, RCA（企業）
1951	University of California, CALDIC	9.5	87	Navy
1951	Harvard Mark IV*	n/a	n/a	Air Force
1952	EDVAC	46.7	417	Army
1952	Raytheon Hurrican (RAYDAC)	46	410	Navy
1952	ORDVAC	60	535	Army
1952	NBS/UCLA Zephyr Computer	40	360	Navy, Air Force
1953	ERA Logistics Computer	35–65	310–575	Navy
1953	ERA 1102	140	1240	Air Force
1953	ERA 1103	89.5	790	Navy, National Security Agencies
1955	IBM Naval Ordinance Research Computer	250	2,210	Navy

注）*空軍には納品せずハーバード大学に置かれ空軍が使用したので支払いは発生しなかった。
出所: Ruttan, V. M. (2006) *Is War Necessary for Economic Growth?* New York: Oxford University Press, p. 97.

れが民間のソフトウエア産業の勃興に貢献します。コンピュータでは、国防省の資金で大学で研究が行われ、スピンオフが起こり、また研究に参加した大学院生が次世代の技術者となるといった研究と教育の統合というアメリカの強みが活かされ、民間のコンピュータ産業が成長していったのです。表3.3 が示すように軍の資金によってきわめて高額な新しい世代のコンピュータが購入されていました。

3.5　間接的な産業政策—航空機—

　航空機（気球・飛行船でなく空気より重い航空機）はアメリカのライト兄弟（Wilbur and Orville Wright）によって 1903 年に発明されました。当時、大学での航空力学の研究はほとんどなく、スミソニアン協会では会長ラングレー（Samuel Langley）が中心となり研究をしていました。アメリカではライト兄弟は「運のよい自転車屋」としかみなされなかったのですが、ヨーロッパではスミソニアン協会の研究と同じレベルに評価されていました。ライト兄弟はハンググライダーの操縦に熟達してからエンジンを装着して成功したのですが、スミソニアン協会から文献を収集して勉強しており、必要ならば自ら実験を行いデータを集めていたので、けっして試行錯誤だけに頼っていたわけではなく、ヨーロッパでの評価が正当でした。

　アメリカ軍は 1907 年まで航空機の購入を行わず、研究の支援をしませんでしたので、アメリカの航空機産業はヨーロッパに後れをとることになります。このため 1911 年に航空研究所を設立する提案がなされましたが、軍やスミソニアン協会との関係の調整に時間がかかりました。1913 年にスミソニアン協会の中に政府から 7 人、民間から 4 人からなる委員会を立ち上げましたが、うまくいかず解散してしまいました。第 1 次大戦が始まったため、委員会設立の機運が再び高まり、1915 年 1 月に国家航空諮問委員会（NACA）が設立されました。当時はライト社とカーチス社の特許争いが激しく、企業は訴えられるのが怖くて、第 1 次大戦のための軍用機の開発ができずにいま

したので、NACA は陸海軍とも協力して企業が持っているパテントをプールしてすべての企業で共有する（適切なライセンス料は払われます）、MAA (Manufacturers Aircraft Association) を結成しました。

　NACA は第1次大戦後の 1920 年にラングレー記念研究所を設立し、自分たちでの研究を始めました。航空運輸規制監督は商務省が行うことになり、NACA は研究機関になりました。ただ、商務省内の国家標準局がエンジンの研究をしていたので、NACA は航空力学の研究を行い、風洞実験で翼とプロペラのデータを集め企業に提供しました。

　NACA は産学官連携の結節点となれたはずでしたが、実際にはそのどれとも微妙な距離を保っていました。大学にとっては 1926 年から 30 年にかけて鉱山で財を成したグッゲンハイム家(スイスからの移民3世の Daniel Guggenheim とその子 Harry Frank Guggenheim) からの寄付が重要でした。ニューヨーク大学、カリフォルニア工科大学、スタンフォード大学、ミシガン大学、MIT、ワシントン大学、ジョージア工科大学、アクロン大学に合計 170 万ドル(2015 年実質ドル換算で約 2300 万ドル) もの多額の寄付が行われ、これらの大学の航空学科の立ち上げを支援しました。とくにカリフォルニア工科大学は 1927 年に Guggenheim Aeronautical Laboratory of the California Institute of Technology(GALCIT)を設立し、さらに 1929 年にはドイツから著名なフォン・カルマン (Theodore von Karman) を招きました。当初、彼は渋っていましたが、ヒトラー (Adolf Hitler) が台頭してきたので渡米を決意しました。GALCIT は NACA にとって強力なライバルになるかもしれませんでしたので、NACA も西海岸での存在感を示すためにカリフォルニアのサニーヴェールに研究所を作りました。航空機メーカーは機械産業のさかんな東部・中西部に多かったのですが、晴天が多く試験飛行が行いやすい南カリフォルニアに集まりつつありました[5]。

　GALCIT は地元のダグラス社に大きな貢献をしました。トランスコンティネンタル・ウェスタン航空 (のちのトランスワールド航空、2001 年にアメリカン航空に吸収合併されました) では、1937 年3月にフォッカー社製の旅客機が墜落事故を起こしました。新しい旅客機が欲しかったのですが、ボーイング社

は247型機を系列のユナイテッド航空に供給することを優先していました。1920年代末には航空機メーカー、エンジンメーカー、航空会社を統合した企業集団が形成されていましたが、ルーズベルト政権によって分割されました。しかし、同じ企業集団に属していたユナイテッド航空とボーイング社は密接な関係を保っていました。トランスコンチネンタル・ウェスタン航空は新規旅客機の開発をメーカー5社に要望しましたがダグラス社のみが応じてくれました。1932年にダグラス社はノースロップ社を買収していましたが、ノースロップの創業者（Jack Northrop）は天才的な設計者でした。彼が設計したAlpha機をGALCITの風洞でテストし、これがDC-1につながり、さらに大ヒット作のDC-3になりました[6]。1936年に就航したDC-3は1938年までに早くも803機が売れ、ダグラス社がボーイング社を旅客機市場で圧倒する原動力になりました。さらに軍用輸送機C-47にも転用され、民生技術が軍用技術に利用されるスピンオンの事例となりました。

　NACAの航空力学の研究成果は軍にも企業にも役立つものでした。NACAのエンジンカバー（NACA Cowling）は大きな功績で、ボーイング社の247型機、ダグラス社のDC-1、DC-2、DC-3に使用されました。しかし、エンジンそのものについての研究が不充分でしたので、アメリカは第2次大戦時にジェットロケットエンジンの開発ではドイツ、イギリスの後塵を拝することになります。ガスタービンエンジンは理論的には知られていましたが、陸軍の要望で国家標準局のバッキンガム（Edgar Buckingham）が調査し、1923年にNACAから発表された報告書では、航空機用ジェットエンジンは燃費が悪いため実用化は無理だと結論づけていました。速度が遅い航行でボイラーや炉がある重たいエンジンを想定していたためです。1940年、すでにドイツでは飛行に成功していたにもかかわらず、NASもジェットエンジンは重すぎて無理だと考えていました。軍もNACAに対してジェットエンジンについて意見を正式には求めませんでした。ジェットエンジン悲観論はアメリカの航空機関係者に共有されていたのです。NACAはエンジンの排気を圧縮して燃焼室に戻すターボチャージャーのノウハウを持っていたですが、ジェットエンジンには応用しませんでした。

アメリカは迫りつつある第2次大戦では既存のプロペラ・レシプロ（ピストン）・エンジンで戦う方針を決めていました。この方針のもとでのアメリカの戦勝に対する NACA の貢献はきわめて重要でした。NACA はほとんどのすべての軍用機をテストしました。NACA のアドバイスに従って開発をやめた機種もありました。翼上の氷の付着についての研究は爆撃機だけでなく旅客機にも有用でした。名機 P-51 マスタングの抵抗の小さい翼も NACA の研究成果です。

第2次大戦後にジェットエンジンが導入され、まず戦闘機・爆撃機に利用されました。大型爆撃機 B-47 と B-52 で成功したボーイング社はそのノウハウをスピンオフさせ旅客機に活かしました[7]。最初のジェット旅客機はイギリスのデ・ハビランド社製のコメットでした。エンジンは主翼の胴体に近い部分に組み込まれていました。ボーイング社の爆撃機ではエンジンは主翼から吊り下げられていて、被弾して炎上した場合、落下できるようになっていました。これが旅客機にも応用され、今日の旅客機はエンジンを主翼から吊り下げるのが主流になりました。

さらに軍用に開発されたジェットエンジンが旅客機に利用されました。P＆W（Pratt & Whitney）社が B-52 や超音速戦闘機用に開発した J-57 というエンジンは、1950 年代末に旅客機の B-707 や DC-8 に採用されました。1965 年に GE 社は大型輸送機ロッキード C-5A のために TF39 ターボファンエンジンを開発しました（エンジンの構造については「column 2」を参照）。そこから派生した CF-6 エンジンが旅客機の DC-10 や A-300 に採用されました。C-5A の入札に敗れたボーイング社は B-747 を開発し、パートナーの P&W 社が C-5A 用に開発したエンジンを改良した JT-9D エンジンを搭載しました。1960 年代末、高速戦闘機の F-15 の開発では機体はマクダネル・ダグラス社が受注し、エンジンは P&W 社の F-100 エンジンが選ばれました。敗れた GE 社の F-101 エンジンは、1970 年に B-1A 爆撃機向けに採用されました。カーター政権は 1977 年に B-1A の開発を中止しましたが、レーガン政権が 1981 年に B-1B として開発を再開しました。F-101 のターボジェットエンジンの部分にフランスのスネクマ社のファンを組み合わせたターボ

ファンエンジンは、両社の合弁会社であるCFMI社からCFM-56として旅客機向けに実用化され、ボーイング社のB-737の改良型の300シリーズ以降に採用され、エアバス社のA-320にも採用され、双発旅客機用中型エンジン市場のヒット作になりました。このように旅客機は、国防省のニーズで開発された軍用機の機体・エンジンのノウハウを充分に蓄積してから技術を転用したので、スピンオフがうまくいったのです。第2章で述べましたように、1960年代末の超音速旅客機の開発がうまくいかなかったのは、超音速爆撃機が弾道ミサイルに代替されほとんど生産されなかったので、大型で超音速で飛行する機体もそれを支えるエンジンにも充分なノウハウが蓄積されず、スピンオフが働かなかったためです。

従来、操舵は操縦士が操縦桿を動かすと油圧の梃子の力で何十倍にもなって翼を動かしていました。F-16戦闘機は操縦士の力でなく操縦士からの電子信号を油圧系統に伝えて操舵する"Fly-by-Wire"を導入しました。これは当然、旅客機にも適用可能でしたが、ボーイング社はこれまでのシステムを変えることに消極的で、ヨーロッパのエアバス社が積極的に導入して売り上げを伸ばしました。「column 4」でも述べますように、軍事技術から民生品へのスピンオフは自動的に起こるわけではなく、相応の企業努力が不可欠ですから、消極的な企業では成功しないのです。その一方、ボーイング社は、ステルス爆撃機B-2の開発においてノースロップ社の下請けになった際に開発した、金属に代わる軽量な有機複合材を旅客機のB-777に利用しました。

航空機の発達における大学の役割は、未発達だった航空力学を発展させ、それを身につけた人材を輩出することでした。シアトルのワシントン大学は第2次大戦までは地元のボーイング社にエンジニアを供給するだけの役割でしたが、戦後、ボーイング社が自社で風洞を持ち、ワシントン大学が低速風洞を持つことで研究開発での補完的な役割を果たしました。同社のB-47、B-52、最初のジェット旅客機B-707、実用化には成功しませんでしたが超音速旅客機の開発に貢献しました。ダグラス社は地元のカリフォルニア工科大学と密接な関係を持っていましたが、あまりに依存しすぎて自社での風洞実験をなおざりにしてしまったことが衰退の要因の1つともいわれています。

注
(1) わが国では、企業に勤務している研究者の職務発明に対する報酬が少なく、「これでは若者が技術者になる夢を持てない」という意見がありますが、彼らはリスクを取っていないのですから報酬が少ないのは当然なのです。「成功したら売り上げの20％を渡すが5年で成果が出なければクビ」という雇用形態で技術者に成り手がいるかはきわめて疑問です。
(2) ゲルマニウム・トランジスタの動作温度範囲の上限は約70℃、シリコン・トランジスタのそれは約125℃です。カリフォルニア州サンノゼの半導体産業の集積地が「シリコンバレー」と呼ばれるのは、半導体の原料がシリコンだからです。バレー（谷）というのは土地の形状のためです。1971年に *Electronic News* 誌のホフラー（Don Hoefler）が使い始めました。
(3) 今日では1937年にアイオワ州立大学のアタナソフ（John Atanasoff）が発明したのが最初だと考えられています。同大は特許を取得しませんでしたが、1941年にモークリーは同大を訪問しています。
(4) ワトソン（Thomas Watson, Sr.）社長はミシンのセールスマンから出世した人物で、セールスの重要性を認識していました。レミントン・ランド社のセールスマンは自社のマシンの高性能ばかりを強調しますが、IBM社のセールスマンは顧客にとってのマシンの意味を説明したといわれます。
(5) 例外は雨の多いシアトルに所在するボーイング社でしたが、ボーイング（William Boeing）氏は森林ビジネスのためにシアトルに来ました。当時の飛行機は木製でしたのでそのままシアトルで起業しました。
(6) ダグラス社は軍用機も生産していましたので、旅客機にはDouglas CommercialとしてDCという名称をつけました。
(7) 軍用機では爆撃機にB（Bomber）、輸送機にC（Cargo）、戦闘機にF（Fighter）がつきます。陸軍航空隊は当初は戦闘機には追跡機という意味でP（Pursuit）とつけていましたが、第2次大戦後は陸海空軍ともにFで統一しました。旅客機でB-777などBとつくのはボーイング社製、A-320などAとつくのはヨーロッパの主要企業の連合体のエアバス社製です。偶然ですが、B-17、B-29、B-47、B-52などの成功した大型爆撃機はボーイング社製です。

column 2

ジェットエンジン

　ライト兄弟以降、プロペラ機のエンジンは基本的に自動車と同様のピストンエンジンでした。第2次大戦で新しいエンジンが誕生しました。

　パルスジェットエンジン
　ドイツのV1号に用いられたエンジンです。付図2.1のように、逆止弁（シャッター弁）を開いて吸入空気を燃焼室内に取り込み、噴射燃料と混合・着火します。燃焼によって燃焼室の圧力が高まると逆止弁が閉じますので、燃焼ガスは排気ノズルだけから後方に噴出され推力となります。燃焼ガスが出て行ってしまうと燃焼室内の圧力が下がるので逆止弁が開いて吸気されます。この開閉が1秒間に250回近く行われるので連続的に推力が得られます。しかし、燃費が悪く出力が低く、時速400-600キロしか出せませんでしたので主流にはなりませんでした。

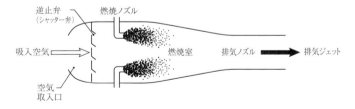

付図2.1　パルスジェットエンジン

ターボジェットエンジン

　付図 2.2 が示しますように吸入された空気は圧縮機で圧縮され、燃焼室に送られ燃焼され、後方に噴出されます。噴射ガスは排気口の前にあるタービンを回し、この力で圧縮機は回されます。圧縮機は回転軸と一緒に回る動翼とエンジン壁に付けられた静翼が交互に並んでいて、ここを通る過程で空気が圧縮され高速で燃焼室に入っていきます。遠心力で内壁に向かって空気を押しつけて圧縮する遠心型もありますが、付図 2.2 の軸流型の方が直径が小さくでき、また圧縮機を増段すれば推力も増大できるので主流になりました。排出ガスの推力でなく、タービンによる回転力を利用して発電機を回せばガスタービン発電、スクリューを回せば船舶用ガスタービンエンジン、航空機のプロペラを回せばターボプロップエンジンとなります。さらに車輪を回せば実用化されませんでしたが自動車用ガスタービンエンジンとなります。

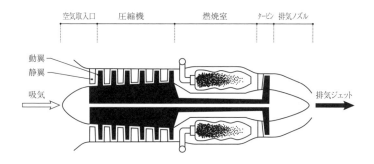

付図 2.2　ターボジェットエンジン

ターボファンエンジン

　ターボジェットエンジンの空気取り入れ口のところに大型のファンが置かれます。このファンも圧縮機同様、タービンの得た回転力で回ります。ファンの起こした空気流は一部はターボジェットの吸気となりますが、残りはターボジェットエンジンの外側を通るバイパス流となります。排出する空気の量が多いので、燃費がよくなり旅客機のエンジンとして採用されました。付図2.3はバイパス流と燃焼ガス（コアガス）とが排出口で合流するミックスドフロー型です。アフターバーナーとは高温の排出ガスに今一度燃料を噴射して燃焼させ、さらに推力を高めるものです。バイパス流とコア流を1本にまとめてアフターバーナーを付けると燃焼室を通っていないバイパス流には大量の酸素が含まれていますので大きな追加推力を得られます。アフターバーナーを使えば急加速が可能ですので、ターボファンエンジンは軍用機にも採用されるようになりました。付図2.4はバイパス流とコアガスとが排出口で合流せず別々に排出され推力となるセパレートフロー型です。バイパス比（バイパス流／コア流）は大きくなり、双発大型旅客機に使われます。

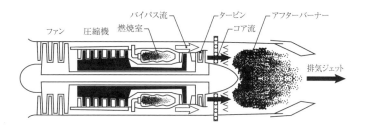

付図 2.3　ターボファンエンジン（ミックスドフロー，アフターバーナー付き）

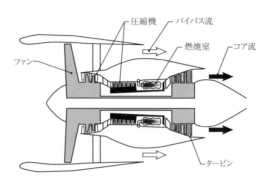

付図 2.4 ターボファンエンジン（セパレートフロー）

ロケットエンジン

　ジェットエンジンは取り入れた空気中の酸素を燃料と燃焼させますので、宇宙空間では使えません。ロケットエンジンは酸素も積み込んでいるので空気を取り入れることなく推進力を得られます。固体燃料ロケットの場合は酸化剤を燃料に混ぜて直接点火します。液体燃料ロケットは液体酸素と液体燃料をポンプでくみ上げて混合して燃焼させます。液体燃料ロケットの方が燃焼の調整がしやすく、推進力に優れています。反面、ポンプが必要なので小型化が難しく、発射までに時間がかかります。また液体燃料は貯蔵が難しく、艦船上で爆発炎上する可能性がありますので海軍は避ける傾向がありました。宇宙ロケットや弾道ミサイルは大型で大推力を要しますので液体燃料を使用しますが、迎撃ミサイルはすぐに発射しなければならないので固体燃料を使うことが多くなっています。

第4章
ナショナル・イノベーション・システムの変容と国防省

4.1 ナショナル・イノベーション・システムの変化

　国防省が研究のスポンサーとなるナショナル・イノベーション・システムに関しては、1960年に National Bureau of Economic Research がコンファレンスを行い、1962年に Princeton University Press から *The Rate and Direction of Inventive Activity* という本が出版されました。そこでは、ネルソン（Richard Nelson）やアロー（Kenneth Arrow）という著名な経済学者が、市場メカニズムでは研究開発投資が不充分になるので政府の支援が必要であると論じました。2人を含めてこの本には RAND 研究所所属の学者が参加しています。RAND は空軍がダグラス社に依頼して設立された民間非営利研究機関です。この本の主張は、政府による大学や企業への研究支援を正当化するもので、国防省の政策に適合するものでした。RAND の学者が自説を曲げてまで国防省の意向に沿った主張をしたというより、RAND がそのような学者を見つけて支援をしたといえましょう。第3章で述べたように、研究開発の分析はミクロ経済学における「市場の失敗」の理論の応用です。「政府の失敗」もあるので、「市場の失敗」の存在は自動的に政府の介入を正当化するものではないのですが、1960年代初めは「政府の失敗」への懸念がそれほど大きくなく、政府による公的支援が支持を集めていました。1960年代はマクロ経済学でもケインジアン経済学が隆盛で政府の役割に肯定的な雰囲気がありました。

　しかし、一方で国防省は1960年代半ば（最初の報告書は1966年、最終の報告書

は1969年)に"Project Hindsight"を行い、基礎研究の軍事技術への貢献を調査しました。700もの軍事技術のうち科学が直接貢献したものが9％で、残りの91％は技術に由来していました(技術が科学の応用結果であるというのも「リニアモデル」の解釈ですが、科学と技術は相互依存関係を持ちながら独自の経路で進歩するという方が妥当な考えです)。科学の9パーセントポイントのうち、軍事ニーズによって行われた応用研究が6.7ポイント、非軍事ニーズによって行われた応用研究が2.0ポイントで、純粋に好奇心に基づく基礎研究は0.3ポイントのみでした。

　純粋に好奇心に基づく基礎研究を「ボーア(Niels Bohr)型」、解決すべき目的のために理論から研究する基礎研究を「パスツール(Louis Pasteur)型」と呼びます。ボーアは自分の研究が原子爆弾、半導体、レーザーに役立つと予想せずに原子の構造を解明しました。一方、パスツールはリール大学の化学科長だったときに、ビート(テンサイ)からアルコールを作ることに苦労している地元の企業から相談を受けました。彼はビートの汁をもらって分析し、微生物がビート汁の砂糖分子から酸素を取り込むことで空気中の酸素がなくてもアルコールが発酵されることを解明しました。さらに、酢、ビール、ワイン、牛乳が酸っぱく腐る(酸敗)するメカニズムを研究し、微生物学を確立しました。国防省の調査ではパスツール型の方がボーア型より多いですが、それでも基礎研究の役割は小さいことが明らかになりました。

　これに対して(わが国の文部科学省のように)大学の研究支援を主務とするNSFはTRACES (Technology in Retrospected and Critical Events in Sciences) を1968年に発表し、フェライト磁石、ビデオテープレコーダー、経口避妊薬、電子顕微鏡、化学のマトリックス分離法という5つの民生技術を分析し、その源は20-30年前の大学の基礎研究の結果であり、時間はかかるが基礎研究が技術進歩に貢献すると主張しました。

　1970年代に入ると既存のナショナル・イノベーション・システムの有効性の議論が活発になりました。まず、アメリカの大学や国立研究所が政府資金で行った研究成果を論文や学会発表で公開すれば、技術力をつけてきた日本やヨーロッパの企業が利用できるようになってきました。そこで、より一

層密接な、大学・国立研究所から企業への知識・技術の移転が求められるようになりました。1980年のスティーブンソン・ワイドラー法は、国立研究所に研究成果の企業への移転を義務づけ、研究所に担当部署を設けることを求めました。同年のバイ・ドール法は、大学・中小企業が連邦政府資金で行った研究成果を特許にして企業にライセンスすること、ならびにライセンス収入は国に返納しなくてよいことを認めました。1984年の国家共同研究法は、独占禁止法の企業間の共同研究開発への規制を緩和しました[1]。1986年の連邦技術移転法は、国立研究所と企業の研究者同士の共同研究を認めました。

さらに1980年代から90年代にかけては産業政策論争が起きました。産業政策とは特定の産業を保護育成して国の産業構造を変化させることです。アメリカでは、企業・産業の栄枯盛衰は市場での競争の結果に委ねるべきという自由放任主義がとられ、政府、とくに連邦政府は介入すべきでないと考えられてきました。州政府が州内で特定の産業を育成することはありますが、連邦政府が特定の産業を育成すると、その産業が立地する州に利益をもたらせることになるので公平性の面でも問題でした。しかし、1970年代から80年代にかけて、アメリカの鉄鋼、自動車、半導体などの製造業は世界市場でのシェアを落とし、日本などからの輸入が増加しました。また、日本の産業競争力が高まったのは通商産業省（現在の経済産業省）の産業政策の成果ではないか、という意見も出ていました。そこで連邦政府は自由放任主義をやめ、特定の産業、とくに研究開発が重要なハイテク産業を支援すべきだという産業政策論争が起きたのです。

従前の社会福祉政策のための大きな政府とは一線を画した、改革派の民主党議員がハイテク産業育成のための官民協調を強調しました。彼らは"New Democrats"とか、当時のビデオ・コンピュータゲームのメーカーの名前から"Atari Democrats"と呼ばれましたが、従前からの民主党支持母体である労働組合も製造業の衰退に危機感を持っていたので産業政策を支持しました。これに対して共和党は自由放任主義の立場から産業政策に反対しました。共和党の支持層である富裕層、企業経営者は海外子会社を作って利益を

上げ株価が上がればよいわけで、連邦政府による産業政策を通しての介入を歓迎しませんでした(2)。

　1980年代は民主党主導の議会が産業政策を提案し、共和党政権がこの実行を渋るという構図でした。1990年代初めは攻守が逆になります。1993年に民主党クリントン政権が成立する一方、1994年の中間選挙で共和党が上下両院で過半数を獲得しました。下院議長のギングリッチ (Newt Gingrich) は保守的で、「ギングリッチ・チルドレン」と呼ばれる1年生議員はギングリッチに従順で大きな勢力になりました。民主党クリントン政権のハイテク産業育成プログラム予算は、議会によって否定されてほとんど実行されませんでした。一方、クリントン大統領は政治的に巧みで、共和党保守派の提案を飲み込むことで共和党の存在意義を薄めようとしました。日本企業の退潮で脅威が去ったので、共和党が反対するハイテク産業育成政策には固執しなくてよくなりました。こうして、連邦政府によるハイテク産業政策がないにもかかわらず（もしくはないがゆえに）、アメリカのハイテク産業は1990年代には栄華を謳歌したのです。

　産学官連携を促進する制度は1980年代初めに整備されましたが、その効果はすぐには現れず、1980年代、アメリカのハイテク産業の苦境は続きました。1990年代になり、これらの制度変化によって、企業は自前主義を改め、外部で行われた研究成果を取り入れたり、外部組織と連携する戦略を行いやすくなりました。また、大学の研究成果を基に教員や学生によって、大学発ベンチャーが情報技術やバイオテクノロジーの分野で活発に起業されました。しかし、図3.2で示しましたように、大学で使用される研究開発費に占める企業からの資金の比率は1桁台であり、1980年代以降、それほど増えていません。大学の特許収入を含めても、産学連携は大学の研究開発予算の10％程度を賄うだけです。また、大学の研究が金銭的利益を得やすい応用研究、開発にシフトしたわけでもありません。大学の研究の中心は連邦政府資金による基礎研究です。むしろハイテク産業では大学の基礎研究の成果が副産物として特許化される時代になったのです。

4.2　半導体産業と国防省

　1980年代のアメリカ半導体産業のもう1つの問題が、コンピュータ・半導体産業では民生品市場の方が大きくなり、ユーザーとしての国防省の役割が小さくなったことです。集積回路は1962年には軍需が100％でしたが、1968年には37％に、1975年には15％、1995年には2％にまで低下しました。しかも民生品市場の方が製品ライフサイクルが早く、技術のレベルも高くなってきました。さらに1980年代は大型コンピュータの処理能力でIBM社に日本企業が追いつきつつあり、半導体に関しては日本のシェアの方が大きくなりました。アメリカの半導体企業が弱体化すれば軍用システム・兵器が部品として使用する半導体が日本製となり、有事の際に日本からの輸送が敵によって遮断されればアメリカ軍への半導体の供給が途絶えるかもしれません。アメリカの半導体産業の立て直しを求める声が高まりました。民生品市場の方が大きく技術進歩が速いならば、民生品市場でのアメリカの半導体産業の競争力の減退は、アメリカ軍が安定的に調達できる半導体の技術水準が下がることを意味します。アメリカはソ連陣営の量（航空機・車両・兵力の数）に質（技術力）で対抗しようとしていたのですが、その戦略が崩れることになります。しかし、ユーザーとしての役割が小さくなった国防省にできることは限られてきました。

　国防省は半導体産業のために1979年、VHSIC（Very High Speed Integrated Circuit）プロジェクトを開始しました。5年で2億2500万ドル（2015年実質ドル換算で約6億7600万ドル）の予定でしたが、1988年まで延長して合計10億ドル（2015年実質ドル換算で約20億2000万ドル）を使いました。国防省が行ってきた伝統的な入札・委託研究ですが、半導体産業への波及効果が喧伝されていたので企業側の関心も高いものでした。軍需企業と民需企業がチームを組んで入札しました。これは軍事技術と民需技術の両方を発展させる狙いと、当時は1984年の国家共同研究法によって独占禁止法が緩和される以前でしたので、直接競争する企業同士の連携にはカルテルの疑いをかけられる恐れが

あったためです[3]。14社が入札し9社が選ばれました。次の2回の入札にも勝ち、最後まで活動したのはHoneywell社、IBM社、TRW社の3チームのみでしたが、IBM社のみが単独参加で他はパートナー企業が加わっていました。しかし、しだいにプロジェクトは特定の軍事システムの開発へと力点が移り、軍需企業以外の関心が薄れました。さらに、レーガン政権はソ連への技術流失を懸念してプロジェクトの成果としての半導体素子や製造装置の輸出を禁止したため、ビジネスチャンスが小さくなりました。結局、VHSICプロジェクトは大きな成果を上げず、日本企業の方が先に同じレベルの半導体素子を商品化してしまいました。

　半導体産業の対日競争力の低下は止まらず、1986年には日本のメーカーの世界市場シェアがアメリカを上回りました。そこで、半導体製造技術の研究開発のため14社の主要半導体企業が集まり、1987年にセマテック（Semiconductor Manufacturing Technology, SEMATECH）が設立され、1988年からテキサス州オースティンの研究施設で研究開発活動を開始しました（すでに独占禁止法が緩和され競合企業間の共同研究開発が行いやすくなっていました）。年間2億ドル（2015年実質ドル換算で約3億9000万ドル）のうち1億ドル（同1億9500万ドル）は企業側が負担し、各企業は100万ドル（同195万ドル）か半導体売上高の1％のどちらか大きい方を払いました。残りの1億ドルは国防省から出ました。産業政策は行わないという建前のもと、国家安全保障を理由に商務省でなく国防省が補助金を担当することになりました。民生技術の市場に近い開発段階に連邦政府が補助金を出すことは今までになかったことでしたが、これが「小さな政府」を標榜する共和党レーガン政権で始まったのです。

　セマテックは参加企業が国際競争力の低下に危機感を持っていたのでやる気があり、共同研究施設に質の高い研究者を派遣してきました。1993年1月には0.35ミクロンの線幅で回路図をチップ上に描くという目標をほぼ予定通り達成しました。しかし、この技術が実用化される前にバブル経済崩壊によって日本の半導体メーカーは設備投資活力を失い、日米の半導体産業の再逆転が起こりました。危機感が薄れるとセマテック参加企業は1994年に政府補助金の辞退を申し出て、1996年10月（1997年度）からは補助金がなく

なりました。政府補助金を受け取ると政府から干渉されるのでこれを嫌ったのです。実際、補助金がなくなってからは外国企業の参加が認められています。セマテックのアメリカ半導体産業復活への貢献度は議論の余地がありますが、組織としては成功して存続しています。産業政策を推進したかった民主党クリントン政権は、アメリカ企業が産業ぐるみで国際競争力を高めるために協力し、自らも資金を出し、そこに連邦政府も資金を出す、というセマテックをモデルケースとして他の産業にも広めようとしていたのですが、肝心のセマテック参加企業が政府と距離を取ることを望んでしまいました。

　レーガン政権が開始したセマテックをブッシュ（父）(Goerge H. Bush) 政権も渋々継続しました。ブッシュ政権はレーガン政権にも増して「政府は市場に介入せず、企業の好きにさせる」という自由放任主義を支持していました。しかし、科学アドバイザーのブロムリー (Allan Bromley) は、特定の産業ではありませんが特定の重要技術は政府が開発を支援すべきと考えました。上院の軍事歳出小委員会の民主党ビンガマン (Jeff Bingaman) 議員のアイディアに呼応して、1991 年 3 月に将来重要になるであろう 22 の技術を"Critical Technologies"として発表しましたが、産業政策ではないのかと批判されました。モスバッカー (Robert Mosbacher) 商務長官もやはり民主党のホリングス (Fritz Hollings) 上院議員が提唱する企業の研究開発への連邦政府からの補助金制度（Advanced Technology Program, ATP）を支持し、また、高品位テレビ (High Definition Television, HDTV) の開発を支援しましたが、スヌヌ (John Sununu) 首席補佐官とクエール (Dan Quayle) 副大統領から開発を支持する発言をやめるよう命じられました。

　VHSIC プロジェクトやセマテックでは大学の役割はほとんどなく、基本的に官民協調路線での政策でした。大学も加わった産学官連携プロジェクトの成功例がスタンフォード大学の Center for Integrated System (CIS) です。これは 1955 年に同大学のターマンがベル研究所からスカウトしたリンビル (John Linvill) によって VHSIC プロジェクトと同じ趣旨で 1980 年に立ち上げられたものです。企業から 1200 万ドル（2015 年実質ドル換算で 3224 万ドル）、国防省から 800 万ドル（同 2149 万ドル）の資金を得て、以前から開発されていた

回路設計ツール（Stanford University Process Emulator, SUPREM）の開発がさらに進められました。さらに国防省はスタンフォード大学のコンピュータシステム研究所の支援も行いました。これらのプロジェクトは軍事技術でなく、文字通り軍事技術を支える半導体産業の広範な基盤技術を開発するもので、起業もあり実用化される成果が上りました。プロジェクト参加者の中から、ベクトルシェイム（Andreas Bechtolscheim）はワークステーションのメーカーのサンマイクロシステムズ社を、クラーク（Jim Clark）がシリコングラフィクス社を設立しました。ヘネシー（John Hennessy）は IBM 社が開発していた RISC（Reduced Instruction Set Computing）を MITS-microprocessor として仕上げ、ミップスコンピュータシステムズ社を起業しました。また参加していたヒューレット・パッカード社も 1986 年に RISC を商品化しました。1993 年の日米再逆転に貢献する技術は、1980 年代のスタンフォード大学での産学官連携プロジェクトによって準備されていたのです。

4.3　DARPA

　冷戦型ナショナル・イノベーション・システムの中で重要かつ議論の余地ある役割を果たしたのが、国防先端研究計画局（Defense Advanced Research Projects Agency, DARPA）です（後述するよう名称は"Defense"が付いたり取れたりして何回か変更されましたが、現在の名称は DARPA ですので以下、DARPA と称します）。スプートニクショックを受けて、アイゼンハワー政権はソ連の科学技術力は喧伝されているほどではないと理解してはいましたが[4]、陸海空の三軍の研究開発努力の重複を見直そうとしていました。事実、ロケット・ミサイル開発では三軍は互いに譲らない気配でした。新しい国防長官のマケロイ（Neil McElroy）は、化学・洗剤メーカー大手の P&G（プロクター＆ギャンブル）社でセールスマンから社長にまで出世した人物で、同社を昼間の主婦向けテレビのメロドラマ番組のスポンサーになることによって成長させました[5]。彼は社内でのブランド同士の競争を促進する一方で、「70%の利益は過去 12

年に発明された新製品による」と述べて、イノベーションの重要性を認識していました。国防長官として、マケロイは三軍の上にDARPA（設立時にはDがつかずARPA）を設置することを提案しました。三軍はもちろん反対でしたが、大統領も議会も賛成しました。

　DARPAは自分では研究所を持たず、外部に研究資金を提供します。テーマを決めて大学、大学が管理を委託された国立研究所、企業に所属する研究者が公募してくるのを審査して資金を提供するのです。もちろん機密研究もありますが、軍事技術に使える可能性がある分野で大学に自由に研究させ、論文発表を制限しないものもありました。スプートニクのような国家安全保障を脅かす技術的サプライズが起こらないように、こちらも画期的（Disruptive、「破壊的」という表現が使われます）な技術を開発しておくのが目的でした。宇宙開発は、これもスプートニクショック対応の一環としてNACAを改組してできたNASAに移管されましたので、DARPAは軍事技術研究に特化しました。

　DARPAの最初の大きなプロジェクトは核攻撃を受けたときの対策でした。クリストファイロス（Nicholas Christofilos）というギリシャ出身の研究者が提唱した「クリストファイロス効果」というのがありました。これは、アメリカが大気圏で核爆発を起こすと高エネルギーの電子がドームのようにアメリカ本土を覆い、飛来するソ連のミサイルを破壊してくれる、というものです。DARPAは南極で実験を行い、効果が小さいことを証明しました。その後も迎撃ミサイルの研究、さらに1968年以降は高エネルギー粒子兵器（光線兵器）の開発も行いました。第5章で述べる、1980年代のレーガン政権によるソ連のICBMを光線兵器で迎撃する「スターウォーズ計画」は、推進母体のSDIO（Strategic Defense Initiative Organization）が設立されるまではDARPAが担当でした。

　ベトナム戦争当時、DARPAは第7章で述べる、国防省のための研究をパートタイムで行う大学教員グループであるJasonを組織するなどして、科学技術の力、知識によって戦争に勝とうとしましたが、必ずしも成功しませんでした。DARPAによるProject Agile（「機敏」という意味）は森林破壊とゲ

リラ対策を目指しました。敵の輸送路を覆う雨林を枯れさせたり、農業生産に打撃を与える目的で枯葉剤を開発しました（枯葉剤のことも第7章で考察します）。一方、DARPAは人文学者を動員したゲリラ対策も考案しました。RAND研究所と協力して南ベトナムの現地調査を行いました。当時、南ベトナムは農民がゲリラの影響下に入らないよう村落を強制移住させるStrategic Hamlet Projectを行っていました。DARPAから派遣された社会科学者ヒッキー（Gerald Hickey）とドネル（John Donnell）の調査団は農民の不満が大きいことを指摘しましたが、理念先行のRAND本部のスタッフには理解してもらえませんでした。また、当初は評価が高かったディレクターのゴデル（William Godel）が、1962年に不正経理のため解任されました（1964年に逮捕されました）。

Vietcong Motivation and Morale Projectでは捕虜にしたゲリラの聞き取り調査を行いました。ディレクターのザスロフ（Joseph Zasloff）によるレポートは北ベトナムの支援の存在を明らかにしました。国防省にとっては北ベトナム攻撃の理由ができたわけですが、ジョンソン大統領は1964年の大統領選挙までは本格的な戦争とすることを望みませんでしたので、公にしませんでした。1964年末にザスロフに代わったグーレ（Leon Goure）はこれまでと同じ調査結果を使って、異なった結論である、「北ベトナム人、南ベトナムのゲリラの士気は高くないので、爆撃によってますます士気は衰える」と主張しました。これこそ国防省が望んだ結論でした。議会では民間のRAND研究所を使って高い費用を支出していることへの批判が強まりましたが、プロジェクトは継続されました。

ベトナム戦争であまり戦果が上げられないなか、1960年代末、DARPAの予算は半減し、政府による基礎研究の支援ではNSFが重視されるようになりました。1970年2月にDARPAは国防省本部（ペンタゴン）の建物の外に移転しましたが、これはDARPAの地位低下の象徴といえましょう。1972年、ARPAは軍事目的の研究支援に専念すべきだとしてDefenseが名称に加えられてDARPAと改称されました。また、国防省の組織が肥大化したせいもありますが、設立当初はDARPA長官は国防長官直属で国防長官に

直接報告できていたものが、しだいに間に階層が入るようになりました。現在はDARPA長官の上に研究・工学担当次官補、その上に調達・技術・兵站担当次官がいて、その上に国防長官がいます。

　1969年3月、フルブライト上院議員は国防省による軍事応用目的が明確でない大学の基礎研究の支援を規制する提案をしましたが、これは同年末に1970年度国防予算案に対する「マンスフィールド（Mike Mansfield）条項」として成立しました。国防省と大学を完全に切ることはできませんし、大学が国家安全保障のため軍事研究に貢献することを否定しませんが、国防省の大学の研究への影響力の大きさが危惧されたのです。ARPAのDARPAへの改称と同じ考え方です。同条項は1年後に緩和され、「軍事技術と直接または一見して明らかな関係を持たない研究を支援しない」から「国防長官の判断で軍事技術と潜在的な関係を持たないと考えられる研究を支援しない」となり、後述するように冷戦終結後は軍民両用技術の開発が期待されたので、1992年に正式に廃止されました。

　実際の厳格な運用は2年間のみで、この条項によって実際に禁止された大学の研究は、件数で3％、金額で4％に過ぎませんでした。しかし、「マンスフィールド条項」によって国防省は基礎研究支援に慎重になり、1969年から1975年で国防省から大学への基礎研究資金は50％も減少しました。「マンスフィールド条項」で基礎研究支援が先細りする一方で、1970年代のベトナム反戦運動のなか、実際の兵器の開発は学生が反対しましたので、国防省と大学の関係は希薄になりました。とくに「マンスフィールド条項」が応用目的の明確化を求めてきたことは、10-25年先の研究を支援しているDARPAを困惑させました。「マンスフィールド条項」は「スプートニクショック」以降、大学に自由に使える政府資金が流れ込んだ黄金時代が、ベトナム戦費調達による財政難のなかで終焉していくことを示唆するものでもありました。

　しかし、DARPAはその後も研究活動を続け、その成果が1991年の湾岸戦争で発揮されました。まずレーダーに感知されないステルス軍用機ですが、ベトナム戦争と第4次中東戦争（1973年）において、ソ連製の対空砲火技術がアメリカの航空機に対して威力を発揮したので、これに対抗するために

1974年、DARPAがマクダネル・ダグラス社とノースロップ社に開発を依頼しました。実は、ロッキード社が軍部でなく中央情報局（Central Intelligence Agency, CIA）の依頼で、秘密裏にマッハ3で飛行できる高速偵察機（SR-71）を開発していました。もともとはYF-12として高速爆撃機を迎撃するために開発されたのですが、偵察機として実用化されました。アイゼンハワー大統領は軍部が外交に関与しすぎることを嫌い、偵察任務はCIAにさせていたのです。1964年までその存在そのものが明らかにされなかったSR-71は、高速なだけでなくレーダーにも捕捉されにくいものでした。ロッキード社はスカンクワークという独立した研究所でその後も研究を重ね、独自のステルス技術を持つに至っていましたが、DARPAは詳細を把握していませんでした。しかし、DARPAがステルス機の本格的開発を始めると、ロッキード社が入札に勝って開発を担当することになりました。これがのちのF-117戦闘機です。DARPAは入札に負けたノースロップ社にも開発を続けるよう促し、これがステルス爆撃機B-2となりました。

　実は、陸海空軍とも従来の航空機と異なるステルス機の採用には消極的でした。DARPAは研究開発だけでなく、実現可能性を証明する実験機の開発までの異例の支援を約束しました。空軍はF-16の開発予算が削られるのを懸念していましたので、DARPAからステルス機開発予算は別枠であることを約束してもらいました。軍は民間企業に比べてコスト軽視で最先端技術を採用するといわれていますが、陸海空軍は既存の軍事システムの変更を嫌います。大企業が既存製品を陳腐化させる画期的な製品の導入を嫌うのと同じ傾向があり、DARPAが画期的技術を開発しても採用してくれないことがあります。三軍はとくに、少ない兵力・資金で効果を上げる技術は予算削減につながるので採用したくないのです。F-117は1977年には技術的に目処が経ち1981年には実戦配備されました。F-117はこれもDARPAの開発したトマホーク巡航ミサイルとともに、湾岸戦争ではイラク軍を相手に威力を発揮しました。

　人工衛星を使った位置確認技術（Global Position System, GPS）は1959年から開発が始まり、1963年に人工衛星の打ち上げに成功し、海軍と空軍が別々

に開発していたのを、1973年にDARPAが統一のシステム（NAVSTAR）として開発してきたものです。このDARPAの技術は2000年に民間に開放され商用化が加速しました。1978年にソープ（Jack Thorpe）空軍大佐のアイディアを基にDAPRAが開発したSIMNET（Simulator Networking）は、臨場感のある訓練シミュレーターとなりました。これも多数が参加できる対戦型オンラインゲームとして商用化されています（DAPRAの研究成果の商品化の成功例の1つがインターネットですが、「column 3」を参照してください）。夜間暗視とともにこれらのDARPAの技術のおかげで湾岸戦争の地上戦では、油田炎上と砂嵐で視界がほとんどないなかでも、アメリカ軍はイラク軍を確認して攻撃できました。一方、DARPAと海軍研究所は、2004年11月に人文学者のマクフェイト（Montgomery McFate）による対ゲリラ戦のコンファレンスを開催したりしましたが、人文社会学者を動員してのイラク、アフガニスタンの社会を理解し、ゲリラ・テロリストの活動、部族間抗争を終わらせることは、ベトナム戦争と同様に充分に試みられませんでしたし、また目立った成果も上げられませんでした。

　ブッシュ（父）政権は産業政策を望む民主党主導の議会に対して自由放任主義の堅持で対立しましたが、前述のようにブロムリー科学アドバイザーやモスバッカー商務長官は議会と協力する姿勢も見せていました。もう1人の産業政策支持者がDARPAのフィールズ（Craig Fields）長官でした。彼はバイオテクノロジー、並列処理、スーパーコンピュータなど軍民両用技術の開発に熱心でした。また、DARPAが民間企業に直接に投資することを提案しました。民主党主導の議会は歓迎しましたがホワイトハウスは反対しました。1990年4月、フィールズがガリウム・ヒ素半導体を開発しているガゼール・マイクロサーキット社に実際に400万ドル（2015年実質ドル換算で約725万ドル）を投資したところ解任されました。1992年の選挙後、クリントン陣営による政権移行準備の経済サミットで、フィールズは「ブッシュ（父）政権の誤った政策の犠牲者」として紹介され喝采を浴びました。

　クリントン政権は政府によるハイテク産業振興に積極的でしたので、DARPAによる研究成果の民生技術への転換に期待して、1993年にDをとっ

てARPAに戻しました。1994年の中間選挙に勝利した共和党保守派は、政府による民生技術の開発に批判的で市場メカニズムに任せればよいという立場でしたので、再びDをつけました。現在はDARPAです。DARPAの活動は地味な基礎研究の支援か軍事機密研究でしたので、成果が目に見えにくいものでした。1980年代末から90年代初めになってようやく、スピンオフ技術が民生品として注目されたり、軍民両用技術の開発を担当したり、湾岸戦争などで成果が顕著になり注目度が上がってきたのです。

現在のDARPAですが2015年度の予算は29億ドルです。このほとんどが開発でなく研究に使われています。国防省の予算が4956億ドルで研究開発予算は635億ドルです。しかし、特定の軍事技術(兵器)の開発の部分が多いので、国防省の研究予算は115億ドルです。したがって、DARPAは国防省の研究予算の4分の1を担っています。DARPAでは7つの分野で175のプログラムが行われており、管理するプログラムマネージャーが100人でスタッフ全体の半分弱を占めます。マネージャーは3-5年の任期付契約で毎年25％が入れ替わります。プロジェクトも3年から5年の期間です。研究費の行き先は企業に18億ドル、大学に6億ドル、大学や企業が運営委託されている国立研究所に50億ドルです。企業では大手軍需企業のロッキード・マーチン社に最も多くの資金が渡り7100万ドルで、大学ではMITのリンカーン研究所が3400万ドル、同大学のメインキャンパスに2500万ドル、ジョンズホプキンス大学の応用物理学研究所に2400万ドル、ハーバード大学に2300万ドル、スタンフォード大学に1700万ドルです。

4.4　TRP

1980年以降の産学官連携プログラムは、多くがレーガン・ブッシュ(父)の共和党政権下に民主党主導の議会が開始し、大統領は渋々維持していましたが、1993年のクリントン政権が大幅に拡充し、1995年以降の共和党主導議会と2001年からのブッシュ(子)政権が抑制・廃止しました。その1つが

TRP（Technology Reinvestment Program）です。冷戦終結後、軍事技術開発の経費節減のため、民生品技術を積極的に利用すべきという意見が強まりましたが、とくに次の3点が注目されました。

第1は民生品そのものを積極的に軍需で使用するスピンオンです。軍事技術を民生品に利用するスピンオフの逆です。同じような性能の半導体も軍需企業に委託生産するとコストが高くなるので、積極的に民生品を使うというものです。半導体などでは民生品市場の方が大きく成長も速いです。大量生産された半導体は「規模の経済性」によってコストが安く、また成長が早いので半導体素子の技術水準（性能）も高くなります。一方、軍需は基本的に買手は国防省（陸・海・空軍と海兵隊）に限定されていますので、国防省に採用されないと（同盟国の軍隊への輸出以外）他に買手が見つけられません。開発のリスクが高くなり、民生品メーカーは参入したがりません。限定された軍需メーカーのみが残り競争も起こりにくいです。そこで、"military specification"という国防省特有の規定・規制を緩和して、民生品を兵器にも使いやすくすることが行われました。軍事システムは要素技術の組み合わせの妙で高い性能を達成するので、誰でも入手できる民生品の半導体を使っていても、回路やシステムの設計の技術力が差を分けます。ただ、民生品半導体は3年で次の世代の製品に代わりますが、軍事システムは10年と長期なので3回も世代交代するわけで、それをいかにつないでいくかが課題です。また、民生品の長期にわたる耐久性はわからない部分もあります。

第2がコスト意識が高い民生品メーカーの経営手法を取り入れることです。コスト削減を重視する航空会社がユーザーである民間旅客機では、実現していないが予想される販売機数を基に算定した価格で1機目から売ります。生産段階のリスクを企業側が負うのです。ロッキード・マーチン社製の軍用機C-130ではこのやり方で価格が決められました。また、旅客機メーカーは、電気システム、空調・圧力システム、航行システム、離着陸システム、エンジン、機体、客室装備などのシステムインテグレーター（統合者）であり、サプライヤーに各システムの設計・生産・補修サービスというシステムのライフサイクル全体を任せて裁量権を与える一方で、コスト超過の場合

はそれを負担させることによって、全体のコストを削減しています。こういった手法を軍用機にも導入することが検討されています[6]。国家安全保障の観点から外国メーカーの関与には懸念もありますが、スピンオンと同様、アメリカの軍需メーカーは、システムインテグレーターとしての組み合わせの妙で優れた軍事システムを開発することが求められます。

　そして、第3が軍民両市場で使用できる両用技術 (Dual Technology) を始めから開発することです。Technology Reinvestment Program (TRP) はこの目的で創設されました。1992年、議会は Defense, Conversion, Reinvestment, and Economic Transition Act によって TRP を2900万ドル（2015年実質ドル換算で約4834万ドル）の予算をつけて創設しました。1993年3月、クリントン政権はこれを拡充する方針を発表し、5年間で2160億ドル（同約3515億ドル）をつぎ込もうとしました。DARPA が担当し、政府が1ドル支出したら企業が1.33ドルを自己負担することになっていました。1994年2月までに12000の企業・大学が応募し、6億500万ドル（同約9億6400万ドル）、212件のプロジェクトで延べ1600もの企業・大学が参加しました。応募者の多さはTRPへの期待の現れですが、あまりに落選者が多いので、DARPA は必要としている技術をあらかじめ示して応募してもらうようにしました。しかし、これには政府が特定の産業を育成する、"Picking Winners and Losers" タイプの産業政策ではないかとの批判も出ました。同年10月までには2億ドル（同約3億1300万ドル）、39件のプロジェクトに224の組織が参加しました。ところが、共和党保守派主導になった議会は1995年2月には4億1500万ドル（6億4300万ドル）の予定でした予算を凍結しました。1997年度からはTRPは軍用ニーズに応えるための小規模なプログラムである Dual-Use Application Program と Commercial Technology Insertion Program に代替されました。

　民間手法の導入や民生品の利用については超党派で支持があり、また両用技術の活用も原則としては支持されますが、保守派は民生品市場の考慮まで国防省が行う必要がない、TRPは軍事目的に役立っていないと主張しました。国防省の役割は軍事技術の性能向上が第1で、民生品技術・産業の育成

はあくまでも副産物であるべきだと考えられたのです。TRP が技術開発への重点を強化する中、TRP にあった地域経済発展の目標は商務省に移管されました。もともとは軍需産業城下町の活性化のための地域振興も TRP の目的の1つでした。ただ、地域振興という言葉は避けていました。これを冠したプログラムには議員が自分の選挙区に有利になるよう干渉してくるからです。地域振興のための製造業支援プログラムである Manufacturing Extension Partnership (MEP) は、商務省の（国家標準局から 1988 年に改称した）国家標準技術局 (National Institute for Standards and Technology, NIST) の管轄になりましたが、共和党議会下でも生き残りました。新しい技術を地域の中小企業に広めるためのセンターが全米 40 カ所、30 以上の州に設立され、多くの議員の地元が恩恵を得ているからです。TRP は成果を測定するには短すぎる期間しか存在しませんでしたが、TRP の参加企業は悪い印象を持っておらず、また、TRP に申請するため他企業や大学とパートナーを組んで地域の課題を明らかにしようとした経験は、仮に TRP に採用されなくても有益だったと高く評価されていました。TRP はイデオロギー面での反対が根強く失敗したのです。

4.5 SBIR

Small Business Innovation Research (SBIR) とは、外部組織に研究開発資金を 1 億ドル以上提供している省庁はその一定比率を中小企業に回すという制度です。もともとは NSF のティベッツ (Roland Tibbetts) が行っていたものですが、中小企業側は他省庁にも拡大するよう求めたところ省庁側の反応が鈍かったので、1980 年初めにホワイトハウスや議会に陳情しました。議会ではケネディ (Edward Kennedy) 上院議員が関心を示しましたが、リベラルな自分が提案すれば共和党が反発すると考え、共和党保守派で均衡予算主義者のラドマン (Warren Rudman) 議員を説得したところすぐに理解を示してくれて共同提案者になり、1982 年に Small Business Innovation Research and

Development Actが成立し、SBIRが制度化されました。一定割合というのは、当初は0.2％でしたが、その後たびたび改訂され、2011年度の2.5％から毎年0.1ポイントずつ増加して2017年度は3.2％です。SBIRは恒久的制度でなく議会によって更新されてきました。1983年以降、1992年、2000年、2008年と更新され、2012年の更新で2017年度（2017年9月30日）まで継続する予定でしたが、2016年に前倒しで2022年度（2022年9月30日）までの更新が決まりました。また、2024年までには一定比率を6.0％にする目標が定められました。ただ、国防省は多少異なる計算方法をしていますので、実質的には現在の国防省の比率は2.5％に相当し、これを2024年までに5.0％にすることを目指しています。SBIRはほとんどの議員の選挙区に受益者企業が存在しますので、政治的支援を得やすいのです。

　SBIRは3段階から成り、Phase Iは制度開始当初は10万ドルで2012年からは15万ドルが1年間、Phase IIは当初は75万ドルで2012年からは100万ドルが2年間にわたって支給されます。Phase IIIはSBIR以外からの政府資金か民間資金の調達が求められます。一般にベンチャー企業の支援では、個人の富裕者がエンジェルとして投資してくれる25～50万ドルと、組織だった投資家であるベンチャーキャピタルが投資してくれる200万ドルとの間にはギャップがあります。自分の金を投資するエンジェルと異なり、ベンチャーキャピタルは他人から集めた資金の運用ですから、ある程度軌道に乗った企業にしか投資しません。このギャップを埋めるのが公的ベンチャーキャピタルであるSBIRなのです。

　SBIRは外部に提供する資金の一定割合を割きますから、当然、国防省のSBIRが一番多額です。図4.1が全省庁と国防省のSBIRの金額を示していますが国防省が半分近くを占めていることがわかります。実際、上位5省庁が96％を占めます。国防省のPhase Iは申し込みの13％のみが採択されます。Phase IIはPhase Iを終了した企業が申し込むので50％が採択されます。国防省SBIRではPhase IIIにおいて国防省がSBIR企業から積極的に技術を購入します。その際には競争入札を経ずに調達してもかまいません。SBIR企業はPhase IとIIで審査が行われ競争に勝ち残った企業なので、入札を

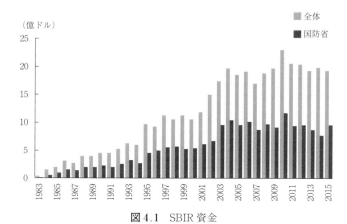

図 4.1　SBIR 資金

出所：National Science Board (2018) *Science and Engineering Indicators 2018*, Washington, D. C.: National Science foundation, Appendix Tables 8-36.

しなくてよいという考え方です。国防省はもともと自分の求める技術を開発する計画を立てた中小企業をSBIRのPhase IやIIで採択します。そして仕上がったら政府調達で購入してあげるのです。ただ、実際には主契約者の大企業の下請けとしてSBIRの中小企業が入ることが多いです。SBIRは開始当初はSBIR資金に頼りきる中小企業がいるなどと批判されましたが、最近は評価も高まっています。多くのSBIR参加企業も制度に満足しています。国防省のSBIRにおいても、Phase IIの参加企業のうち45.5％はライセンス収入も含めて開発中の技術が何らかの収入を生み出していて、今はなくても見込みはあるというのが26.4％、見込みが立っていないのが28.1％でした。販売先は国防省と国防省の主契約者が60％弱を占めています。SBIRは国防省がユーザーとして中小企業によるイノベーションを促進しているのです。

　ただ、多くの中小企業を相手にするSBIRは事務手続きが面倒なので、省庁側には「SBIRは税金」という意識も根強いです。また、大学は1980年代初めにSBIRが審議されていたときは、自分たちに来るはずの連邦政府資金が中小企業に回ってしまうのでSBIRに反対でしたが、1990年代に入り大

学発ベンチャーの設立に積極的になりますと、SBIRは大学にとって好ましい制度となりました。バイ・ドール法制定時には大学の特許のライセンス先は大学の研究成果を使いこなせる大企業が想定されていました。ただ、大学の特許は論文作成の副産物であり、企業戦略や市場のニーズに合致したものでありません。製品化まで労力を要するという意味で萌芽的で、商品化されれば既存製品を陳腐化させるという意味で画期的です。大企業にしてみれば大学の特許をライセンスしてもらっても苦労して商品化したら自社製品を陳腐化させてしまうわけで、大企業は大学からのライセンスにあまり興味を示しませんでした。大企業は大学との共同研究や委託研究、教員とのコンサルタント契約の方を好みました。そこで、大学は卒業生にベンチャー企業を設立させそこにライセンスして、さらに製品化に近づけてから再度、企業へのライセンスを試みたり、買収してもらう、大学発ベンチャーの振興策に積極的になりました。これら大学発ベンチャーはSBIRを利用しています。国防省のSBIRのPhase II参加企業で大学で開発された技術が基になっている、ライセンスを受けている、というのは10%程度ですが、60%以上で少なくとも1人の設立者が大学勤務の経験があり、設立者の直近の職が大学というのも28%あります。SBIRは大学発ベンチャーに重要な役割を果たしているといえましょう。

注
(1) 企業は生産・販売だけでなく、研究開発でも競争していますので、共同研究開発は研究開発でのカルテル（共謀）とみなされ、独占禁止法違反になる恐れがあります。
(2) 1990年ごろには半導体の対日競争力の低下が著しかったので、インテルの創設者の1人であったグローブ（Andrew Grove）でさえ、アメリカも日本の通産省のような組織を持たないと日本のハイテク植民地になってしまう、と産業政策導入を主張していました。1992年の大統領選挙では、自由放任主義の共和党のブッシュ（父）大統領でなく、民主党のクリントン候補を支持する企業経営者も現れました。
(3) 政府が提訴しなくても第三者企業から「不当な共同研究開発カルテルによって自社の売り上げが減った」として損害賠償請求訴訟を起こされる危険性がありました。

(4) ソ連のミサイルの配備状況については超高度からU-2という偵察機が秘密裏に調査していたのですが、そのことを公表することができなかったのです。
(5) P&Gがスポンサーでしたので、昼間のメロドラマは「ソープオペラ（Soap Opera）」と呼ばれました。
(6) ただし、ボーイング社のB-787は外注が多い分、システムがブラックボックス化してボーイング社自身も充分に理解できていないのではないか、と懸念されました。フランス企業に電気系統システムを任せきったところ日本製蓄電池の発火などが起こり就航が遅れました。

column 3

インターネット

　インターネットは軍事技術が民生技術として広まったスピンオフとして有名ですが、開発には複雑な事情もあります。1960年ごろ、空軍は民間の研究機関であるRAND研究所に対して、核攻撃を受けて軍事通信ネットワークの中核コンピュータが破壊されてもネットワーク全体を機能させるにはどうしたらよいかというテーマで研究を委託しました。空軍からの依頼を受けて同研究所のバラン（Paul Baran）は1964年に報告書を書き、分散型のネットワークで情報をパケットいう単位に細かく分割して送り出し、あらかじめ決めた経路でなく状況に応じて経路を選べるようにして、さまざまな経路で目的地に届きそこで再構築することを考案しました。最初の2本の報告書は軍事機密文書に指定され非公開でしたが、それに続く論文は公開されていましたし、学会（Institutue of Electrical and Electronics Engineers, IEEE）の雑誌にも掲載されましたので、それほど軍事機密とは考えられていませんでした。

　当時のコンピュータ（IBM704）は1つのジョブを一括で処理するバッチ処理でした。そのジョブが終わるまで当事者も次の人も待たされていました。時間を区切って部分ごとに仕事がなされ、その都度エラー修正が行われるタイムシェアリングの開発が期待されていました。ARPA（当時）のIPTO（Information Processing Techniques Office）部門の初代部長のリックライダー（Joseph Licklider）は、1962年に防空指揮統制プログラムの開発の予算が余ったので、人工知能、対話型コンピューティング、タイムシェアリングに使おうとしました。MITはそれまで良好な関係だったIBM社と磁気コアメモリの特許をめぐって争いになっていました。MITは自力でタイムシェアリング技術を開発したかったので、ARPAでお金が余っているのは渡りに舟でした。1966年に220万ドル（2015年実質ドル換算で約1580万ドル）が出されました。

1966年にタイムシェアリングの研究は支持され、ARPANETとして開発されることになりました。1967年に構想が発表されましたが、どの大学も大型コンピュータの購入を要望し、ネットワーク参加には乗り気でありませんでした。ARPAは大学に対してネットワークに参加して共同でジョブを行うことを求めました。ARPANETに協力しなければ資金提供をしないと脅して参加させたのです。MITの他に参加したのはカリフォルニア大学ロサンゼルス校、同サンタバーバラ校、スタンフォード大学のSRI、ユタ州立大学でした。リックライダーとMITの人脈で選ばれたこれらの大学が1969年秋につながりました。RAND研究所とARPAの開発の融合でインターネットは生まれたのですが、前者と異なり後者ではなお一層、軍事色は薄かったのです。しかし、国防省は軍事研究と捉えていたので資金援助をしましたし、第3章で述べた「マンスフィールド条項」の影響でそのように主張する必要がありました。MITを中心として設立されていたARPANETが接続され、1971年秋に全米規模になりました。

　ARPANETにはARPAから軍事研究資金を受ける大学しか入れなかったので、他の多くの大学から不満の声が出ました。1979年にウィスコンシン大学で会議が持たれ、1981年から2年間の予定で第2章で述べた大学の研究支援が主務のNSFに移管することになり、NSFNETと改称されました。

　当初、NSFはインターネットの商用化を禁止していましたが、1991年に黙認し、1992年に議会も「科学と先進技術法」でNSFNETは研究・活動のサポートのためであると謳いながら、実際には商用化を保障しました。政府がいつまでも権利を持たず、巧みに民間に任せたことでインターネットが普及したのです。クリントン政権はインターネットは「現代のフリーウェイ（高速道路網）」だとして、その普及を提唱しましたが、実際には政府が高速通信網建設に投資をしたわけではなく、クリントンと副大統領のゴア（Albert Gore）が小学校に行ってケーブル接続作業を手伝うなどの雰囲気作りに貢献しました。

column 4

身近なスピンオフ

　インターネット以外にもアメリカの軍事技術が民生品に応用され身近なものになっている例があります。高周波の電波を発信するマグネトロンの開発に携わっていた技術者が、1945年に自分のポケットに入れていたチョコレートが溶けていることに気づきました。この技術を食品を温めることに応用して1947年に実用化されたのが、今日の「電子レンジ」の原型です。

　フリーズドライとは冷凍して氷の結晶となった水分を減圧して昇華させて取り除いて保存が効くようにすることです。第1次大戦後に血漿（血液の透明部分）を粉末にして運ぶ方法が開発されました。ただ、ウィルスも保存されることがわかり現在では利用されていませんが、食品には利用されているのです。第2次大戦中にエンジン、銃、金属部品を甲板に置いて海外に運ぶ際に、サラン（ポリ塩化ビニリデン）をスプレーすると腐食を防げることがわかりました。陸軍はダウケミカル社とブルックリン工科大学に食品保存への応用のための機密の研究を依頼しました。戦後1949年にダウケミカル社によって商品化されたのがサランラップです。

　陸軍は兵士向けの保存食の開発に直接に携わっていました。中心になったのがボストン郊外にあるネイティック研究所です。オレンジジュースの低温蒸発製法は1945年に開発され、軍では採用されませんでしたが、民間では水を加えるとジュースになる凍結濃縮果汁（ミニットメイド）として商品化されました。袋入り洗浄済みサラダ用野菜は、ガス置換包装技術によって可能になったのですが、1960年代のネイティック研究所と家電メーカーのワープール社との共同開発の成果です。1950年代に新しい食品包装として、ビニールフィルム、アルミ箔、ホリエステルフィルムの3層から成る袋を開発しました。これが溶

けたり硬化したいしない今日のレトルトパックとなりました。兵士は固いクラッカーでなく柔らかいパンを食べたいので、第2次大戦末期にイースト菌を乾燥させ使用時に水で戻せば使えるようなドライイーストが開発されました（ただし、機能が解明されたのは1980年代でした）。さらに、1950年代に保水剤とデンプン再結晶阻害剤を用いてパンを保存する方法も開発されました。これが民間に利用されるようになりましたので、工場で作られたパンがスーパーマーケットに並ぶことが可能になったのです。食品以外の例では、第1次対戦中に脱脂綿が不足しましたので、その代用品として開発されたのがティシュペーパーで、1924年にクリネックス社が商品化しました。

このように多くのスピンオフの例が存在しますが、軍事研究に金をかけていれば民生品のイノベーションが自動的に生まれてくるわけではありません。そもそも軍事技術は機密になっているので簡単には利用できません。また、民生品市場で成功するには大量生産によってコストを下げなくてはりませんので、量産技術の確立が必要です。さらに、軍用品は厳しい環境で使用されますが、民生品はそれほど厳しい環境ではなくとも延べ使用時間はむしろ長い場合があり仕様が異なります。軍事技術を民生品として商業化するには企業の不断の努力が要ります。そして、軍事技術の何が市場で使えるか判断する発想力も重要です。

これらは軍用に開発、普及したものを民生品に利用したスピンオフと呼ばれるケースですが、民生品技術が軍事利用されるスピンオンもあります。テレビ放送電波がビルに反射して二重に映る「ゴースト現象」をなくすため、日本の建築用塗料会社の社員が電波を反射せず吸収させようと磁力の強いフェライトを含む塗料を開発しました。これはのちにアメリカでレーダーに感知されにくいステルス軍用機に利用されました（もちろん塗料以外にもさまざまな工夫があるのでアメリカのステルス機は優れているのです）。これは開発者がまったく予想していなかった民生品技術の軍事応用です。

第5章
核・ミサイル開発と科学者

5.1 核兵器の管理の問題

　第2次大戦のマンハッタン計画の際には、反ナチズム感情、民主主義を守る大義、アメリカへの愛国心、ドイツに先駆けて原子爆弾を開発しなければならないという危機感などから多くの科学者が疑問を持たず参加しました。しかし、1945年4月30日にヒトラーは自殺し、5月8日にナチス・ドイツは降伏しました。1945年5月4日に原爆の使用を検討する暫定委員会が設けられました。スティムソン（Henry Stimson）陸軍長官が長となり、ブッシュ、コナント、カール・コンプトンなど政府・軍関係者を含んだ8人から構成されました。オッペンハイマー、ローレンス（Earnest Lawrence）、アーサー・コンプトン（Arthur Compton、カールの実弟、マンハッタン計画のシカゴ大学の冶金研究所所長、1922年ノーベル物理学賞受賞）、フェルミが科学顧問でした。ローレンスとアーサー・コンプトンは無人島で威力を示して日本に降伏を促そうと提案しましたが、オッペンハイマーは反対しました。結局、通告なしに日本に使用する方針になりました。

　原爆開発をルーズベルト大統領に進言したシラードは、日本に対して使用する必要はないと主張しました。5月8日にルーズベルト大統領と会談する予定でしたが、4月25日に大統領が急死したので延期になりました。結局、新任のバーンズ（James Byrnes）国務長官と会談しましたが物別れに終わりました。また、シラードは7月3日と7月17日（トリニティ実験の翌日）に原爆使用中止の請願書を提出しました。後者には冶金研究所の科学者69人の署

名が集まっていました。アーサー・コンプトン、グローブス経由でスティムソン陸軍長官に提出されましたが、彼はすでにトルーマン大統領とともにポツダムにいました。

冶金研究所ではコンプトン所長が原爆使用に関するいくつかの委員会を立ち上げていました。その中の1つがフランク（James Frank）による委員会でした。その報告書は国連加盟国の首脳の前で無人島か砂漠で原子爆弾を爆発させて威力を示し、国際管理の機運を高めればよいと主張しました。ただ、コンプトン自身は、原爆が戦争を早期に終わらせるメリットも考えていました。日本本土上陸のダウンフォール作戦は、1945年11月の九州侵攻のオリンピック作戦と1946年3月の東京占領のコロネット作戦の2段構えでした。1945年4月から6月の沖縄戦でアメリカ兵1万2500人と、日本人10万人が犠牲になっていました。本土決戦となれば双方により多くの犠牲が出るのは明らかですので、戦争の早期終結のために原爆の使用は止むを得ないという意見が強まっていました。

実際に原爆が日本に対して使用されてその悲惨さが明らかになると、今後の核開発をめぐる議論が活発になりました。トルーマン大統領の指示でバーンズ国務長官が、国務次官のアチソン（Dean Acheson）を長とする委員会を作りました。彼は科学に疎かったので自分でテネシー渓谷流域開発公社理事長のリリエンソール（David Lilienthal）による顧問委員会を作りました。オッペンハイマーもメンバーになりました。1946年3月の「アチソン・リリエンソール報告書」ではすべての国の原子力産業を国有化し、その所有権を国連を代表とする国際機関に与えるべきと主張されました。原子力技術をむしろ世界中で共有することで一国が独占的に開発・使用できなくするものでした。この考えにはチャーチル前首相（当時は1945年の総選挙に負けて下野していました）が、冷戦が始まり「鉄のカーテンが引かれた」と述べたミズーリ州フルトンにおける1946年3月5日の演説の中で、未成熟な国際機関に核兵器を委ねることに明確に反対して冷水を浴びせました。バーンズ国務長官も報告書に不満でしたので、トルーマン大統領に進言して国連の原子力委員会へのアメリカ代表にバルーク（Bernard Baruch）を指名してもらいました。バルークは

バーンズのビジネスパートナーで、ともにウラン鉱山に投資していたニューモント・マイニング社の取締役でした。ウラン鉱山の国有化や国際管理など受け入れるはずがありませんでした。

　アメリカの核開発に関しては、上下両院の軍事委員会委員長（Andrew May 下院議員と Edwin Johnson 上院議員）によるメイ・ジョンソン法案が、原子力を軍の管理下に置くことを提案しましたが、冶金研究所やオークリッジの研究施設の科学者が強く反発しました。また、軍は自ら主導する委員会によって管理することを主張しましたが、非常勤の委員による意思決定は大統領の行政権を損なうものとして政権内部からも反対の声が上がりました。代わって1946年7月に成立した（Brian McMahon 上院議員による）マクマホン法では、文民でフルタイムで大統領が指名して大統領に報告義務がある委員から成る原子力委員会による管理とされ、リリエンソールが原子力委員会の初代委員長となりました。一見リベラルな法案ですが、軍事的要素を意思決定から排除するものでありませんし、当初案では各関連情報の公開を謳っていたものが、最終案では後退しました。さらに、この国内法が成立したことで、核兵器・核開発の国際管理は明確に否定されることになりました。原子力委員会というのは単なる審議会でなく、ロスアラモスなどの研究所含めた核関連施設を管理する官僚組織となり、核以外のエネルギー政策のことも管轄するようになって1977年に今日のエネルギー省に改称しました。

　1945年の時点でグローブスは、原爆開発は科学者の知識だけでなく、産業技術力など国家の総合力に依存するので、アメリカ以外の国は20年は原爆を保有できないだろうと考えていました。一方、ブッシュとコナントはソ連は4年で成功させると予測していました。彼らの予想どおり1949年の8月29日にソ連が原爆実験に成功しました。ソ連は1943年のスターリングラード戦勝以来、核開発を開始し、広島・長崎への原爆投下以降、それを加速させていました。また、ソ連は第6章で述べるように、アメリカにスパイを送り込んでおり、ロスアラモス研究所からも情報を得ていました。それを利用して長崎に投下されたのと同じプルトニウム爆縮型爆弾を開発したのです。

5.2 水素爆弾の開発

アメリカではより強力な水素爆弾の開発を行うべきかの議論が高まりました[1]。核融合の理論は、のちに亡命してロスアラモス研究所の理論部門のリーダーとなり1967年のノーベル物理学賞を受賞するドイツのベーテが、1935年から38年にかけて恒星の仕組みを解明するなかで明らかにしていました。1941年にはフェルミがテラーに核融合爆弾の可能性を示唆し、テラーは核融合爆弾（水素爆弾）の開発に取り組み始めました。テラーは反ナチス主義でしたが、反共産主義でもあり、その後も保守的思想を持った物理学者として活躍します。オッペンハイマーによってロスアラモス研究所に呼ばれたのですが、テラーにしてみれば原子爆弾はもはや製作段階に入っていたので理論的には興味深いものではなく、水爆の理論研究を希望しました。与えられた仕事は助手のフックス（Klaus Fuchs）に任せ、自分は水爆の研究をしていましたが、フックスは実はソ連のスパイでした。オッペンハイマーはテラーの不満に応えて正式に水爆の理論研究を担当させましたが、原爆開発が緊急の任務でしたので水爆研究はあくまでも傍流でした。

原子力委員会の一般諮問委員会はオッペンハイマーやコナントらによって水爆開発反対の立場でした。原子力委員会全体ではリリエンソール委員長は反対でしたが、ストローズ（Lewis Strauss）委員は賛成でした。オッペンハイマーはソ連の原爆完成は想定していた事態なのであわてる必要はないという立場でした。この態度がテラーやストローズの反感を招き、のちのオッペンハイマー失脚事件につながっていきます。トルーマンは原子力委員会の足並みがそろわないので、今一度、リリエンソール、（国務長官になっていた）アチソン、ジョンソン（Lewis Johnson）国防長官らに検討を依頼しました。彼らはしだいに、ソ連が水爆開発に成功しそうならアメリカも開発すべきという考えに傾いていき、テラー、ローレンス、ストローズはマクマホン上下両院原子力委員会委員長に働きかけました。結局、トルーマン大統領は1950年1月に水爆開発開始を表明しました。しかし、どうやって作ったらよいかはわ

かっていませんでした。ウラム（Stanislaw Ulam）はポーランド出身の数学者でロスアラモス研究所での勤務経験がありましたが、ロスアラモスに復帰して水爆開発に取り組みました。彼は原爆を起爆剤にすることを思いつきました。テラーは原爆で生じるエックス線がプラズマを作り、この力で液体重水素の核融合を引き起こすという方法に発展させました（図5.1参照）。こうしてテラー・ウラム方式によって水爆の実現性は高まりました。ただ、オッペンハイマーは依然として開発に否定的でしたので、テラーは不満を募らせました。また、コンピュータの能力に限界があるのも問題でした。ロスアラモスの2代目所長のブラッドベリー（Norris Bradbury）がホロウ（Marshal）を水爆開発部門の長に指名したので、テラーは辞職して、第2の核開発研究所の設立に奔走しました。ローレンスとともに原子力委員会を説得して、1952年に1200万ドル（2015年実質ドル換算で約1億600万ドル）をかけてカリフォルニア州リバモアに研究所が設立されました。両研究所ともカリフォルニア大学に運営が委託されました。リバモア研究所は1960年に潜水艦から発射できる核ミサイルであるポラリスの開発に成功しました。ポラリスは潜航期間の長い原子力潜水艦に搭載され、発射場所のわからない有効な核兵器となりました。ローレンスはソ連との核軍縮交渉役として活躍中の1958年に急逝しましたが、彼の栄誉を讃えて同研究所は1971年にローレンス・リバモア研究所と改称されました。

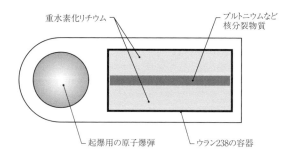

図5.1　水素爆弾

1952 年にエンウェトク環礁での核融合炉爆発が成功しました。TNT 火薬 1040 万トン分で広島の原爆の 1000 倍の威力でした。しかし、この「マイク」は 82 トンもあり爆弾というよりは装置を爆発させたようなものでした。ソ連も翌年には核融合装置の爆発に成功しました。ライバル関係にあったロスアラモス研究所とリバモア研究所でしたが、両者は協力して 1954 年 3 月のビキニ環礁での「ブラボー」を成功させました。これは 12 トンの水爆なので兵器化が進んだといえます。ただ、TNT 火薬 500 万トン分の予定でしたが、1500 万トンの威力となり、安全地帯にいるはずだったアメリカ軍特殊部隊と日本の漁船「第 5 福竜丸」が被曝し、乗組員が亡くなりました。しかし、ソ連も翌年には水爆を完成させてしまいました。こうして、オッペンハイマーが 1953 年の論文で瓶の中の「2 匹のサソリ」と形容した米ソの核兵器での拮抗状態がもたらされました。

5.3 科学者による反核運動

第 2 次大戦中には多くの科学者が軍事技術開発に携わりましたので、政権外部の科学者も戦後は国家安全保障の議論に関わり、また行動もしました。NSF の設立目的には政府が科学研究を支援をすることで、経済的繁栄と国民の厚生の増大とともに、国家安全保障に貢献できることも挙げられていました。しかし、広島・長崎の惨状が明らかになった 1946 年に、科学者は Federation of American Scientists を結成して核軍縮を目指しました。冷戦が激化して世界政府樹立の構想などは後退しましたが、1955 年に核軍縮を求める哲学者ラッセル（Bertrand Russell）やアインシュタイン（著名後まもなく死去）が「ラッセル・アインシュタイン声明」を発表し、40 人のノーベル賞受賞者が署名に加わりました。核報復を恐れる抑止力によって戦争を回避する政策は長続きできないと主張しました。1957 年にノーベル化学賞受賞者のポーリング（Linus Pauling）が国際的な核実験中止を呼びかけ、49 カ国から 1 万 1000 人の科学者が署名しました。一方で、科学者の中にもジョンズホ

プキンス大学のグループが上院外交委員会に対してソ連のミサイル技術の進歩を報告してアメリカの軍備増強を提唱しましたが、アイゼンハワー大統領は「予算を増やしたい国防産業の手先だ」と批判しました。

しかし、アメリカ政府の中でも核兵器を非軍事的に管理することが提案され、前述のように原子力委員会（現在のエネルギー省）が設立され、国防省に代わって核兵器の開発・管理も行うことになりました。一方、国防省は大学の研究の主要スポンサーとしての地位をさらに確立しましたので、平時における大学の国防省資金での研究のあり方が問題になりました。

1949年にコロンビア大学のエンジニアであったパスキス（Victor Paschkis）ら35人によって、Society for Social Responsibility in Science（SSRS）が結成されました。彼はドイツからの移民でしたが平和主義を教義とするクェーカー教徒でした。平和運動家のムステ（A. J. Muste）と連携して、兵器の開発を良心的に拒否することを求めましたが、あまり賛同者はいませんでした。あくまでも科学者個人が一般市民と同様に、道徳的原則に従って戦争協力の判断を行うべきとして、科学者個人の責任をとる立場でしたが、第2次大戦後は社会学者マートン（Robert Merton）の影響もあり、科学者コミュニティとしての規範が強調されていましたので、SSRSの立場は少数派でした。

1954年の水素爆弾の実験では、指定危険地域外にいた日本漁船の第5福竜丸が被爆して犠牲者が出ました。物理学者ラップ（Ralph Lapp）は大気圏核実験の死の灰を問題視しました。原子力委員会は否定しましたが、核実験の後に落下する放射性物質を含んだ死の灰の危険性への懸念が広まりました。コロラド大学の学者がネバダ実験場における死の灰の問題を指摘しました。ワシントン大学（セントルイス）の科学者が中心となり地元の主婦も加わり、1958年にGreater St. Louis Citizens' Committee for Nuclear Information（CNI）が結成されました。中心人物の同大学の生物学者コモナー（Barry Commonedr）は、科学者は客観的なデータを市民と政策担当者に提供するのが仕事で価値判断に加わるべきでないという考え方でした。

1956年の大統領選挙に出馬して敗れたスティーブンソン（Adlai Stevenson）上院議員は、選挙中に水爆実験禁止を提案しました。議会上院でも共和党の

フランダース (Ralph Flanders)、民主党のハンフリー (Hubert Humphrey) とスパークマン (John Sparkman) が国連を通しての実験禁止交渉を提案していました。しかし、当時の民主党は南部保守層、カソリック教徒、反共産主義の労働組合 (AFL-CIO) からの支持が厚く、反核運動の入り込む余地はありませんでした。

一方、共和党のスミス (Lawrence Smith) 下院議員をはじめとして、反核運動者を共産主義者だと決めつけて批判する向きもありました。上院国内安全保障委員会 (反共主義調査の委員会) はポーリングの召喚を検討していました。民主党のドッド (Thomas Dodd) は SANE (Committee for Sane Nuclear Policy) という反核団体の中心人物のアブラムズ (Henry Abrams) を共産主義者だとして議会に召喚して質問しましたが、彼は憲法修正第5条（議会の証人は自分に不利な証拠となりそうな事実に関する質問には答えなくてよいという権利）を行使して証言拒否しました。SANE の指導部は「共産主義者は党本部の言いなりで主体性がない」としてアブラムズを追放しましたが、これに対しては「議会の圧力に屈した」としてポーリングなどの有力メンバーが SANE から脱退する騒ぎになりました。

CNI は1959年にワシントン大学（セントルイス）の歯学部とも協力して、子供の抜けた乳歯を集めてストロンチウム90の含有量を調査しました。1962年末には全米で22もの死の灰の問題に取り組むグループが存在し、1963年2月に、ミード (Margaret Mead) が中心になり Scientists' Institute for Public Information (SIPI) が設立され、CNI と同様、社会に対して中立・客観的なデータを提供することに努めました。

反核運動の努力もあって1963年7月、アメリカ、ソ連、イギリスによる大気圏核実験禁止条約が締結されました。これは CNI や SIPI の運動が結実したものといえますが、同時にこれらの運動は目的を喪失しました。（現実の核の脅威に備える必要性が認識された）キューバ危機によってリベラル派の平和運動は低調になりました。公民権運動に転向する人も多かったようです。コモナーとともに CNI は環境問題に関心を移し、1967年に Committee for Environmental Information と改称しました。

5.4　ミサイル防衛システムをめぐる論争

　第2次大戦中、ナチスドイツはジェット（エンジン）機、ロケット（エンジン）機を開発し実戦配備しました。ジェットやロケット推進の戦闘機だけでなく、無人のジェット機のV1号に爆弾を装填しイギリスに向けて発射しました。空気を取り入れるという点ではジェットエンジンですが、今日のターボジェットのように圧縮機・タービンが回転するのでなく、バルブの開閉で吸気・燃焼・排気を行うパルスジェットエンジンでした（「column 2」を参照）。垂直発射ロケットのV2号は今日の大陸間弾道弾（Inter-Continental Ballistic Missile, ICBM）の先駆です。V1号の速度は時速600キロで、航路も航空機と同じでしたので、プロペラの高速戦闘機や第1章で述べた近接信管対空砲火で撃墜することができました。しかし、マッハ4（音速の4倍、時速約5000キロ）で飛行するV2号は打ち上げられたら防衛不能でした。連合軍はV2号の工場・発射基地を爆撃したり地上から占拠することしかできませんでした。終戦直前にアメリカとソ連は競ってドイツのジェット・ロケットの研究所・基地を接収し、実験データ、設計図、現物を押収して技術者を捕捉しました。彼らドイツ人技術者が、米ソの朝鮮戦争におけるジェット戦闘機や宇宙開発競争のロケットの開発に貢献したのです。V2号開発の責任者だったフォン・ブラウンは、1960年代のアメリカでアポロ宇宙船の打ち上げに用いられたサターンV型ロケットを開発しました（「column 5」を参照）。

　ソ連は1957年10月4日に人工衛星スプートニクIの打ち上げに成功しました。11月3日のスプートニクIIでは犬を乗せた人工衛星を打ち上げました（犬は地球に帰還する際に熱制御システムの故障のためにカプセルが過熱して死んでしまいました）。アメリカの人工衛星ヴァンガードは12月6日の打ち上げに失敗しました。アメリカは翌1958年の1月31日になって、ようやくエクスプローラー1号の打ち上げに成功しました。1960年8月にソ連は2匹の犬を乗せて人工衛星を打ち上げ、今度は無事に帰還させて、1961年4月にはガガーリンによる有人宇宙飛行に成功しました。

ICBM は核兵器の時代には深刻な脅威となります。ICBM がなければ核兵器を持っていても広島や長崎で使用したように目的地まで爆撃機が運ばなければなりません。防衛する側は制空権を渡さなければよいのです。しかし、敵の領内から高速で飛来するミサイルである ICBM を防御ができなければ核攻撃に脆弱となります。さらに、ICBM の登場によって超音速爆撃機が不要となり、さらにそれを迎撃する超音速戦闘機も不要になりました（軍事衛星が超音速偵察機を代替したことも高速偵察機を迎撃する超音速戦闘機の重要性を低めました）。1970 年代以降、戦闘機の最高速度はマッハ 2 から変わらず、むしろレーダーに映りにくいステルス機能が重要になってきました。

このような脅威のなか、もし ICBM を効率よく迎撃できれば力関係が崩れることになります。ただ、高速で飛来するミサイルを捕捉してミサイルで打ち落とすのは非常に難しく、ミサイル防衛力の強化はかえって攻撃ミサイルの性能の向上に拍車をかけるので、軍拡競争が悪化するとの意見もありました。1955 年に発表されたキリアン（のちのアイゼンハワー政権の科学アドバイザー）の報告書はミサイル防衛技術の実現性に悲観的でした。1957 年の国家安全保障会議向けに出されたガイサー（Horace Gaither）の報告書は楽観的でしたが、後者の背後にはテラーの影響力がありました。

1960 年代には物理学者はミサイル防衛システム（SAFEGUARD という名称）に批判的になっていました。NSF 長官の候補になっていたコーネル大学の化学者のロング（Franklin Long）は、過去に迎撃ミサイル（Anti-Ballistic Missile, ABM）に反対していました。共和党議員から反発が出たのでニクソン政権は任命を拒否しました。科学者コミュニティの推薦した人物を政権が拒否するのは異例でした。批判に慌てたニクソン政権は改めて任命しましたが、今度はロングが断わりました。1969 年のアメリカ物理学会でのアンケート調査では 1216 人の中で 76％が SAFEGUARD 迎撃ミサイルに反対していました。さらに、1970 年の議会での公聴会では、キリアン、キスティアコスフキィ、ウィーズナー、ホーニングという歴代の科学アドバイザーがいずれも反対の意見を述べました。

迎撃ミサイルの開発・配備を制限する ABM 条約が 1972 年にソ連との間

で調印され、SAFEGURADは首都とノースダコダ州の基地1カ所の周りだけとなりました。1974年にどちらか1カ所となり、アメリカは核基地を守ることにしました。迎撃ミサイルが自分の町のそばに配備されると核攻撃の標的になりますので、市民は都市でなくむしろ基地を守る配備を望んでいました。ただ、SAFEGURADは1年で中止されました。ABM条約が締結され実戦配備が中止されたことには、科学者の役割も大きかったのですが、一方でニクソン政権は科学者と距離を置くようになり、第2章で述べましたようにホワイトハウスの意思決定から締め出されることになりました。

カーター政権では、冷戦時代の基本戦略である核兵器の抑止力（Mutual Assured Destruction, MAD）を改めて重視しました。MADとは、仮にアメリカがソ連からICBMで先制攻撃されてもすべてのICBMは破壊されず、残存のICBMの報復攻撃によってソ連に壊滅的打撃を与えることができるので、ソ連も先制攻撃をしないというものです。したがって、カーター政権はICBMの攻撃力を強化しました。構想されたMXミサイルは、200発のICBMを23のサイロの間を地下通路を使って移動させてソ連にどこから発射されるかわからなくすることで、報復攻撃能力を高めるものでした。ユタ州かネバダ州に建設されることになり、地元の反対にもかかわらず、1981年度予算で15億ドル（2015年実質ドル換算で約40億ドル）の計上が議会で認められました。

5.5　スターウォーズ計画の登場

1981年に就任したレーガン大統領はタカ派で、ソ連との対決姿勢を前面に打ち出しました。レーガン政権下で核戦争が起きるのではないかという懸念が高まり、アメリカではMX配備、ヨーロッパでは中距離核ミサイルの配備への反対運動が起きました。レーガンはレーザー光線で敵のICBMを破壊する画期的なミサイル迎撃システムに関心を持っていました。カリフォルニア大学バークレー校の政治学科のロージン（Michael Rogin）教授によれ

ば、レーガン大統領の政策には彼の俳優時代の経験が影響を与えています。光線兵器に関しては、1940 年に出演した *Murder in the Air* での光線兵器を使うアメリカ人スパイ役の経験が影響しているといわれています。主演はしていませんが 1966 年のヒッチコック (Alfred Hitchcock) 監督の *Torn Curtains* で主演のポール・ニューマン (Paul Newman) が「防衛兵器が核兵器を無力化し核戦争の脅威から自由になる」と語る場面があり、まさにのちのレーガンのロジックでした。

　レーガンは抑止力の考え方を、「弾を込め打ち金を上げたピストルをお互いに頭に突きつけた状態」だと批判していました。彼はこの危険な状態を打開すべく、先制攻撃を無力化する防衛システムの必要性を 1976 年の大統領予備選挙 (共和党の候補を決める選挙) で訴えていました (このときは現職のフォード大統領が候補になりました)。それ以前のカリフォルニア州知事時代に、リバモア研究所でテラーと会い戦略的防衛の話をしています。テラーは実質的にはレーガン知事の科学アドバイザーの 1 人になっていました。さらに、1979 年 7 月にコロラドにある North America Aerospace Defense Command (NORAD) を見学し、既存の迎撃システムの不充分さを感じていました。1980 年の大統領選挙では争点にしませんでしたが、当選後の 12 月には早くも、科学・技術・宇宙小委員会委員長のシュミット上院議員 (Harrison,Schmidt、元宇宙飛行士) にレーザーによるミサイル防衛の検討を求めています。

　1980 年の時点では、ミサイルに頼らない画期的な迎撃システムが 3 つのグループから独自に考案されていました。第 1 は、ワイオミング州選出の共和党ワロップ (Malcolm Wallop) 上院議員によるもので、彼は 1979 年 8 月に化学レーザーによる迎撃の論文草稿をレーガンに送っています (レーザーについては「column 6」を参照)。もともとは、1975 年から議会スタッフで、1977 年からワロップ議員のスタッフになったコデビラ (Angelo Codevilla) のアイディアでしたが、彼は技術の専門家ではありませんでしたので、1978 年にロッキード社のエンジニアであるハンター (Maxwell Hunter) から知見を得ました。1979 年秋からワロップ議員とコデビラは宇宙配備の化学レーザー兵器について議会で理解者を増やす努力をしました。1980 年には 1 億 6000 万ド

ル（2015年実質ドル換算で約4億4000万ドル）の予算を請求しましたが否決されました。それでも上院で4割近い賛成票も集めたのです。レーガン候補にも会って理解してもらえました。当時はまだカーター政権でしたが、ブラウン（Harold Brown）国防長官は議会の動きを無視できず、宇宙配備レーザー兵器の調査を命じました。

　第2は、陸軍士官学校出身で1976年まで国防情報局（Defense Intelligence Agency, DIA）のディレクターでしたグラハム（Daniel Graham）によるものです。彼は1980年にミサイル防衛を議論するグループを立ち上げ、1981年5月には会社社長のベンデツェン（Karl Bendetsen）とともにハイフロンティア（High Frontier）というシンクタンクを設立しました。秋までに2500万ドル（2015年実質ドル換算で約6290万ドル）の寄付を集めました。ハイフロンティアは、こののちレーガン政権にも近い保守派シンクタンクのヘリテージ財団の傘下に入りました。グラハムのアイディアは光線兵器でなく、当初は1人乗り小型宇宙船によるミサイルの迎撃で、のちには無人迎撃機による体当たりという運動エネルギーによる物理的な破壊（kinetic energy weapon）でした。

　第3は、水素爆弾の生みの親でローレンス・リバモア研究所のテラーによるものです。1960年にはリバモアの所長は退任し、名誉所長（Director Emeritus）として自由な立場で発言していましたが、リバモア研究所との関係は密接でした。リバモア研究所の人事権は受託運営者のカリフォルニア大学理事会が持っていたのですが、そこにもテラーは独自の人脈を持っていましたので、ローレンス・リバモア研究所への影響力は大きいものがありました。波長が短いことできわめて強力な光を発生できるX線レーザーは概念としては考案されていましたが、発生に成功していませんでした。1978年にローレンス・リバモアの研究者たちが核爆発によってX線レーザーが生まれる可能性を示唆しました。1980年11月にDauphin（王位継承者の意）と呼ばれる実験で、地下核爆発によるX線レーザーの発生に成功しました。まだ光線の強さは不充分でしたので、引き続きExcalibur（アーサー王伝説の剣）というプロジェクトで、対ミサイル兵器の開発を開始していました。レーザーは大気中を進むとエネルギーを吸収されてしまいますので、宇宙からの

発射が想定されました。しかし、敵はミサイルを発射する前にまず宇宙に配備したX線レーザー施設を攻撃することが予想されます。テラーは軍人でないのでこのことを認識していませんでした。この批判に応えるためテラー陣営は、X線発射施設を敵のミサイル発射の可能性が高まった時点で地上から打ち上ればよい、という案を出してきました。

　グラハムはベンデツェンの反対を押し切り、自身の無人体当たり兵器の提案を公表しましたので、両者の関係は悪化しました。1982年1月にベンデツェンとテラーは協力して光線兵器の開発をレーガン大統領に進言しました。ワロップ議員の化学レーザーでなく、テラーのX線レーザーによるExcaliburプロジェクトが支持を集めていきました。1980年の選挙でレーガンが大統領選で勝利するとともに議会も共和党議員が増えました。上院国防委員会も保守派が占めるようになりましたので、ワロップ議員の提案はあまり注目されなくなりました。カーター政権のときの方がむしろ、リベラルな政権と議会は保守派のワロップ議員を黙らせるために意見を述べる機会を与えていたのです。

　1970年代後半には分裂していた反核運動ですが、1980年以降、軍縮（核兵器廃棄）ではなく実験・生産・配備を抑制する核コントロールを重視することでまとまり、勢いを増していました。議会も世論に反応し、1982年3月には上下両院で政権が核凍結の交渉に入ることを求める決議が提案されていました。レーガン政権内部には反核運動への対応を誤ると1984年の大統領再選にも悪影響を及ぼしかねないとの懸念が生じていました。レーガン大統領は国防予算を増額させており、軍拡主義者というイメージができていましたので、これを払拭する政策が求められました。MXミサイルも議会の反対が多く配備の目処は立っていませんでした。MXのような攻撃核ミサイルの増強ではなく、敵の核ミサイルを無力化する技術の方が世論に訴えるには望ましいとレーガン政権は考えました。

　国家安全保障会議のマクファーレン（Robert McFarlane）は、アメリカの得意なハイテク技術を用いた戦略防衛システムを重視すべきと主張していました。海軍准将ポインデキスター（John Poindexter）もミサイル防衛に関心があ

り、海軍提督ワトキンス (James Watkins) は光線兵器の進歩に楽観的で、実現は可能だと考えていました。1983年1月にはワトキンスがテラーと会い、2月の統合作戦会議でワトキンスのミサイル防衛の提案が説明されました。大統領も支持し、3月23日に予定されている1984年度の予算についての大統領演説に盛り込むことが決まりました。こうして午後8時からの演説は全米向けにテレビ中継され、その中で「戦略的防衛構想 (Strategic Defense Initiatives, SDI)」が発表されました。SDIが演説に追加されることはホワイトハウスでも少数の者にしか知らされていませんでした。シュルツ (George Shultz) 国務長官は3月21日、ポルトガルにいたワインバーガー (Casper Weinberger) 国防長官は22日の午前零時に知りました。しかし、テラーは演説当日にホワイトハウスに招待されていました。

5.6 スターウォーズ計画の現実

レーガン大統領による発表は突然に決まりましたので、そのことを知らない国防省の担当者は、実は前日に上院で、当日には下院で、それぞれ光線兵器は実現には程遠く有望とはいえ、予算増加に値しないと証言していました。科学アドバイザーのキーワース (George Keyworth) は、もともとはロスアラモス研究所でレーザーの研究を行っており、テラーの弟子筋に当たる人物です。彼は科学アドバイザーというのは科学コミュニティの代表というより政権の科学政策の代弁者だ、と自認していました。その彼もX線レーザーはミサイル防衛にはまだ不向きで、基礎研究の段階をしっかり行うべきだと考えていました。しかし、演説後は政権の1人として大統領の政策を支持するという方針をとります。国防省内には懐疑論も多かったのですが、政権のために批判を封印しました。

一方、議会民主党はSDIを夢物語だとして反発しました。ケネディ上院議員が宇宙配備の光線兵器は荒唐無稽で映画の「スターウォーズ」のようだと批判しましたので、SDIは別名「スターウォーズ計画」と呼ばれるように

なりました。1983年秋には議会の技術評価室（OTA）が報告書の中で技術的に不可能である、と結論しました。Union of Concerned Scientists というリベラル派の科学者の団体はガーウィンが執筆した報告書を出し、SDI を批判しました。マスコミも技術的に開発不可能で、完全には守りきれない、ソ連も同様の技術を開発するので核開発競争が宇宙で行われるようになる、という科学者の意見をさかんに報道しました。

　1983年12月に Romano（イタリア系の人名）と呼ばれるテストで、地下核実験による X 線レーザーの発生に成功しました。テラーはキーワースに実験成果を誇張し、X 線レーザーの実現性を楽観視した手紙を関係者に送りました。その中で「X 線レーザーは研究段階を終え実用化のためのエンジニアリングの段階に入った」と述べていることを知った同じローレンス・リバモア研究所のウッドラフ（Ray Woodruff）は、キーワースに「そこまで進歩していない」と真実を告げる手紙を出そうとしました。所長のバツェル（Roger Batzel）に許可を求めましたが拒否されました。こうしてテラーの見解がローレンス・リバモア研究所の公式見解になってしまいました。ウッドラフはローレンス・リバモア研究所の国からの受託運営者であるカリフォルニア大学に不満を述べましたが、彼の言い分はのちの1987年9月になってから認められました。また、ブラウン（George Brown）下院議員も会計検査院に調査を求めました。その報告書はウッドラフに批判的だったので民主党主導の議会は不満でした。ローレンス・リバモア研究所は SDI に関して極端な秘匿主義をとり、研究所の出すテラーらの意見に沿った楽観的な見解への批判が許されない雰囲気になり、研究者が退職したり X 線レーザーのプロジェクトリーダーから降板したりしました。

　国防省はフレッチャー（James Fletcher、元 NASA 長官）を長とする Defense Technologies Study Team 委員会、ホフマン（Fred Hoffman、軍事コンサルタント会社社長）を長とする Future Security Strategy Study 委員会を立ち上げました。1983年に秋に両委員会とも報告書（「フレッチャーレポート」と「ホフマンレポート」）を出し、翌年にかけてさかんに引用されました。しかし、委員会のメンバーにはミサイル防衛システムの契約企業の関係者が含まれており、

光線兵器の実現性に楽観的な内容でした。2つのレポートにおいて、本文では慎重な言い回しも多かったのですが要旨は楽観的なものに変わっていましたし、軍事機密として全体が公開されないなかで都合のよい部分だけが政権関係者によって引用されました。

　1984年初めに、SDIの実行組織としてStrategic Defense Initiatives Organization（SDIO）が国防長官の下に設置され、アブラハムソン（James Abrahamson, Jr.）が長となりました。彼は元テストパイロットで、（くり返し使える宇宙船である）スペースシャトルプログラムのディレクターも経験していました。SDIOの設立によってSDIは本格的に動き出したわけですが、SDIOはさっそくOTAの報告書に対する反論を発表しました。ただし、1984年の選挙ではレーガン陣営はSDIを争点とはしませんでした。ワロップ議員らが共和党綱領委員会でSDIを盛り込もうとしましたが、マクファーレンがやめさせました。民主党大統領候補モンデール（Walter Mondale）はSDIは資金がかかる割に効果的でなく軍拡を加速するだけだと批判しましたが、レーガンは大差で再選されました。

　1985年になるとレーガン大統領は積極的にSDIに言及し国民の理解を求めました。大統領をはじめとしてアブラハムソンなどSDI推進派は「今は不可能でも技術は進歩するので実現できる」とさかんに主張しました。ワインバーガー国防長官は1983年以前はミサイル防衛システムに積極的でなかったのですが、3月の「レーガン演説」以後は支持に回り「アポロ計画のように国を挙げて取り組めば実現可能だ」と述べ、「1932年にアインシュタインは原子爆弾は理論的にはわかっていても実現は不可能だと言っていたが、1945年には完成した」とも発言しました。SDI支持派は、科学者によるSDI懐疑論に対して、これまでも科学者は将来の科学技術進歩を過小評価してきたことを挙げて反論しました。たとえば、「カルビン卿（本名：William Thomson、イギリスの物理学者）は1895年に空気より重い飛行機は実現不可能と述べた（ライト兄弟の飛行機の発明は1903年）」、「1940年に全米科学アカデミーがガスタービン（ジェット）エンジンは飛行機には応用できないと結論した（すでに1939年にドイツでジェット戦闘機であるハインケルHe178が初飛行していた）」、「バネバー・

ブッシュはICBMを不可能だと思っていた」、「トルーマン政権下でレーヒィ（William Leahy）海軍提督は1945年の時点でも原爆は不可能だと思っていた」（「マンハッタン計画」は陸軍のプロジェクトだったので海軍上層部には情報が来なかったとも考えられます）などです。アメリカ国民もアメリカの歴史は技術が不可能を可能にしてきたものだと考え、技術進歩に楽観的でしたので、これらのSDI支持者の意見に耳を傾けました。1985年には「国民の80％がSDIについて聞いたことがあり、41〜69％が賛成」という世論調査が出て、大統領の「SDIによって国全体を守れる」という言葉が信じられていました。

1985年3月にソ連ではゴルバチョフ（Mikhail Gorbachev）が共産党書記長に就任しました。彼はソ連経済の立て直しのために軍縮に前向きでした。当初、ソ連はアメリカに対してSDI研究の禁止を要求してきました。ゴルバチョフ書記長は妥協して実験室での研究は認めますが、実験室外での発射実験や、生産・配備の禁止を求めました。実際、SDIはミサイル防衛兵器を制限したABM条約にふれる可能性が指摘されていました。アメリカ側はABM条約は既存のABMシステムの開発、実験、配備を禁止しているが、SDIは新しい物理的原理によるものなので制限の対象外であり、SDIシステムが完成したら配備については改めて交渉するべきものである、という「広い解釈」を採用し交渉に臨みました。1986年のジェノバでの米ソ首脳会談を前にゴルバチョフ書記長は次々と軍縮提案を出してきました。しかし、SDIについては実験室内の研究にとどめることを求め、レーガン大統領がこれに拒否したため物別れに終わりました。この会談は両首脳の信頼関係を築いた点では評価されましたが、議会民主党はレーガン大統領がSDIにこだわったため軍縮の千載一遇の好機を逃したと批判しました。1986年の中間選挙では大統領は積極的にSDIを国民に売り込み、SDIを行っているからソ連が軍縮交渉のテーブルに着くのだと主張しました。これは国民の理解を得て、3分の2以上の国民が防衛技術の研究が軍縮のチャンスを増やして戦争のリスクを減らすと答えています（しかし、選挙では上下両院で民主党が勝利しました）。

1986年12月、ソ連では体制批判をして夫婦で軟禁されていた物理学者の

サハロフ（Andrei Sakharov）が解放されました。彼はアメリカが開発しているSDIは実現不可能だとゴルバチョフ書記長に進言しました。ソ連の科学者たちもレーザー兵器によるミサイル防衛技術の研究は行ってきたので、国全体を守ることは難しい、SDIの兵器そのものが攻撃に対して脆い、安価なSDI対策も可能だと考え、SDIは成功しないという本質を見抜いていました。むしろソ連の科学者たちは、この指摘がサハロフ1人の手柄になったことに対して快く思いませんでした。1987年12月に書記長が訪米したときには、SDIの中止は求めず「カネの無駄だと思うが、やりたければどうぞ」という立場に変わっていました。

実際、アメリカでもSDIの進捗状況に暗雲が立ち込めてきました。X線レーザーが成功したといわれた「Romanoテスト」については1985年3月に、輝度が高い（レーザーが発生したように明るく見えた）のはベリリウムを反射板に用いたためで、実際の強さは10分の1程度だということが明らかになり、実験に欠陥があるために実際にレーザーが発生していたかさえも怪しいことになりました。化学レーザーも効率性が悪く兵器として使える目処が立っていませんでした。体当たり兵器の開発も成果が出ていませんでした。実戦では核弾頭がいくつも分かれて囮が出てきます。これを見分けるのは非常に難しいのです（軽い金属片の囮であっても無常力では重さに関係なく落下するので本物と同じような動きをします）。地上配備での迎撃の場合、マッハ20（音速の20倍）以上の速さで落下してくる弾頭を4秒で識別し迎撃しなければなりません。コンピュータの性能の格段の向上が必要でした。1950年代の迎撃ミサイル（ABM）の時代から成功の鍵は実はコンピュータの処理能力にあるということは指摘されていましたが、SDIでも同様でした。また、宇宙配備での迎撃の場合、高価な迎撃施設がソ連によって簡単に破壊されてしまう可能性もありました。宇宙配備のためには数百の探知衛星と数百の戦闘衛星を配備しなければなりませんが、スペースシャトルでピストン輸送したとしても実行は難しいと考えられました。

SDIは全米の大学に研究資金をもたらすので、本来は大学教員は歓迎するはずでしたが、技術的に実現性が小さく、敵からの施設攻撃を受けやすいの

で兵器としての効果がなく、軍拡を宇宙に拡大するだけだとして、反対の声が上がりました。1985 年にコーネル大学の大学院生・ポスドク（博士号取得後の修行中の研究者）であったルイス（George Lewis）、グロンランド（Lisbeth Gronlund）、ライト（David Wright）が中心になり、SDI 研究のボイコット運動を始めました。1986 年 5 月までに、アメリカのトップ 20 の物理学科で 57％の教員が SDI 研究予算を受け取らないと表明しました。1986 年にはミサイル防衛技術の開発に携わっていた研究所の関係者も含めた 1600 人の研究者が、SDI は成功の見込みがなくカネの無駄であり軍拡を促進している、という内容の手紙を議会に出しました。1986 年 9 月までに 3850 人の教員・研究者と 2850 人の大学院生・助手が SDI 反対の声を上げました。年長の科学者は技術的に無理という理由が多く、若い世代はかえって軍拡を進め不安定化を促すという政治的理由や道義的に軍事応用研究に反対という理由が多いという傾向がありました。5 月には NAS のメンバーの半数以上が宇宙での兵器配備に反対を表明しました。

中間選挙で上下両院が民主党多数派になりましたので、1987 年 3 月に上院の軍事委員会の大物のナン（Sam Nunn）が ABM 条約の「広い解釈」をやめ、レーガン政権の残りの期間では ABM 条約にふれる SDI の実験を行わないという国防予算修正項が成立しました。レーガン政権下では当初は 5 年間で 260 億ドル（2015 年実質ドル換算で約 596 億ドル。実質額では原子爆弾を開発した「マンハッタン計画」を上回ります）を要求していましたが、実際にはスケールダウンして 1985 年度は 16 億ドル（同約 35 億 5000 万ドル）、1986 年度は 30 億ドル（同約 64 億 5000 万ドル）、1987 年度は 35 億ドル（同約 74 億 2000 万ドル）が支出されるにとどまりました。

5.7　冷戦終結とミサイル防衛システム

レーガンが退任し、ベルリンの壁が崩壊して東西冷戦は終結しましたが、SDI は生き延びました。X 線レーザーなど光線兵器は評価されなくなりまし

たが、コンピュータとセンサーを搭載した体当たり無人機である Brilliant Pebbles（「頭脳を持った小石」の意）が新型の Kinetic Energy Weapon として注目されました。ロスアラモス研究所のカナバン（Gregory Canavan）が考案してローレンス・リバモア研究所のテラーとウッド（Lowell Wood）に伝え、リバモアでの研究が開始されました。テラーとウッドは X 線レーザーの開発が進んでいなかったので、それに代わるものとして Brilliant Pebbles を政治家に売り込みました。しかし、Union of Concerned Scientists は 1989 年 6 月に Brilliant Pebbles はソ連がミサイルを高速化したら効力が薄れると指摘しました。第 7 章で述べる国防省に諮問する科学者集団である Jason は、軍事技術開発に反対なわけではないので客観的な立場といえますが、それでも 1989 年夏の検討会で、宇宙に配備した Brilliant Pebbles の発射施設はソ連の攻撃に弱いと結論しました。

　1990 年の夏に議会は SDI の予算削減を決定しました。Brilliant Pebbles の予算も 3 分の 1 にされて、SDI の中心は地上配備となりました。1992 年の会計検査院の報告書は Brilliant Pebbles は実用化のためには技術的に未発達であると指摘しました。Brilliant Pebbles の実験は 1 回も成功していなかったのです。一般的な迎撃ミサイルも 1990 年 1 月から 1992 年 3 月までに行われた 7 回の主要な実験において SDIO は 4 回成功したと主張しましたが、会計検査院は甘い判定ではないかと懸念していました。1993 年 8 月には元レーガン政権関係者が *New York Times* 紙に 1984 年の迎撃ミサイル実験には不正があったと告発しました。この実験は飛翔体をミサイルで打ち落とすことができる証拠として、その後の予算計上の礎になったものです。

　しかし、1991 年 1 月に湾岸戦争においてイラクがサウジアラビアやイスラエルに向けて発射したスカッドミサイルを、地上配備のアメリカのパトリオットミサイルが迎撃に成功したことによって、SDI への評価と期待が高まりました。保守派の論客ブキャナン（Patrick Buchanan）は「パトリオットのおかげで SDI 論争に決着がついた」と言い切りました。そして、1992 年度の SDI 予算は 43％増の 41 億 5000 万ドル（2015 年実質ドル換算で約 70 億 6000 万ドル）となりました。しかし、パトリオットと SDI とは関係がなく別物です。パ

トリオットは陸軍がフォード政権のときから開発していたもので、対象のスカッドミサイルは短距離ミサイルです。パトリオットはもともとマッハ2の航空機を撃墜するために開発されましたが、マッハ6のスカッド撃墜用に改良されました。一方、SDIは大気圏外に出て飛行し、再び突入してくるマッハ20の長距離弾道ミサイルの迎撃です。パトリオットはレーガン政権下のSDIの研究開発から何のスピンオフ（技術移転）も受けていません。

　当初、パトリオットは42発のスカッドのうち41発（96％）を迎撃したといわれていました。しかし、MITの軍事研究者であるパストル（Theodore Postol）とルイス（SDI反対運動のリーダー）はパトリオットの発射の録画映像を分析して、撃墜率はそれほど高くないと主張しました。独立したアメリカの専門家とイスラエル軍の調査も命中率はきわめて低いと結論しました。アメリカ陸軍も1992年4月にサウジアラビア向けに発射されたものの70％、イスラエル向けの40％に命中したのみだった（必ずしも撃墜ではない）と認めたのち、議会が要請した再調査では、全体での撃墜率は25％と結論されました。会計検査院の調査では9％を除いてパトリオットはスカッドに当たらないだけでなく、その近くを通過さえしていなかったことが明らかにされました。パトリオットは対空砲火弾のように直接目的に命中しなくても近隣で爆発して、その破片が敵のミサイルを損傷させるのですが、近くを通ったものもほとんどなかったというのは深刻な問題です。スカッドミサイルそのものが飛行中に分解してしまい、予想と異なる軌道を通るので迎撃しにくいという面もありました。

　SDIは技術的には期待された成果を上げませんでしたが、「SDIがあるからソ連が軍縮交渉のテーブルに着いた」、「SDIについていこうとしたソ連は経済的に破綻した」ので、冷戦を終わらせたという政治的意義を持ったという意見があります。しかし、ゴルバチョフ書記長はソ連経済立て直しのため軍縮に積極的でした。また、ソ連経済の停滞は1980年代の軍事予算の圧迫というよりは、建国以来の制度設計に問題がありました。SDIは研究のみに限定するべきというソ連側の要求をアメリカが拒んだために軍縮交渉は2年間進みませんでしたので、SDIの結果として冷戦終結が2年延びたともいえ

るわけです。

　SDIでは秘匿主義が横行しました。本来は研究の成果を議論してからそこから先の開発を国家機密にするかどうかを決定してよいはずです。研究開始時から機密に指定してしまい公にならないので、実験が正当かどうかもわかりませんでした。また、国際的な軍縮につなげるのならば、本来は結果を公表して諸外国で共有することで防衛網が確立され、先制攻撃をしようと思う国がなくなるわけです。秘匿主義のなかでも科学者は得られた情報を吟味して冷静な意見を出し、政府の暴走に歯止めをかけました。SDIについて、支持をして研究開発に参加すれば資金援助を受けられるにもかかわらず、科学者は中立な立場で冷静な意見表明を行ってきた点は高く評価できるでしょう。

　レーガン政権が開始したSDI計画は10年で300億ドル（2015年実質ドル換算で約500億ドル）を費やしましたが、実際に配備される兵器は完成しませんでした。1993年、民主党クリントン政権のアスペン（Les Aspen）国防長官は、SDIOを廃止して、Ballistic Missile Defense Organization（BMDO）に改組しました。大国ロシア（旧ソ連）でなくイランや北朝鮮のような「ならず者国家（Rogue State）」によるミサイルを警戒するためです。短距離戦術核からアメリカ国土全体でなく地域を限定的に守る"Theater Defense（劇場の舞台のみ守る）"という方針になりました。低層は陸軍のPAC3（パトリオット・シリーズですがメーカーも異なるので別物ともいえます）、中層は海軍のイージス艦、高層は陸軍のTheater High Altitude Air Defense（THAAD）で守る計画でした。

　実はTHAADは短・中距離ミサイルの迎撃用でしたが、性能が向上してきたので長距離ミサイルも狙うことができるようになりました。これではABM条約違反になりかねません。しかし、今回は以前と逆で、研究者（Lisbeth Gronlund）の検討会がTHHADの高い性能は条約に反すると主張したのに対して、関係企業の人間が入った検討会（Sparta Study）が長距離ミサイルを打ち落とすことはできないと、技術進歩を過小評価する立場をとりました。

　1995年の共和党主導の議会は、ミサイル防衛システムの地上配備を2003年までに行う法案を通しますが、クリントン大統領が拒否権を行使しまし

た。その代わり、既存の開発プログラムの予算増加は認めました。1996年に提案されたDefense America Actは「スターウォーズ計画」のような宇宙配備の光線兵器の開発まで含みましたが、議会予算局が計画実行には310億ドル（2015年実質ドル換算で約455億ドル）から600億ドル（同約881億ドル）かかると見積もったので提案は引っ込められました。大統領と議会民主党は対案として"three-plus-three"を提案しました。3年間設計と試験を行い、うまくいきそうならば次の3年間で（2003年までに）配備するというものでした。

　1998年、CIAは「ならず者国家」は2010年までに大陸間弾道弾を開発できない、という報告を行いましたが、議会が諮問したラムズフェルド（Ronald Rumsfeld、のちにブッシュ（子）政権の国防長官）を長とする委員会は「可能だ」と結論しました。この委員会は実戦配備までではないものの開発そのものは提唱しましたので、ミサイル防衛推進派は勢いづきました。1999年、National Missile Defense Actはミサイル防衛システムが技術的に可能になり次第、配備することを求めました。しかし、1999年と2000年の3回のテストで2回失敗したため、2000年4月に国防省は2005年までの配備は不可能と判断し、クリントン大統領も判断を次の大統領に任せる方針にしました。「スターウォーズ計画」以来、ここまでに850億ドルが費やされていました。

　ブッシュ（子）政権は2001年、ABM条約から2002年6月に離脱することを表明して本格的に迎撃ミサイル配備を推進しました。2002年にBMDOをMissile Defense Agency（MDA）に改称し、地上発射迎撃ミサイル（Ground-based Midcourse Defense, GMD）の開発とさらには配備を推進しました。同年に2004年からの配備を発表しましたが、同時多発テロ直後の国家安全保障への関心が高い時期でしたので、大きな批判を受けませんでした。実際に2004年から配備されました。

　通常の政府による軍備調達契約は実験して成功してから配備するという"fly then buy"（または"fly before you buy"）ですが、ラムズフェルド国防長官はまず配備してから実験して改善すればよいという"buy then fly"（または"buy before you fly"）に変えました。その時々の最新の技術を取り入れて改良していくというエンジニアリング的漸進改良型のアプローチです。民間企業

による新製品においては、発売後に改善していくというやり方もありえますが、信頼できない軍事システムをまず配備してしまうことは、相手を挑発するのにこちらは実際には守れていないのですから危険です。しかし、地上からの迎撃ミサイル発射実験はクリントン政権を含めて1999年10月から配備までの2002年12月までに8回行われましたが、成功5回、失敗3回でした。配備後もオバマ政権を含めて、2004年12月から2014年6月まで、9回の実験で成功3回、失敗6回でした。パトリオットミサイルは実験ではすべて成功していたにもかかわらず、実際の湾岸戦争ではうまくいかなかったので、実験ですらうまくいかないことには不安があります。実戦では標的ミサイルは命中されないようにさまざまな策を講じてくるのです。2011年に国防省内のDefense Science Boardの委員会も、地上発射迎撃ミサイルは敵の囮を区別できていないと発表しました。科学者も2002年のNAS、2016年の科学者のグループ（Union of Concerned Scientists）の報告書が、迎撃ミサイルの開発の成果を批判しました。結局、400億ドルかけて30基が配備されても不安が払拭されたわけではありません。

　ミサイル実験とその評価をミサイルメーカーの技術者にさせることは利益相反の懸念があります。技術者の倫理としては、技術者は顧客・雇用主の利益のために働くのですが、それは正当な（Legitimate）利益であるべきとされ、不当な方法で得る利益のために働く必要はありません。また、技術者は社会の厚生への貢献を最優先することが求められています。したがって、企業の技術者であっても真実を明らかにすべきですが、現実にはそうとは限らず、雇用主からの圧力に屈してしまうこともありますので、メーカーの技術者の評価は信頼できません。実際、TRW社の技術者（Nira Sxhwartz）は標的と囮を識別するソフトウェアプログラムの開発で、都合の悪いデータを隠すことを会社から求められ、それを拒否したために解雇されたと訴えました。調査の過程でそれを裏づける証言も元TRW幹部技術者から得られました。彼女のような勇気を持たなければ、会社の圧力に屈して隠蔽・捏造に加担することになります。大学の研究者も国から研究費を得ており政府に逆らいにくい面もありますが、やはり中立な意見が言いやすいので、軍事技術開発プロ

ジェクトは契約企業ではなく、大学の研究者が客観的に評価をすべきでしょう。

注
(1) 原子爆弾は核分裂（ウランのような質量の大きな原子が軽い原子に分裂する）の際に放出されるエネルギーを利用しますが、水素爆弾は核融合（水素のような質量の軽い原子が結合して重い原子になる）の際に出るエネルギーを利用します。核分裂に関しては原子力発電や原子力空母・潜水艦などで制御して利用することができていますが、核融合については長年の研究にもかかわらず、制御して発電などに利用することは実現していません。

column 5

フォン・ブラウン

　ヴェルナー・フォン・ブラウンは1912年3月に、男爵でヒトラー政権誕生までは農業食料大臣を務めた父親を持つ裕福な家庭に生まれました。1920年代のロケットブームのなか、ロケットの製作に夢中になる青年でした。数学が苦手でしたが、ロケットの本にある方程式の意味を尋ねた数学教師から「本当にロケットや宇宙のことを知りたいのならばこれらの数式を解けるように勉強しなさい」と悟され猛勉強しました。1928年に高校生でありながらアマチュアの「ドイツ宇宙旅行協会」のメンバーになりました。19歳でタクシー運転手のアルバイトをしているとき、乗車してきた2人のドイツ陸軍将校がロケットについて話しているのに意見を述べたところ注目され、1932年に陸軍兵器局に入隊しました。その後、1934年にベルリン大学から物理学で博士号を受けます。
　1942年10月にA4ロケットの打ち上げに成功し、ヒトラーから量産を命じられました。名称は「報復兵器」を意味するVergeltungswaffenからV2号となりました（V1号はジェット推進の無人爆撃機でした）。しかし、1943年8月、バルト海のウゼドム島ベーネミュンデの施設はイギリス空軍の爆撃を受けました。彼はそこで研究を続けましたが、V2号の生産は400キロ南西のハルツ山脈の廃鉱を利用した地下工場に移されました。そこで、捕虜（ロシア人）、政治犯（ドイツ人、フランス人）による強制労働が行われました（ユダヤ人はあまりいませんでした）。ナチス親衛隊の将軍カムラー（Hans Kammler）はV2号計画の実権を陸軍から奪おうとしていました。フォン・ブラウンが「自分は軍事目的でなく宇宙旅行のためにロケットを開発している」と発言したことを問題視して

1944年3月に彼を逮捕しました。しかし、彼はV2号のために必要でしたので、ドルンベルガー（Walter Dornberger）将軍の尽力で3カ月で釈放されました。

　1944年9月8日から1945年3月27日までに3000発のV2号が（多くがロンドン含むイギリス南部に向かって）発射され、7200人の軍人・民間人が犠牲になりました。一方、強制労働させられた6万人のうち2万人が病死・栄養不良で死亡しました。攻撃による敵の犠牲者より生産による犠牲者の方が多かったのです。

　敗戦が明らかになりフォン・ブラウンは投降するならばソ連でなくアメリカにしようと思い、部下と一緒に5月2日にアメリカ軍に投降しました。彼らはテキサス州ブリス基地に収容されました。1948年初めにアメリカ政府は彼らドイツ人技術者をアメリカに帰化させることとして、1949年末から50年春にかけて、彼らはメキシコに行きアメリカ領事館で移民ビザをもらいアメリカに合法的に入国しました。その後、彼はアラバマ州のハンツベルの陸軍基地に移り、レッドストーンと呼ばれる地対地ミサイルの開発に従事し、1955年に市民権が与えられました。

　一方、ソ連もドイツ人技術者5000人を家族とともにソ連に連れて行き、30機分のV2号の部品も接収しました。そしてV2号をまねたロケットを開発していました。

　アメリカでは陸海空軍がそれぞれロケットの開発をしていました。人工衛星打ち上げには海軍のヴァンガードが選ばれ、フォン・ブラウンは軍用ミサイル開発に専念するよう命じられました。しかし、1957年の10月と11月にソ連のスプートニクIとIIに先を越された上、12月にヴァンガードは打ち上げに失敗しました。フォン・ブラウンはヴァンガードの次の打ち上げまでの90日間にチャンスをもらうこととして、1958年1月31日にエクスプローラー1号の打ち上げに成功しました。

　NASAが設立され、1959年10月にフォン・ブラウンのチームは陸軍から移籍し、彼は自分の夢だった宇宙旅行のためのロケット開発に専念

し、サターンV型ロケットの開発に成功しました。こうして、1969年7月、アポロ11号によって有人月面着陸が成功しました。

　フォン・ブラウンはアメリカの宇宙開発の立役者で世界中でヒーロー（セレブ）とみなされましたが、V2号製作時に強制労働に加担した戦犯ではないかという疑念もつきまといました。アメリカが彼の技術力欲しさに戦時中の行動には寛容だったという点は否定できません。彼は地下工場の劣悪な労働環境を知っていましたが、V2号の生産以前からこの状況は存在しており、彼が命じたわけではなかったですし、彼に改善する権限もありませんでした。つまり見て見ぬふりをしたわけです。また、1937年にナチスに入党していましたが、政争に巻き込まれ1944年に逮捕されていたことも、親ナチスではなかった証拠となって彼を助けました。第9章で紹介する、日本の医学者による731部隊での中国人を使った人体実験やナチスの医学者の人体実験に比べれば、倫理的問題は小さいのかもしれませんが、ドイツの原爆開発の責任者だったハイゼンベルク（Werner Heisenberg）のように、自分の科学研究の興味を満たす、夢を実現するために戦争（軍事予算）を利用する立場であったといえましょう。

　2003年、ライト兄弟の初飛行から100年を記念して、航空雑誌の *Aviation Week & Space Technology* 誌が「航空宇宙産業の歴史で偉大な100人」について調査しました。世界中の業界関係者から100万通以上の投票が集まりましたが、フォン・ブラウンは宇宙部門で第1位、全体でもライト兄弟に次いで第2位でした。

column 6

レーザー

　原子は、正電荷を持つ陽子と電荷を持たない中性子が原子核を構成し、その周りを回る負電荷の電子から成り立っています。電子の軌道は原子核に近いところからうまっていき、原子核に近い軌道ほどエネルギー準位は低く安定です。電子が外部からエネルギーを得ると一時的に原子核から遠い軌道に移動しますが、元の安定した軌道に戻ろうとします。その際に余分なエネルギーを光として放出します。

　より波長の短いレーダーの開発のためにはマイクロ波増幅器が必要でした。メリーランド大学のウェーバー（Joseph Weber）は、外部から電子にエネルギーを与えて順位の高い外側の軌道に移動した（励起状態の）電子の方が多くなる反転分布状態を作り出して（「ポンピング」と呼ばれます）、マイクロ波を発生させることを考案しました。実際に機器の製作に成功したのはコロンビア大学のタウンズ（Charles Townes）でした。発生するマイクロ波は位相も周波数も同じにそろっており、これをメーザー（Microwave Amplification by Stimulated Emission of Radiation, MASER）と呼びました。タウンズはマイクロ波でなく可視光でも同じことを実現しようとしました。これが、MicrowaveをLightに置き換えたLASERです。

　タウンズは弟子のショーロウ（Arthur Schawlow）とともに設計はしましたが製作はせず、1957年に特許だけを取得しました。一方、TRG（Technical Research Group）社の社員だったグールド（Gordon Gould）が同様の装置を考案して1959年に特許申請しましたが却下されました。当時のアメリカでは先に申請した人でなく先に発明したと証明できた人が

特許を取得できましたので、グールドは自分がコロンビア大学の大学院生時代に考えついたと主張し係争となりました。現在では両グループが発明者ということに落ち着いています。彼らは気体をレーザー媒質として考えていましたが、最初に動作可能なレーザーを発明したのはヒューズ社のメイマン(Theodore Maiman)で、ルビーを使用して成功しました。

付図6.1はレーザーの模式図ですが、レーザー媒質に外部（励起エネルギー源）からエネルギーを与えて励起状態を作り出すポンピングを行うことで、同じ位相・周波数の光を発生させます。最初に成功したレーザー媒質はルビーでしたが、その後は固体（著名なのがイットリウム(Yttrium)・アルミニウム(Aluminum)・ガーネット(Garnet)によるYAGレーザー）、ガス（ヘリウム、ネオン、炭酸ガス）、さらに半導体（ガリウム・ヒ素にアルミニウムを混合）などが用いられています。レーザー媒質の両側には共振器がありますが、片側には鏡を置き、もう片方には半透明の鏡を置きます。発生した光は反射された媒質を通り更なる光の発生を促します。一方、半透明の側からは充分強まったレーザー光が放出されます。

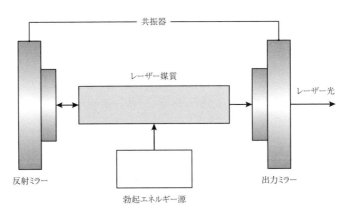

付図6.1　レーザーの基本構造

同じ波長の光が発散することなく一方向に進んでいくレーザーは、通信、計測、光ディスク（CD/DVD）への書き込み・読み取りに使われています。また、集光されれば力が集中するので微細加工にも利用されます。そこで、このパワーを使った軍事利用が考案されたわけです。「スターウォーズ計画」でテラーが考案したX線レーザーは可視光より短い波長を出し、高エネルギーが期待できました。原子爆弾を励起エネルギー源にして高電離したプラズマをレーザー媒体にすることを考えましたが、それは実現できませんでした。また、高エネルギーのレーザー光を扱う共振器の鏡も開発が難しかったのです。ただ、X線レーザーの開発はその後も着実に行われており、高出力の他のタイプのレーザーを励起エネルギー源に、セレンやタングステンの原子に照射しプラズマを生成することで、ナノメートル（10億分の1メートル）台の光を発生できるようになりました。一方、光線兵器は地道な努力が少しずつ実を結び、艦上発射レーザーが小型飛行機を撃墜できるまでに進歩しました。「スターウォーズ計画」時代よりは現実的になってきています。しかし、宇宙に配備してICBMを撃墜するのはまだ夢物語です。

第6章
キャンパスにおける言論の自由

6.1 アメリカにおける言論の自由

　英国国教会からの宗教の自由を求めたプロテスタント諸派によって建国されたアメリカにとって、合衆国憲法修正第1条はきわめて重要です。同条は信教・言論・出版・結社・（政府への）請願の自由を保障しています。日本国憲法（第23条）と異なり、合衆国憲法では学問の自由を定めた独立した条文はなく、修正第1条と関連して議論されます。ただ、アメリカ社会においても言論の自由が常に保障されてきたわけではありません。

　ヨーロッパでは15世紀初めに印刷技術が発達したときに、カソリック教会が聖書の印刷には許可が必要であるとしました。イギリスでは、1643年のLicensing Actで、印刷は内容が政府・キリスト教を批判するものでないことが条件とされました。この法律は1694年に更新されず廃止となりました。17世紀にはLicensing Actのような規制は行き過ぎだが、危険な言論から社会は守られるべきだと考えられていました。アメリカもその影響を受けています。建国まもなくの1798年にAlien and Sedition Actによって大統領が危険な言動を取り締まることができるとしました。これは非主流派の反フェデラリストの取り締まりに使われましたので批判も多く、反フェデラリストのジェファーソンが大統領になると廃止されました。しかし、奴隷制度の議論が沸騰した時代には、郵政庁長官が奴隷制反対のパンフレットは南部の秩序・治安を乱すものとして配達を拒否しました。1873年のComstock Lawは郵政庁の幹部（Anthony Comstock）の名前を取った法律ですが、わいせ

つな出版物の配達を拒否するものでした。19世紀末には個人の名誉、公共の道徳・安全を脅かす発言は禁止されるべきとみなされていました。

　第1次大戦中は1917年の「スパイ法 (Espionage Act)」や1918年の「扇動法 (Sedition Act)」によって、政府の政策に不服従であることを勧めたり政府の政策に反対する発言が取り締まられました。1919年のSchenck v. USでは、社会党員が徴兵制に反対しただけで、物理的に妨害したわけではないのに逮捕されたことが合法と判断されました。この判決の少数意見として、ホームズ (Oliver Wendell Holmes) とブランディス (Louis Brandeis) の両判事は言論の自由を支持し、どのような意見も禁止するのではなく反対意見と戦わせるべきで、議論の結果、不適切な意見が淘汰されればよいという「思想の市場 (Marketplace of Ideas)」を主張しました。後述するように、これが今日のヘイトスピーチへの適切な対応だという意見もあります。

　しかし、1937年のDe Jonge v. Oregonでは共産党員であること、共産党の会合で発言しただけでは罪にならないとなりました。戦時中にもかかわらず1943年のWest Virginia Board of Education v. Barrettでは国旗に忠誠を誓わなくてもよいと判断され、1945年のKeegar v. USでは徴兵拒否を勧める発言は禁止できないと判断され、Scheneck判決が否定されました。一方、1940年の「スミス (Howard Smith) 法」ではアメリカ政府を暴力革命によって転覆させることを主張しただけで違法とされました。共産党は暴力革命による資本主義政府転覆を方針としていましたので、これは共産党禁止法です。あまり運用されてこなかったのですが、1948年にアメリカ共産党幹部10人が革命を支持する発言をしたため起訴されました。共産党のデニス (Eugene Dennis) 委員長は言論の自由に反すると主張しましたが、最高裁判所 (1951年のDennsi v. United States判決) はこの反論を認めませんでした。反共産主義の嵐が収まった1957年のYates v. USではようやく落ち着いて、暴力革命を実行したのでなく提唱しただけならば無罪と判断されました。公民権運動やベトナム反戦運動が可能だったのも、言論の自由が守られる時代だったという背景もあります。

　大学は議論によって学問を発展させる場ですから、言論の自由の保障は不

可欠といえます。ただ、多くの私立大学はプロテスタント教会が設立したものですから、異なる教義と共存する寛容さがありませんでした。1701年にハーバード大学から分離したグループがエール大学を設立し、さらにそこから1769年にダートマス大学が分離独立されました。1765年にロードアイランド州にブラウン大学が設立されたのも、ウィリアムス（Roger Williams）がマサチューセッツ州での教会の教義に不満を持ったからです。

　プロテスタント教会は、神は聖書と自然という2つの形で人間にメッセージを与えたと考えますから、設立した大学では聖書を理解するためのラテン語、論理学、修辞学とともに自然を理解する天文学、幾何学、算術を教えました。さらに人文学より軽視されているとはいえ自然科学も教えられるようになりましたが、キリスト教には矛盾しませんでした。しかし、1830年から33年にかけて3巻で発行されたエル（Charles Lyell）の『地質学原理』と1859年のダーウィン（Charles Darwin）の『種の起源』は、旧約聖書の天地創造論を否定するものでした。まもなくドイツから大学院での研究を重視する研究大学というアイディアが導入されますので、進化論は科学理論として受け入れられたのですが、学部でのリベラルアーツ教育の伝統を守っていたアムヘスト、ウィリアムス、ハミルトン、ラファイエットなどの名門カレッジではダーウィンの進化論を教えることが禁止されました。総合大学のバンダービルト大学でも1873年の時点で、アダムとイブの時代以前に人類が存在していたことを教えることが禁止されていました。

　憲法修正第1条が保証する言論の自由は、連邦政府に対する国民の権利です[1]。学問の自由は自由な論争を通して真理を追究する、大学教員という特殊な職業に付与される修正第1条の権利と理解されます。学問の自由には教員個人の学問の自由とともに、大学という組織に与えられる制度的（Institutional）な学問の自由があります。大学組織の学問の自由が守られることで教員個人の学問の自由も守られますが、大学当局が教員個人の教育・研究活動に制限を加える場合、両者が衝突します。

6.2　テニュア制度の確立

　19世紀末、ドイツから研究大学が輸入され、アメリカの大学でも教員が研究を熱心に行うようになりました。また、学問も細分化されて自然科学だけでなく、人文・社会科学でもオリジナルな研究が活発になり、教員は自分で研究した知識を学生に教えるようになりました。同時に19世紀後半はアメリカの経済が発展し大企業が勃興しました。そして、それまでの教会の関係者に代わって、成功した資本家が私立大学設立の担い手となり、理事会でも多数を占めるようになります。社会科学の教員が資本主義を批判することが学内で問題になりました。

　1894年ウィスコンシン大学のエリー（Richard Ely）はストライキを擁護する発言を行い、理事会で問題になりましたが解雇はされませんでした。ロックフェラー一族の寄付で設立されたシカゴ大学では、1895年にベーミス（Edward Bemis）が独占資本を批判して解雇されました。1900年にはノースウェスタン大学のロジャーズ（Henry Rogers）が帝国主義に反対して解雇されました。

　スタンフォード大学のロス（Edward Ross）はアメリカ人労働者の利益を守るため、アジア系移民の制限ならびに鉄道の公有化を提言しました。しかし、同大学の創設者（Leland Stanford）は中国人労働者を使って建設された鉄道で財を成し、のちにカリフォルニア州知事、上院議員になった人物です。その未亡人（Jane Stanford）はロスの発言に激怒し、ジョーダン学長（David Starr Jordan）に彼を解任するよう求めました。ジョーダン学長自身がロスをスカウトしてきたので、学長はロスを守ろうとしました。ロスはそれ以前から過激な発言をしていましたので、冷却期間の意味もあって1898年から99年にはサバティカル（充電のための有給での休職期間）を与えられていましたが、復帰後の1900年5月に上述の発言をしたのです。さすがに学長も守りきれず、ロスは11月に辞任に追い込まれました。この件に関して授業中に学生の前で大学のことを批判した歴史学のハワード（George Howard）は謝罪を求

められましたが、拒否したので解雇されました。スタンフォード大学の48人の教授のうち37人はロスを支持することを表明し、実際に7人の教授が抗議の辞職をしました。ロスはネブラスカ大学、さらにウィスコンシン大学に移り、学者生命が絶たれたわけではありませんでしたが、その後も反資本主義発言による教員の解雇・辞職事件が相次ぎました。今日に至るまで、学長や理事会は外部からの直接の圧力はなくても政治家、世論、設立母体の実業家からの批判を考慮（忖度）して問題発言した教員を罰することも多いのですが、スタンフォード大学の場合は設立者からの露骨な干渉でした。上述のエリーがジョンズホプキンス大学の教授時代の1885年に設立したアメリカ経済学会（ロス自身が事務局長になっていました）は、ロスの事件を深刻に受け止め委員会を立ち上げて調査を行いました。

ジョンズホプキンス大学は大学院での研究を重視したアメリカで最初の大学であり、多くの教員も輩出（エリーは元教授、ベーミスとロスは卒業生）していましたが、同大の教授がハーバード大学、エール大学、コロンビア大学の教授に呼びかけて、1915年1月にアメリカ大学教授協会（American Association of University Professors, AAUP）が結成されました。60大学から867人の教員が参加しました。1916年4月には75大学、1362人、1922年1月には183大学、4046人になりました。学問の自由の侵害をチェックするため、15人のメンバーによる委員会A（上述の経済学会の調査委員会が前身）が設けられました。

1915年、ペンシルバニア大学のネアリング（Scott Nearing）教授は9年間も勤務していたにもかかわらず、実業家理事を批判したため突然、契約解除を告げられました。AAUPが問題にしたため、大学側が改善案を出しました。そこでは、教員を教授、助教授、講師、助手と分類して、教授は無期の雇用、助教授は最初は3年間、そののちは5年ずつの更新、講師・助手は1年契約とし、教授と助教授の解雇（契約非更新）は教員による委員会と理事による委員会との間の協議で決められるとしました。

同じく1915年12月にAAUPも「1915年宣言」を出し、教員の雇用拒否は教員代表の会議体（評議会）の助言・同意を得る、教員は10年間の試用期間ののち無期雇用を得る、解雇に際しては理由を明示され、書面で3カ月前に通

告を受け、反論したり自分の行為を改善する機会が与えられるべきである、などを提言しました。AAUP は 1925 年にも「1925 年宣言」を発表し、大学は教員の研究の自由に制限をかけてはならず、専門外・学外での教員の発言は一般市民と同様の言論の自由が与えられるべきだとしました。ただ、これは大学に対して強制的なトーンだったので学長側は受け入れたがらず、第 1 次大戦後の愛国心の高揚の余韻も強かったのであまり普及しませんでした。

1940 年、AAUP は 1 万 5000 人以上のメンバーを擁し、1925 年の 3 倍の規模になっていました。「1940 年宣言」では、教員は研究・発表の自由を持つこと、ただし、金銭的報酬を伴う研究は大学当局の理解を得ておくこととしました。教室で議論する自由も与えられるが、授業と関係ない意見の分かれるテーマを持ち込むべきでなく、学外でも教員は市民と同じ言論の自由を持つが、大学教員の発言は市民からは特殊に見られること、大学のイメージにも影響を与えることを理解して行動すべき、と主張されました。また、試用期間を最大 7 年と定め、終身在職権（テニュア）を与えるか否かを 1 年前までに告知することになりました。テニュアを与えられなかった教員が他大学に移籍する準備ができるようにするためです。財政逼迫のために雇用を継続しないのならば正当な証拠を示さなくてはなりません。試用期間中も学問の自由の保護に変わりありません（後述のように、これは必ずしも実行されていません）。この宣言は大学や教育・学術団体に広く受け入れられ、今日まで法的根拠はありませんが、「テニュア制度」として定着しています。

6.3　共産主義批判

学問の自由の侵犯は元来は個人の発言が対象で、共産党など特定組織への所属が問題になることはありませんでした。第 1 次大戦後の混乱のなかでアメリカ共産党が結成されましたが、当初はそれほど有力なものではありませんでした。1920 年代に党員数が増え、特にユダヤ人学生の間で支持が広がりました。スペイン動乱に際して西欧諸国が何もしなかった一方で、ソ連が

明確に反ファシズムの姿勢をとったことで共産主義への支持が高まりました。当時は気軽に共産党に入党していた人も多かったようですが、自分が党員であることを明言することが科学者のキャリアとしてプラスになると思っていませんでしたので隠していましたし、入党した教員が学生を教化・勧誘したりもしませんでした。共産党員は1930年代において最盛時でも10万人を超えることはありませんでした。1939年の独ソ不可侵条約は、キャンパスの多くの党員を失望させるとともに、共産主義を反ファシズムだと評価していた中道リベラル層を反共産主義に向けることになりました。

　第1次大戦後、教員に対して国家への忠誠を宣言することが求められましたが、教員のみを対象にすることへの批判も強く1930年代初めには一旦、鎮静化しました。しかし、大恐慌が長期化してラディカルな思想が浸透し始めると、1936年までに21の州と首都ワシントンで教員への忠誠宣言が決議されました。連邦議会も州議会に制定を求めていました。ただし、「憲法を守る」ということを誓う緩い内容でした。1938年には下院で非米活動特別委員会が設置されました。委員長は民主党のダイス（Martin Dies）議員でしたが、彼は保守的な南部テキサス州選出で、同じ民主党でもリベラルなルーズベルト大統領には批判的で、政権内に共産主義者がいるとして取り締まりを主張していました。ダイス議員引退後、ランキン（John Rankin）議員がこの委員会を常設委員会に格上げしてしまいました。この提案は当初131-146で否決されたのですが、記名投票に切り替えると容共（共産主義に甘い）と思われたくない議員が賛成に回り207-186で可決されました。賛成者は共和党137人、民主党70人で、そのうち南部民主党から60人でした。1946年の選挙で共和党が多数派になると委員長がトーマス（Parnell Thomas）議員となり、活動が活発化しました。反共運動は急速に有権者受けがよくなりましたので、非米活動委員会も人気の委員会になり、1952年には221人の共和党下院議員のうち185人がこの委員会に入ることを希望しました。

　一方、上院では1946年に初当選した共和党のマッカーシー（Joseph McCarthy）議員が共産主義への反対運動を行っており、この当時の共産主義者排斥運動は「マッカーシズム」と呼ばれます。ただ、彼は1952年の再選を

目指して争点を探しており、冷戦激化に伴い人気が出ると思って反共運動に取り組んだともいわれており、底が浅く事実に基づかない主張も多かったのですが、マスコミの取り上げ方も大きかったので、議会ではマッカーシー議員に逆らうことは選挙で不利だという雰囲気が生じました。これとは別に、上院では民主党の保守派のマッカラン（Pat McCarran）議員（ネバダ選出）が共産主義者を取り締まる包括法案を提案しました。下院は圧倒的多数で可決されましたが、上院ではリベラル派が対案を出すなどして対抗し、ホワイトハウスも批判的でした。しかし、上院のルーカス（Scott Lucas）院内総務はリベラル派の提案をマッカランの提案に含めてしまったので、リベラル派も賛成に回わらざるを得なくなりました。トルーマン大統領は拒否権を行使しましたが、下院が286-48、上院で57-10で再可決しましたので、拒否権を覆して国内安全保障法（マッカラン法）として成立しました。1954年の同法の修正項で共産党が非合法化され、共産党員であること自体が違法となりました。

　こうして上院ではマッカーシーが委員長の政府運営委員会（Committee on Government Operation）が主に教育問題を取り上げ、マッカラン（のちにジェンナー［William Jenner］）が委員長の国内安全保障小委員会（Internal Security Subcommittee）は共産主義組織そのものを攻撃しました。下院は戦前からある非米活動委員会が共産主義者個人を追及しました。

6.4　ソ連のスパイ活動

　マッカーシズム・赤狩りの時代には、共産主義を支持する人物はソ連のスパイであり、アメリカの国家安全保障を脅かすとして取り締まりの対象となりました。実際、ソ連は原子爆弾開発についてスパイ活動をしていました。ホール（Theodore Hall）はハーバード大学のユダヤ人学生で急進主義者でした。1944年に19歳で「マンハッタン計画」に参加しました。彼は共産党員ではありませんでしたが、アメリカが核兵器を独占することは好ましくない、自分たちの研究成果をソ連に渡すべきだと考えていました。1944年10

月、ハーバード大学卒の友人で教師をしていたサックス（Saville Sax）が連絡役になり、ホールによるロスアラモス研究所の研究活動の報告書がソ連領事館の手に渡りました。ソ連側も信頼できると判断してその後もホールはスパイ活動を続けます。連絡役はコーエン（Loan Cohen）でしたが、彼女は夫（Morris Cohen）に誘われソ連のスパイになっていました。彼女はホールからメモを受け取り、クリネックスの箱の底に入れて隠しました。連邦捜査局（Federal Bureau of Investigation, FBI）の係官が駅で検査をしていたので、箱を車掌に預けて、切符をなくしてしまったので必死にバッグを探す芝居をしてFBI捜査官の目を逃れます。立ち去ろうとすると親切な車掌がクリネックスの箱を返してくれました。このごまかしのテクニックはのちにソ連のスパイの間で「伝説」となりました。

　ドイツからの亡命物理学者の１人、フックスはイギリス国民となりましたが、共産主義者でした。アメリカの原爆開発に協力するためイギリスからの物理学者派遣団に選ばれアメリカに入国しました。アメリカでの連絡係はスイス生まれのアメリカ人物理学者のゴールド（Harry Gold）でした。フックスはオークリッジ研究所での気体拡散プラントに勤務していました。技術文書は当時、他人に渡してはならないと厳命されていましたが、自宅への持ち出しは行われていました。フックスは秘書がタイプしたあとの手書き原稿を手元に残して、ゴールドに渡していました。フックスはのちにロスアラモス研究所勤務になりますが、優秀な理論物理学者として高く評価され、重要な会議にも出席できました。

　これとは別に、イギリス人物理学者でカナダ在住のメイ（Alan May）は1944年にシカゴ大学の冶金研究所を訪れて、そこで得た情報をソ連に渡していました。第１章で述べたように、グローブスが区分化を強化したのでスパイ活動ができなくなりました。カナダ警察に警戒されていることに気づいたメイでしたが、ソ連からの要請で再びスパイ活動に戻り、1945年にはウランの標本を入手してソ連に送りました。それとは知らず触ってしまったソ連の運搬係は被曝して死亡しました。ロスアラモスでの原爆実験の成功、広島・長崎への投下の知らせを受けて、ソ連はスパイ活動を強化しました。

ローゼンバーグ夫妻（Julius and Ethel Rosenberg）は熱心な共産主義者でしたが、エセルの弟のグリーングラス（David Greenglass）を共産主義に感化させ、妻のルース（Ruth）とともに共産主義者にさせました。ローゼンバーグ夫妻はグリーングラス夫妻に対して、アメリカとソ連はドイツ・日本と戦う同盟国なのだからアメリカの原爆の情報をソ連に伝えるべきだと説得しました。グリーングラス夫妻はソ連のスパイになることを決意しました。1945年9月にグリーングラスはニューヨークでローゼンバーグ夫妻と接触し、記憶を基に長崎型（爆縮）プルトニウム爆弾の構造についての報告書を書きました。やはり9月に、フックスもパーティの買い出しを申し出て研究所外に出て記憶を基に報告書を書き、連絡係のゴールドに手渡しました。

　ホール、グリーングラス、フックスの3人の中では、フックスが一番重要な情報を持っていました。グリーングラスは機械工で爆縮レンズの鋳型の製造に携わっていました。ホールはまだ若手の化学者なのでアクセスできる情報は限られていました。3人の報告書は細かい点は異なっていましたが、ほぼ同じ内容でしたので、ソ連側も偽の情報をつかまされてはいない、と安心しました。ソ連では入手した情報を基にクルチャトフ（Igor Kurchatov）がプルトニウム爆弾を複製することを主張しました。オリジナルな原爆の開発を主張したカピッツァ（Peter Kapitza）は退けられ、開発計画から辞任しました。こうしてソ連は1949年にアメリカを真似たプルトニウム型爆弾の実験に成功しました。

　一方、グーゼンコ（Igor Gousenko）はカナダのオタワのソ連大使館に勤務する暗号通信士でしたが、カナダの暮らしが気に入り、カナダへの亡命を希望していました。1945年9月に帰国命令が出たので、機密文書を持ち出し、亡命を願い出ました。この結果、メイがスパイであることが明らかになりました。しばらく泳がしておいて1946年3月にイギリス警察が逮捕しました。

　1943年夏に、アメリカではフィリップス（Thesil Phillips）が19歳で暗号解読チームに配属されました。1944年5月にはロシア担当になり、半年後にはハロック（Richard Harock）とともに暗号乱数の数列の中にパターンを見い出しました。ドイツと日本が降伏すると日独担当の暗号解読者がソ連の暗号解

読に動員されます。優れた暗号解読者チュー（Samuel Chu）と語学の天才ガードナー（Meredith Gardner）がチームを率いました。グーゼンコが提供した資料には古い暗号コードブックがあり、フィンランドの戦場から一部が燃えたソ連のコードブックも回収されました。これらが新しいコードの解読のヒントになりました。1946年夏にガードナーは1944年当時の通信文の一部の解読に成功し、これをきっかけにスパイの名前が明らかになり、逮捕・起訴されました。1950年にフックスは禁固14年、ゴールドは禁固30年、1951年にグリーングラスは禁固14年の判決を受け、ローゼンバーグ夫妻には死刑が宣告され、1953年に執行されました。ロンドンで別人として古書商人になっていたコーエン夫妻も1961年に逮捕されました[2]。ホールは1951年に逮捕・尋問されましたが証拠不充分で釈放され、イギリスのケンブリッジ大学で生物物理学者として教鞭をとり続けました。冷戦終結後の1995年になって彼の役割が明らかになり、1999年の死去後、妻のジェーンが2000年に回想録を出版し、夫がスパイだったことを認めました。

6.5　マッカーシズムと大学への弾圧

　反共主義の流れは第2次大戦後に大学にも及び始めます。1946年にワシントン州議会で勝利した共和党が、共産主義者の調査委員会を立ち上げていました。中心となっていたキャンウェル（Albert Canwell）下院議員の要請に応えて、1948年に州立ワシントン大学の教員の中の共産主義者の存在が調査され、11人の教授が公聴会に召還されました。このうち、コーエン（Joseph Cohen）とレイダー（Melvin Rader）の2人は党員であったことを否定しました。ウィンザー（Sophus Keith Winther）は1年前から党員であることを認め、他の党員名も明かしました。ビール（Maud Beal）、エビー（Harold Eby）、エセル（Garland Ethel）、ジェイコブ（Melville Jacobs）、ペリグリニ（Angelo Pelligrini）の5人はかつて党員であったことを認めましたが、党員名を挙げることを拒否しました。バターワース（Joseph Butterworth）、フィリップス（Herbert Phillips）、グ

ンドラーチ（Ralph Gundlach）の3人は完全に証言を拒否しましたので、キャンウェル議員はこの3人を議会侮辱罪で訴えました。そのうちバターワースは不起訴、フィップスは起訴されましたが無罪となり、グンドラーチは有罪となり30日間収監されました。

　アレン（Raymond Allen）学長は学内で独自の調査委員会を立ち上げました。教員の中には教員が検察官になるべきでないという意見もありましたが、学長は理事会主導の調査になるより教員主導で行った方がよいと考え、既存のテニュア・学問の自由に関する委員会に、バターワース、グンドラーチ、フィリップス、エビー、エセル、ジェイコブスを調査させました。州議会に対しては証言を拒否していたフィップスとバターワースは、学内調査では現在も党員であることを認めました。委員会はグンドラーチを解雇することとしました。アレン学長はフィリップスとバターワースも解雇すべきと判断しました。学長は党員であることを隠したことではなく、共産党は思想の自由を認めず党本部の方針に従うので大学教員にふさわしくないと判断したのです。1947年にAAUPのレポートは共産党員という理由だけで解雇することを批判していましたが、アレン学長は共産党員であるという事実を問題視しました。理事会の中は6人全員の解雇という意見もありましたが、結局アレン学長の方針通り、バターワース、フィリップス、グンドラーチのみが解雇されました。解雇に反対する署名には約700人の教員のうち103人のみが賛同しました。解雇された3人は他大学での再就職はできませんでした。ワシントン大学が先例となり他大学でも、共産主義者は党内での思想の自由がなく大学教員として不適格だと判断され処分されるようになりました。政府を暴力で転覆させることを主張したり行動したり、学生を共産党に勧誘するなどの行為・発言の有無でなく、党員か否かのみが問われることになったのです。行為でなく帰属を問題にしたアレン学長の方針は多くの大学学長も賛成しました。1949年6月、全米教育協会（National Education Association, NEA）の委員会のレポートが共産党員は教員として不適格だと結論しましたが、2995対5で承認されました。

　カリフォルニア州では忠誠宣言を州の公務員に求めていましたが、1949

年3月にカリフォルニア大学の理事会が教員の忠誠宣誓について「政府を暴力的に打倒することを目指す組織のメンバーではない」という項目も加えることを求めてきました。これに対し、1949年秋に新学期が始まっても半数の教員しか署名しませんでした。大学側は署名しない人間は共産主義者だと主張しましたが、教員の多くは共産党員を追放する決議案には賛成多数（1950年の決議案投票で賛成1025人、反対268人、棄権30人）でしたが、忠誠宣誓に反対する決議案にも賛成多数（賛成1154人、反対136人、棄権33人）でした。結局、1950年9月に州議会は公務員と防衛産業従事者に忠誠宣誓（提案者の名前［Harold Levering］から「リバリング忠誠」と呼ばれました）を義務づけました。国家への忠誠だけでなく、連邦・州政府を非合法・暴力革命で転覆させることを支持しない、そのような組織に過去5年間属していない、在職中も属さないことを宣誓する、という厳しい内容でしたが、対象を大学教員に限定していないので1951年1月までにほぼ全員が署名しました。一方、裁判闘争では1951年の州控訴審と1952年10月の州最高裁では教員側の勝訴となりました。州の公務員に課す忠誠宣誓以上のものを州立大学の教員に課してはならないという判断です。しかし、教員側が求めていた1950年6月に解雇された教員への損害賠償に関しては、1956年になってようやく和解が成立して支払われることになりました。

1947年に非米活動委員会のトーマス（Parnell Thomas）新委員長は、親ソ連の共産主義者が原子爆弾の情報を流しているのではないかと懸念しました。実際に前述したようにスパイは存在していました。マンハッタン計画の途中から敵はドイツや日本でなくソ連だと認識されてきました。マンハッタン計画に参加していた科学者のケイマン（MartionKamen）を連邦捜査局（FBI）が尾行していたところ、ソ連領事に会っていたことが発覚し、彼は参加を禁止されました。ロマンニッツ（Giovanni Rossi Lomanitz）とヒスキィ（Clarence Hisky）もプロジェクトから外され徴兵免除を取り消されました。オッペンハイマー（Frank Oppenheimer、ロスアラモス研究所長ロバートの弟）は非米活動委員会に召喚されたことを告げずにミネソタ大学に就職していたことが露呈して解雇され、その後はコロラドの牧場で暮らしました。原爆開発をルーズベルト大統

領に進言したシラードでさえ何回も追放されかけました。ナチスを逃れて移民してきた物理学者は個性的で、反ヒトラーで政治的に活発な人も多かったのです。また、ナチスはユダヤ人だけでなく共産主義者も追放していましたので、アメリカに逃れてきた学者には共産主義支持者がいました。また、アメリカの共産党員の中にもユダヤ人が多くいました。

ロバート・オッペンハイマーはマンハッタン計画の科学者側のトップで「原子爆弾の父」と呼ばれましたが、マッカーシー議員は、アメリカの水爆開発が遅れ、ソ連の原爆開発が早まったのは親ソ連のスパイがいるからだと主張し、オッペンハイマーに疑いの目が向けられるようになります。実際、前述のように弟フランクは実際に共産党員であり、ロバート自身も共産主義に共感していましたし、水爆開発に反対していたことは事実でした。しかし、原子力委員会はマッカーシーの手で調査させたくなかったので、自らの手で調査することで原子力委員会の顧問退任後の身分保障の停止という処分におさえました(「column 7」を参照)。

憲法修正第5条によれば、議会の証人は、のちに自分に不利な証拠となりそうな事実に関する質問は答えなくてよいとされています。多くの教員は議会で自身の共産党への帰属とともに他の党員の名前を尋ねられました。仮に自分が党員でなくても党員を知っている場合は多いのですが、証言を拒否して問題になりました。修正第5条は基本的に自分の利益のための証言拒否を認めるもので、他人の利益のための証言拒否を認めてはいません。これを認める「縮小憲法修正第5条」という考え方が憲法上認められるか、論争が起きていました。1952年12月にラトガース大学は修正第5条による証言拒否をした教員を解雇する規定を設けました。しかし、1956年にニューヨーク市立大学のスローチャーワー(Harry Slochower)の解雇をめぐる裁判で、最高裁判所は修正第5条を用いた証言拒否によって大学が教員を自動的に解雇にすることは無効であると判断しました(ただし、過去に解雇されたラトガースの3人の教員の地位は回復されませんでした)。また、公聴会欠席者は議会侮辱罪として起訴されました。

有力私立大学ではテニュア取得教員は地位が守られることがありました

が、中小私立大学の教員、州政府の意向が反映されやすい州立大学の教員、テニュア取得前の教員は立場が強くありませんでした。議会では証言を拒否しても大学での調査に協力すれば、私立大学のテニュア取得教員ならば失職しなかったのですが、そうでないケースでは必ずしも地位は守られませんでした。

1954年までに100人以上が、マッカーシズムによって失職しましたが、実際の犠牲者の数はわかりません。テニュア取得前の教員の契約を更新しないことは容易なので、思想・信条で不安があれば大学は契約を更新しないという形で解雇しました。解雇された側もマッカーシズムによって解雇されたというと再就職しにくいので、業績不足での解雇ということにすることを好みました。公式な存在は明らかになっていませんが、思想・信条が原因で解雇された教員のブラックリストが大学間で共有されており、これに載ってしまうと再就職しにくいので、業績不足での契約非更新として泣き寝入りした方がまだよかったのです。

AAUPはマッカーシズムに対して有効な手立てを講じられず、防戦一方でした。しかし、それでもテニュア取得教員の地位は守られやすかったので、「1940年宣言」で確立したテニュア制度は一定の役割を果たしたといえましょう。一方、AAUPはテニュア取得前の教員の解雇については何もできませんでした。AAUPは1947年の声明で、修正第5条を用いた教員を解雇するという大学の方針に理解を示し、大学による調査での証言拒否は教員の資質に疑問を投げかけるが決定的なものではないというあいまいな立場をとりました。結果としては大学の判断任せでした。

共和党保守派はマッカーシー上院議員の資質には疑問を持っていましたが、世論が支持しているので利用していた向きもあります。実際、1952年の選挙ではマッカーシーを批判した議員は落選し、彼の影響力は高まりました。ところが、1953年11月に同議員のスタッフのシャイン（David Shine）が召集されたので、陸軍との関係が悪化しました。1954年になると、マッカーシーが陸軍に圧力をかけてシャインを特別扱いしていることを議会が調査し始めました。9月の報告書はマッカーシーを批判する内容でした。3月

にはマッカーシーによって無実なのに共産主義者として失職させられた、空軍のラドロビッチ（Milo Radulovich）少尉のことを CBS テレビが放送しました。しだいにマッカーシーのこれまでの言動が非難されるようになります。表 6.1 が示すように世論調査でも 1954 年に入ると、マッカーシーに対して「支持する」はそれほど減っていませんが、「意見なし」が減少して「支持しない」が増えています。11 月の選挙では民主党リベラル派が伸張しました。選挙後、上院はマッカーシーの過去 2 回の演説が上院を侮辱したことに対する非難決議を可決しました。民主党は全員が賛成し、共和党は賛成と反対に二分されました。彼は議員にはとどまりましたがまったく影響力がなくなり、1957 年に 48 歳で亡くなりました。非米活動委員会も 1973 年に廃止されました。

表 6.1　マッカーシーへの市民の支持

(%)

	支持する	支持しない	意見なし
1953 年 6 月	35	30	35
1953 年 8 月	34	42	24
1954 年 1 月	50	29	21
1954 年 3 月	46	36	18
1954 年 4 月	38	46	16
1954 年 5 月	35	49	16
1954 年 6 月	34	45	21
1954 年 8 月	36	51	13

出所：黒川隆司 (1994)『赤狩り時代の米国大学』中公新書、p. 198。

1957 年のスプートニクショックによって 1960 年代には大学の予算は拡大していましたので、解雇された教員の多くは年齢的な問題がなければ再就職できました。理系では企業での就職も可能でした。マッカーシズム時代の一番の問題は、疑われた教員のことを一般の教員が守らなかったことです。自分は共産主義者でなくても共産主義者を擁護することは容共とみなされ、疑いの目をかけられるからです。しかし、良心の呵責に苛まされた教員は失職した被害者に対して金銭的支援を行うことはあったようです。ただ、マッ

カーシー時代に自殺した犠牲者は 3 人のみだったといわれています。1 人は密告者側の人間で、もう 1 人は 1950 年のハーバード大学の文芸評論家マッティッセン (F. O. Matthiessen)、3 人目はスタンフォード大学の生物学者シーウッド (William Sherwood) で、非米活動委員会に召喚される 2 日前に自殺しました。

6.6　人文・社会科学と国家安全保障

　国防省からの大学の研究支援は主に理工系が対象でした。NSF の設立をめぐる議論のなかで NSF は社会科学を含まないことになりました。しかし、人文・社会科学も冷戦においてその役割を期待されるようになります。第 2 次大戦中にすでに人類学者が日本やアジア文化の研究で戦争に協力していました。冷戦時代はアメリカ対ソ連、資本主義対共産主義で第 3 世界での影響力の増大を競っていましたので、これまで研究されてこなかった地域の理解が必要になりました。

　陸軍は Human Relations Area Files (HRAF) というプログラムを介して大学の社会科学を支援しました。1958 年に HRAF が終了すると、このプログラムのワシントン事務所が全体の活動を引き継ぐこととなり、アメリカン大学のキャンパス内に新たに設置されました。核開発が重視され通常戦力予算が削減されるなか、社会科学の知識による効率的な作戦・占領ができることを強調したかったのです。1956 年に陸軍は Special Operations Research Office (SORO) を開設し、やはりアメリカン大学のキャンパスに置きました。陸軍から出る研究スタッフの給与はアメリカン大学の水準よりよかったのですが、アメリカン大学の教員として学会活動に参加しました。アンダーソン (Hurst Anderson) 学長は SORO を重視しました。

　しかし、議会は社会科学の軍事的価値を評価していませんでした。空軍がスポンサーでハーバード大学の Human Resources Research Institute が行ったソ連の社会システムの研究プロジェクトは、議会の支持が得られず 1 年で

終わりました。これはこのプロジェクトをライバル視した国務省が批判に加わったためです。国防省は巨大な予算を持っていましたので、その一部が大学の社会科学に回ったとしても大きな金額になります。1965年に社会科学研究に国防省は2000万ドル（2015年実質ドル換算で約1億4900万ドル）を出していましたが、国務省はわずか12万5000ドル（同約93万ドル）でした。国務省は外交政策立案の主導権を国防省に握られてしまうことを懸念したのです。国務省は複雑な国際関係を社会科学の原理で解決できるという考え方に批判的でしたが、当時は、社会科学の「科学」の面が強調され、政治も科学的に分析すべきという考えが広まりつつありましたので、国務省の考え方こそ時代遅れとの批判もありました。外交の大物フルブライト上院議員は、当初は国家安全保障にとっての社会科学の役割を評価していましたが、しだいに懐疑的になりました。海軍のリッカバー元提督（Hyman Rickover）も国防省は本来の軍事技術の開発に専念すべきとして、社会科学を支援する役割には否定的な発言をしました。1968年に議会は国防省の海外政策関連の予算を2700万ドル（2015年実質ドル換算で約1億8000万ドル）から1370万ドル（同約9100万ドル）に半減しました。

　第5章で述べましたように、ミサイル防衛技術の評価の際も国防省からの資金での研究の中立性、客観性が問題になりました。それでも自然科学はデータがすべてなので客観性が維持しやすいのですが、社会科学はデータの収集・評価そのものに主観が入る性格がありますので、国防省の資金で行う社会科学研究の客観性には疑念が持たれました。1960年代後半にベトナム反戦運動が激しくなると、国防省資金によるキャンパスでの研究が批判されますが、その対象には社会科学も含まれていました。MITのCenter for International Studies（CIS）も社会科学での機密研究をしていましたが、弊害が多いと判断されて1972年までに機密研究を全廃しました。

　コロンビア大学の学生運動は、もともとは近隣の貧困地域であるハーレムへの大学の高圧的な態度に反発して始まったのですが、Students for a Democratic Society（SDS）の支部はInstitute for Defense Analysis（IDA）の活動も批判の対象としました。IDAというのは12の大学による非営利の連

合体組織（後述のJasonの運営も委託されていました）で、ゲリラ戦対策など国防省からの社会科学研究の受け皿になっていたので批判されるようになりました。アメリカン大学でも後ろ盾だったアンダーソン学長が1956年に引退したのち、SOROは1966年にCenter for Research on Social Systems (CRESS)と軍事色を薄める改称を行い、外部からの疑念を払拭しようとしました。同大学での学生運動はそれほど過激でありませんでしたが、CRESSの機密研究をやめることなどが要求されました。1969年に大学は陸軍との関係を断って、CRESSの管理は大学でなく民間非営利研究機関であるAmerican Institutes for Researchが行うようになりました。

　1960年代後半、連邦政府は公共問題解決のための社会科学の応用を重視するようになっていました。NSFは自然科学の基礎研究の支援が主でしたが、1967年から応用的社会科学研究も対象となりました。NSFとは別の社会科学支援専門の政府組織を作ることも検討されましたが、社会科学者はNSFに含まれることを望みました。新しい組織のもとで政府の干渉が大きくなることを危惧したのと、NSFにいることで社会科学が科学とみなされると考えたのです。社会科学が社会貢献することが重視されるなかで国家安全保障への貢献の期待は高まったのですが、国防省による社会科学支援には批判が強まりました。

　SOROは1964年、共産主義革命の原因を人類学・心理学・政治学・社会学を動員して探ろうというProject　Camelotを開始しました。チリでの調査を行う予定で、プロジェクトは機密研究ではなく国防省の予算であることも以前から隠されてはいませんでした。しかし、このことがチリ国内で明らかになるとチリ政府が突然問題視し、プロジェクトは中止されてしまいました。社会科学が第3世界の安定・民主化のために軍が使える科学的ツールを提供すると期待されましたが、一方で、政府資金で行うプロジェクトにおいて社会科学者が客観的中立な意見を出せるのかとの疑問も呈されました。Camelot騒動の後、陸軍は資金提供するプロジェクトのコントロールをむしろ強めました。同様にProject Simpaticoではコロンビア政府が市民からの支援を高める方法の研究を行おうとしましたが、やはり国防省からの資金だ

と知ったコロンビア政府が消極的になってしまううまくいきませんでした。

　第4章で述べましたように、ベトナム戦争にDARPAが社会科学者を動員して南ベトナムやゲリラを調査するという試みも、妥当な調査結果が出ても上層部がきちんと理解をしなかった部分もありますが、あまり成功しませんでした。これは21世紀の「テロとの戦い」でも同様です。そもそも人文・社会科学の知見を現地の社会・文化理解のためにまったく利用しようとしないというのも問題ですが、人文・社会科学の研究で単純に現地のすべてを理解できると期待してしまうのも好ましくありません。人文・社会科学の国家安全保障への貢献の是非、またその在り方は今日でも解決策が見えていません。

6.7　21世紀における言論の自由

　政治的公正さ（Political Correctness）の意識の高まりから、今日の学生は、特定の人種・民族を批判の対象にしたヘイトスピーチや相手を傷つける発言は大学が取り締まるべきだと考える傾向があります。2015年のエール大学の調査でも、72％の学生が取り締まりを支持しています。これは実は危険な兆候でもあります。2017年に *Free Speech on Campus* という全く同じタイトルの本が2冊（Erwin Chemerinski & Howard Gillman と Sigal Ben-Porath）出版されました。2冊ともヘイトスピーチ規制が両刃の剣として言論の自由の規制になる恐れがあることを指摘しています。言論の自由の規制は少数派・弱者を守るためよりも、為政者が少数派・弱者を弾圧するために用いられてきましたし、これからもその可能性があります。問題発言に対しては議論によって対抗すべきであり、議論の機会をなくすことが解決策ではありません。「他人の感情を傷つける発言」は規制すべきといわれますが、その定義があいまいです。19世紀、奴隷解放論者の発言は南部の奴隷制度支持者の感情を傷つけていました。実は1990年代以降、アメリカでは350もの大学でヘイトスピーチを禁止する規則が制定されましたが、裁判になった場合、すべて違憲の判決が下っています。それほどアメリカでは言論の自由が重視され

ているのです。ヨーロッパにはヘイトスピーチの規制が法律で行われていますが、移民・難民が増えるなかで、人種問題はますます混迷を極めており、法的規制は効果が見られません。

　マッカーシズムは冷戦が激化した時代の特殊な事情とは限りません。2001年9月11日の「同時多発テロ」以降、イスラム教徒への批判が高まり、非キリスト教文化を擁護することがタブー視されました。テロの翌日に州立コロラド大学ボルダー校のアメリカ先住民の研究者で民族学科長のチャーチル（Ward Churchill）教授が、犠牲者を批判するエッセイをネット上に書きました。それが、2005年1月にハミルトンカレッジに講演で招待されたときに発覚しました。彼は学科長を辞任しましたが、テニュア取得教員なので教授職にはとどまりました。オーウェン（Bill Owens）知事はコロラド大学機構のホフマン（Elizabeth Hoffmman）総長にチャーチルの解雇を要求しました。総長は拒否しましたがプレッシャーが高まり、2カ月後に総長が辞任しました[3]。理事会はチャーチルを解雇しない方針を決めましたが、ボルダー校の学長であるディステファノ（Phil DiStefano）は、教員による委員会を立ち上げ審査しました。チャーチルは無罪になりましたが、彼の研究には事実の意図的な曲解・改竄、剽窃などの不正行為を行った可能性があることが指摘されました。常設の研究不正委員会が調査して不正が認定されました。不満に思ったチャーチルは大学評議会の下にある委員会に審査を求めましたが、ここでも不正が認定されました。学長は解雇を決定し、チャーチルの異議申し立ては大学評議会によって却下されたので、チャーチルは2007年7月に解雇されました。チャーチルは今まで問題にされてこなかった不正行為を取り上げたのはエッセイへの報復だとして、裁判を起こしました。2009年の陪審員裁判では解雇は不当と判断されましたが、賠償金は1ドルのみが認められました。双方が控訴し州最高裁まで争いましたが、チャーチルの敗訴となりました。大学には誰が、何を、誰に、いかに教えるかを決める裁量権があるという組織としての学問の自由を、チャーチルの専門職としての学問の自由より優先した判断です。連邦最高裁も控訴を棄却したので判決が確定しました。学問の自由の保護は不正行為とは関係なく、不正行為の処分は基本的に大学

単位で行うものですが、1991年にシカゴ大学の教員が大学院生の論文をそのまま自分の名前で発表するという悪質な盗作をしたときには、大学院生の指導を5年間禁止するという処分でしたので、チャーチルの処分は不当に重く、エッセイの事件が関係したという疑念が残りました。国家安全保障の世論に合わない意見が自由に発表できないという危険は、言論の自由をきわめて重視するアメリカ社会の中でさえ、今日でも存在しているのです。

　一方、コロンビア大学では、パレスチナ人を支持する発言をしたサイード（Edward Said）に対する批判が多数寄せられましたが、彼が2003年に亡くなるまで大学は彼を守りました。助教授のディ・ジェノバ（Nicholas de Genova）のイラク戦争批判の発言も広く報道され批判の声が寄せられましたが、大学は解雇はしませんでした。

　2004年から活動しているStudents for Academic Freedom（SAF）というのは、保守系の学生団体で、大学教員にリベラルと保守のバランスの取れた内容の授業をするよう求め、学生に教員と対等な立場で議論する権利を求めています。デューク大学のSAF支部は2005年に教員に対して学生の発言の権利を認めるよう求め、署名を拒否した教員の名前をウェブ上で公開しました。教室内で議論することは好ましいことですが、授業内容を最終的に決め、成績をつけるのは教員であるのに、リベラルな内容の押しつけだとして保守派の学生が反発し、教員の発言を萎縮させようとしています。2017年にはある大学の歴史教授に高校生からメールで質問が送られて来ました。このことは今の時代、珍しいことではないのですが、少なくとも6つの大学で、同じ人物から同じ質問が大学の教員と院生に送られていたことが明らかになりました。メールを受け取った教員は、保守派の団体が回答を集めてリベラルな教員をあぶり出すために行っていたのではないかと疑っています。

　テニュア制度は言論の自由を守るために不可欠な制度です。チャーチルもテニュア取得教員だったので解雇に時間がかかりました。テニュアを持っていれば政府・産業界・大学を批判する発言もできるのです。赤狩り時代でもテニュア教員の解雇は、任期付き教員の契約非更新とは重みが異なりました。しかし、近年、産業界、保守的政治家、さらに雇用不安に直面する一般

市民からも、大学教授職を安泰にしているテニュア制度への批判が行われています。テニュアがあるために怠惰な教員を解雇できず、時代遅れの学問の学科がいつまでも残り、新しい学科を立ち上げることに予算が回らないというものです。ただ、テニュア取得までに猛烈な競争がありますし、教員は同僚や学生から軽蔑されたくないので、テニュア取得後に研究に手を抜くようになることはないと考えられます。また、地位が安泰なので、教員は自分の学科のために自分より優秀な人材を採用することに反対しなくなるのです。テニュア制度に代わる任期更新制度では誰が審査するのかが問題になります。学内・学科内で互いに審査する場合、自分のときに甘くしてほしいので、他人への審査が甘くなる恐れがあります。他大学の教員に頼んでも互いに審査をしあう限りは同じことです。研究分野の専門家でなく素人の官僚・職員に審査させることは適切ではありません。さらに、大学教員の身分が不安定になれば、大学院に進学して研究者になろうという人材がますます枯渇してしまい、長期的には大学の研究能力が低下します。イギリスのチャーチル首相は「民主主義は最悪の制度だが、これに勝る制度もない」と言いましたが、テニュアもそうなのかもしれません[4]。

表6.2 大学（短大含む）におけるフルタイム・パートタイム教員

	フルタイム（人）	パートタイム（人）	フルタイム比率（％）
1971	379,000	113,000	77.0
1975	440,000	188,000	70.1
1981	461,000	244,000	65.4
1985	459,000	256,000	64.2
1991	545,623	290,629	64.8
1995	550,822	380,884	59.1
2001	617,868	495,315	55.5
2005	675,624	614,802	52.4
2011	762,114	762,355	50.7
2015	807,032	743,983	51.2

出所: Snyder, T. D., de Brey, C., and Dillow, S. A. (2018) *Digest of Education Statistics 2016*, Washington, D.C.: US Department of Education Table 315.10.

第 6 章　キャンパスにおける言論の自由　149

表 6.3　テニュア制度のある大学の比率

(%)

年度	全大学	州立大学						私立大学					営利大学
	全大学	全体	4年制全体	博士号授与*	修士号授与**	その他***	短大	全体	4年制全体	博士号授与	修士号授与**	その他***	短大	
1994	62.6	73.6	92.6	100.0	98.3	76.4	62.1	62.0	66.3	90.5	76.5	58.3	26.1	7.8
2000	55.0	72.8	94.6	100.0	95.5	86.3	60.3	59.0	63.4	81.2	72.6	54.9	14.0	4.0
2004	52.7	71.3	90.9	100.0	98.0	70.9	59.4	57.9	61.2	86.6	71.6	49.5	14.4	3.6
2006	50.9	71.5	90.9	99.5	98.0	71.6	59.4	56.5	59.8	85.1	67.1	49.2	11.5	2.0
2008	49.5	70.7	91.0	100.0	98.6	71.6	57.4	57.5	60.2	87.8	66.0	49.0	13.0	1.4
2010	47.8	71.2	90.9	99.6	98.5	71.3	57.7	57.1	59.5	80.6	64.4	44.6	12.9	1.5
2012	45.3	71.6	90.8	99.6	98.5	70.5	57.8	55.6	58.6	79.5	64.0	42.7	8.0	1.3
2014	49.3	74.6	95.8	99.6	98.1	86.6	58.9	59.7	61.8	79.6	63.2	49.0	12.5	1.2
2016	51.9	74.7	95.2	99.6	97.6	85.7	58.8	57.7	60.6	79.8	60.8	47.0	7.5	1.3

注) *前年度に博士号を 20 件以上授与した大学。
**前年度に修士号を 20 件以上、博士号を 20 件未満授与した大学。
***学部教育中心の大学。私立の中にはレベルの高いリベラルアーツカレッジも含む。
出所：Snyder, T. D., de Brey, C., and Dillow, S. A. (2018) *Digest of Education Statistics 2016*, Washington, D.C.: US Department of Education Table 316.80.

表 6.4 テニュア制度のある大学におけるテニュア教員の比率

(%)

年度	全大学	州立大学						私立大学全体					短大	営利大学
		全体	4年制全体	博士号授与	修士号授与	その他	短大	全体	4年制全体	博士号授与	修士号授与	その他		
1994	56.2	58.9	56.3	54.5	60.5	51.1	69.9	49.5	49.5	47.6	51.8	50.4	47.9	33.8
2000	53.7	55.9	53.2	50.4	59.1	54.7	67.7	48.2	48.1	43.4	52.3	53.5	59.7	77.4
2004	50.4	53.0	50.2	48.9	52.9	51.2	65.2	44.6	44.6	40.1	48.7	51.9	47.7	69.2
2006	49.6	51.5	48.7	47.2	52.3	49.1	64.1	45.1	45.1	40.7	49.1	52.5	45.2	69.3
2008	48.8	50.5	47.8	46.1	51.9	49.1	63.6	44.7	44.7	40.1	49.8	52.7	41.3	51.3
2010	48.7	50.6	47.8	45.7	53.6	51.3	64.1	44.3	44.3	40.4	50.5	54.1	38.5	51.0
2012	48.5	50.7	48.0	45.8	54.3	53.4	64.7	43.7	43.7	39.7	50.7	54.3	31.4	31.0
2014	48.3	50.4	47.3	44.9	55.4	52.2	67.2	43.8	43.8	39.5	51.7	55.9	31.5	19.8
2016	47.3	49.3	46.6	44.2	54.7	53.4	65.1	42.8	42.9	38.6	51.6	55.6	33.9	17.0

注：* 前年度に博士号を20件以上授与した大学。
** 前年度に修士号を20件以上、博士号を20件未満授与した大学。
*** 学部教育中心の大学。私立の中にはレベルの高いリベラルアーツカレッジも含む。
出所：Snyder, T. D., de Brey, C., and Dillow, S. A. (2018) *Digest of Education Statistics 2016*. Washington, DC: US Department of Education Table 316.80.

ただ、財政難の大学は表6.2が示すようにテニュアのない非常勤講師（パートタイム教員）を増やし、1971年に77%だったフルタイム教員の比率は、2015年には50%強にまで下がっています。さらに、フルタイムであってもテニュア審査の対象にならない、「テニュアトラックでない」教員が増えています。表6.3が示すようにテニュア制度を残している大学は多いのですが、経営にシビアな私立大学ではテニュアを廃棄した大学も出ており、私立の「その他」（学部教育重視型）大学、短大、営利大学ではテニュア制度を維持している大学の比率が低いのです。博士号授与大学では私立でも州立でも多くがテニュア制度を維持しています。しかし、テニュア制度は存在していても、表6.4が示すようにテニュアを取得している教員の数は限定的です。大学全体では50%を切っています。州立・私立の博士号授与大学は制度としては多くがテニュア制度を持っていますが、テニュア取得教員は州立で44.2%、私立で38.6%に低下してきており、むしろ修士号授与大学の方が比率が高くなっています。博士号授与大学は少数の研究能力の高い教員を高給で雇い、授業はテニュアトラックでない教員に任せている場合があります。雑誌が行う「大学ランキング」でパートタイム教員が多いのはマイナス要素ですので、有名大学はパートタイム教員でなくフルタイムのテニュアトラックでない教員を雇いたがります。テニュアは制度として残っていても形骸化しており、恩恵を受けている教員は少なくなっています。このような状態では言論の自由が保障されるとは限らないといえましょう。

注
(1) 言論の自由は連邦政府が対象ですから、民間企業で社長を批判した社員が解雇されても違法ではありません。公務員も公的関心事（public domain）を私人として発言することは認められますが、公務での発言は抑制されますし個人的な仕事の不満を公言したら処分されることが可能です。修正第1条によって州立・私立を問わず大学教員は連邦政府による言論の自由の弾圧から保護されます。憲法修正第14条は、州立政府が告知・聴聞など「法の適正手続き（Due Process）」を経ないで個人の生命・財産・

自由を奪うことを禁じています。州立大学の幹部は州政府を代表しているので、州立大学の教員はこの条項によって不当な解雇から保護されます。また修正第14条と組み合わせることで修正第1条を州政府に対して適用することも可能です。修正第14条は私立大学の教員には当てはまらないのですが、実際には州立大学教員と同様の保護が認められることが多いのです。資本主義批判を行った私立大学教員の保護が問題でしたが、最近は州議会・州政府・有権者からの州立大学教員への圧力も問題です。

(2) 1969年にソ連に逮捕されていたイギリス人スパイと交換でソ連に戻り、スパイ技術を教える仕事に就きました。

(3) この時期、アメリカンフットボール部のスキャンダルが次々と明るみに出たことも辞任の理由でした。高校の優秀な選手を勧誘するため開催する説明会に、女性を呼んで接待したり酒を出したりしていました。また、選手・コーチによる性的暴行事件も起きました。さらに、ナイダ（Kathie Hnida）という女子学生がアメフトのキッカーとして入部しましたが、嫌がらせと性的暴行を受けました。彼女は1年だけ在籍してニューメキシコ大学に転校しアメフトを続け、第1部リーグのアメフトで初めて得点した女子選手になりました。

(4) 第2章で述べました政府資金に応募してきた研究者の選定審査や学術雑誌の投稿論文の掲載の可否をめぐる審査においても、物理学ならば物理学者が決めるというように、専門家が審査して決めるPeer Review（同僚審査）が行われています。これに対しても人間のやることなので審査にブレがある、過去に実績のある応募者や投稿者には甘い評価になりやすい、審査員が採用を拒否しておいてアイディアを盗む、主流派のアイディアやアプローチが優先されるなど、さまざまな問題を抱えていますが、これもまた他に勝るものがない制度なのかもしれません。

column 7

オッペンハイマー

　「マンハッタン計画」は軍事プロジェクトとして陸軍のグローブス准将が監督しましたが、原子爆弾開発のロスアラモス研究所長、科学者のトップがロバート・オッペンハイマーでした。彼は1904年にニューヨークの裕福な家庭に生まれました。彼の父親はドイツからのユダヤ移民でしたが、紳士服裏地の輸入で財を成していました。ハーバード大学で化学を専攻し1925年に卒業、ドイツのゲッティンゲン大学で物理学博士号を取得しました。帰国後、1929年にカリフォルニア大学(バークレー)に就職しました。当初彼の講義は難解でしたが、同僚の助言もあり、彼自身が講義を改善したため人気の科目になりました。説明がうまいということはのちに彼の栄進に役立ちます。

　芸術に関心があり、語学習得の天才でしたが、政治には興味がありませんでした。しかし、1933年に恩師のボルン(Max Born)がユダヤ人追放のためゲッティンゲン大学を辞めさせられたことをきっかけに、政治活動に熱心になりました。亡命ユダヤ人学者のための募金活動に加わるとともに、反ナチス、反ファシズムの共産主義者と親しくなりました。彼の弟のロバートとその妻は共産党に入党し、交際していた女性(Jean Tatlock)も共産党員でした(1944年に自殺しました)。妻のキティも共産党員でした。彼も党に献金はしていましたが、彼自身が党員だったことはありませんでした。

　共産党とのつながりからFBIは反対したのですが、グローブスが高く評価していましたので、オッペンハイマーは1943年3月に開設とともにロスアラモス研究所所長に就任しました。1945年10月に退任後は

原子力委員会の一般諮問委員会の初代委員長になり、戦術核の改良を主張しつつ水爆のような大型爆弾の開発には反対しました。このころから彼はソ連寄りだと批判されるようになりました。

　発足時の原子力委員会で唯一の共和党支持者だったストローズは、水爆開発の遅れに抗議して委員を辞任していましたが、オッペンハイマーをよく思っていませんでした。アイゼンハワー政権で原子力委員会長として復帰すると、オッペンハイマー追放を画策し、上下両院合同原子力委員会のボーデン（William Borden）委員長に、過去の疑惑に関するFBIファイルを渡します。ボーデンはFBIのフーバー（Edgar Hoover）長官にオッペンハイマーをソ連のスパイだと結論づけた手紙を送りました。1952年にオッペンハイマーは一般諮問委員会を任期満了のため退任することにしていましたが、1953年12月、原子力委員会から機密情報へのアクセス許可を取り消されました（身分保障の停止です）。これに不服なオッペンハイマーはあえて提訴したため、1954年の春に公聴会が開かれました。彼が共産党に近い事は周知の事実でしたが、問題になったのは、1942年から43年にかけてソ連のスパイだったエルテントン（George Eltenton）が、カリフォルニア大学のフランス文学の教授でオッペンハイマーの友人だったシュバリエ（Haakon Chevalier）を通してオッペンハイマーから機密を得ようとしたことです。シュバリエはオッペンハイマー宅のホームパーティで、エルテントンがソ連領事館から機密情報の入手を依頼されている、とオッペンハイマーに伝えました。オッペンハイマーはその場ですぐ拒否しましたし、機転を利かせた妻が会話に割って入ったのでオッペンハイマーはそれ以上、関わることはありませんでした。しかし、彼はこの事実を保安当局に半年も報告しませんでしたし、グローブスからの質問に対してもシュバリエの名前をなかなか明かしませんでした。さらに、「その人物（シュバリエ）は3人の研究者に接近しようとしていた」となぜかウソの証言までしていました。多くの科学者はオッペンハイマーの無罪を主張するなかで、テラーだけ

は「スパイだ」と断言したわけではありませんが、「オッペンハイマーの言動には理解不能なところがあるので、核開発の意思決定に携わるには適任ではない」と不利な証言をしました。結局、職員保安委員会は2対1で資格停止を支持、原子力委員会も4対1で資格停止を支持しました。こうして、「原子爆弾開発の父」は「非国民」にされてしまったのです。

　オッペンハイマーに不利な証言をしたため、テラーは科学者の間で人望を失いました。多くの科学者は結論に不満で、オッペンハイマーの名誉回復を図りました。1963年、原子力委員会の一般諮問委員会はフェルミ賞をオッペンハイマーに与えることを決定しました。ケネディ大統領は慎重に考慮した上、承認し、議会の上下合同委員会では共和党のヒッケンルーバー（Bourke Hickenlooper）上院議員のみが反対しました。フェルミ賞は大統領の暗殺後、ジョンソン大統領政権下で実際に授与されました。過去の裁定のことは不問とし、純粋に科学者としての功績を表彰したのです。

第7章

大学における反戦運動

7.1 ベトナム戦争と科学者

1930年代に植物の成長ホルモンの合成が大学や企業で成功しました。その知識を利用した枯葉剤の開発が行われて、朝鮮戦争のときまでにエージェント・パープル（保管するドラム缶の色からそう呼ばれました）が完成しましたが、使用はされませんでした。デュポン社やモンサント社のような化学メーカーは軍事用除草剤の量産体制を築いていました。

1961年11月にマクナマラ国防長官とギルパトリック（Roswell Gilpatric）国防次官は、ケネディ大統領にベトナムでの枯葉剤の使用を進言しました。そこではヒトには害を与えない市販の除草剤を使用して、道路や敵の拠点の周辺の植物を枯らすことで敵が隠れることをできなくし、アメリカの偵察を行いやすくしてゲリラからの攻撃を防ぐこと、同時にゲリラの食料源である農産物を破壊することが目的とされました。1962年から南ベトナムで散布が開始され、1967-69年をピークとして、南ベトナムのジャングルの20％、マングローブ林の3分の1以上に散布されました。ただ、実際に使用されたものは市販のものとは異なる組成のエージェント・オレンジや、市販のものを使っても、はるかに高い濃度で集中的な散布方法が実行されていました。

農作物を破壊することの倫理的問題については、ナチスドイツが洪水を起こして農作物を破壊したことがニュンレンベルグ裁判では戦争犯罪とみなされていました。食糧生産が破壊されれば飢えるのは軍人ではなく市民であることは歴史上明らかで、人道上の問題がありました。また、1962年には

カーソン（Rachel Carson）の *Silent Spring* が刊行され、農薬に含まれる化学物質が人体にも有害であることが主張されていました。当初、化学産業も農業団体も政府（農務省，保健教育福祉省）もこの意見には否定的でしたが、大統領科学諮問会議（PSAC）が 1963 年 5 月の報告書で殺虫剤が農業生産を増加させている点を認めた上で、広範かつ長期使用での動植物・ヒトへの健康被害の可能性を示唆しました。エリート科学者の意見は政財界に影響を与えましたが、ベトナム戦争での除草剤使用への反対運動にはまだつながりませんでした。アメリカ軍はまた、催涙ガスも地下壕やトンネルから敵を追い出すために使用していましたが、殺戮する破壊兵器より人道的だと考えられていました。

　1966 年秋、ハーバード大学で 7 人のノーベル賞受賞者を含む 22 人の科学者が枯葉剤と催涙ガスのベトナム戦争での使用中止を求める声明を出しましたが、国防省は動きませんでした。1967 年に化学兵器の禁止を求めた 5000 人の科学者の署名が集まりましたが、一方で、アメリカ微生物学協会は陸軍の兵器開発への協力継続の提案を 600 対 34 で採択していました。1969 年 10 月、ニクソン政権の新しい科学アドバイザーのデュブリッジ（Lee DuBridge）は、エージェント・オレンジの人口密集地での使用禁止を大統領に進言しました。マウス実験で奇形の発症が明らかになったからです。1970 年にベトナム戦争でのエージェント・オレンジの使用が禁止されました。それに含まれるダイオキシンのアメリカ国内における農業での使用も禁止されました。生物・化学兵器の先制使用を禁止した 1925 年のジェノバ条約をアメリカ上院は批准しないできました。ニクソン大統領は批准を求め、フォード大統領になってから 99 対 0 で批准されました。ただし、暴動鎮圧の目的と枯葉剤についての使用は例外とする大統領行政命令が付与されました。枯葉剤を浴びてベトナムから帰還したアメリカ兵が健康被害を訴えるのは、1977 年になってからでした。第 5 章で述べた、迎撃ミサイルや SDI への科学者の反対運動には、技術的実現性を問題視する要素がありましたが、生物・化学兵器は技術的実現性には問題がない一方で、有害なことも確実でした[1]。したがって、純粋に倫理的、人道上の問題として反対の声が上がったのです。

アイゼンハワー政権の大統領科学アドバイザーだったキスティアコフスキィは退任後、ハーバード大学に戻っていました。そして、ベトナム戦争の過熱を憂いて1966年にCambridge Discussion Groupを結成しました。しかし、ラディカルな組織ではなく、マクナマラ国防長官と意見交換する機会もありました。1967年の時点では、MITの教学部長のウィーズナーは国防省からの軍事機密研究を全面的に断ってしまうと他大学に契約を持っていかれると懸念していました（実際に反戦運動の激しい東部の名門校でなく中西部や南部の2番手グループの大学に国防省からの研究資金が回り、これらの大学が成長しました）。

　学生の団体であるSDSはキャンパスでの軍事研究を批判していました。大学教員も科学の軍事利用について声明を出し、Science Action Coordinating Committee（SACC）を結成しました。軍事研究への抗議のため、1969年3月4日に全米の大学での研究ボイコットが提案されました。ただ、学生が「ストライキ」という言葉を使ったので、教員の中には共産主義を連想して敬遠する人も出ました。3月4日には全米30の大学で集会・討論会が開かれましたが、研究活動が完全に中止されたわけではありませんでした。3月4日の動きには賛同するが、学生の過激さにはついていけないという48人の教員がSACCを脱退してUnion of Concerned Scientists（UAC）を結成しました。

　国防省からの資金受け入れが活発だったMITでは軍事機密研究への批判が高まりました。1969年10月に学内の検討委員会（Pounds Panel）は軍事機密研究を含めて国防省からの研究資金受け入れを拒否すべきではないが、具体的な兵器の試作品を生産や配備する段階までは関わるべきでないと提言しました。多くの教員はこの提言に満足しましたが、学生はさらなる反対運動を続けました。11月には学生デモ隊がキャンパス内のインスツルメンテーション研究所に押し寄せ、入り口を封鎖するなど研究を妨害しました。リンカーン研究所も40％が軍事機密研究でしたが、キャンパスから離れていたのでデモ隊の標的にはなりませんでした。MITは1969-70年度の1年間で、上記の提言を実行することが可能か否か検討しましたが、インスツルメンテーション研究所（1970年1月にドレイパー研究所と改称）では不可能、リンカーン研究所では可能という結論に至りました。したがって、前者は、3年間の

移行期間を経て 1973 年に非営利研究所として大学から独立し、1977 年にキャンパスから離れた場所に移転しました。そこでは遠慮することなく軍事機密研究を続けました。

　リンカーン研究所は大学に残し、国防省以外からの研究費の受け入れを促しましたが、国防省への依存は変わりませんでした。1978 年には MIT の研究資金源として国防省は、エネルギー省、保健福祉省、NSF に次いで第 4 位に後退しましたが、MIT は国防省からの研究費の受入金額では依然としてアメリカの大学の中で第 1 位でした。

　スタンフォード大学では SRI が批判されました。SRI は企業からの資金では不充分だったので政府資金への依存を高めていました。1965 年には政府資金が予算の 82％、国防省からの資金が 78％を占めていました。1969 年 4 月 18 日に 8000 人が参加した抗議集会が開かれました。工学部長は機密研究の新たな受け入れはしないと表明しました。大学評議会がキャンパスでの機密研究の禁止を発表し、5 月 13 日に理事会が SRI を大学から組織上、分離しました。同様に、コロンビア大学は 1967 年、コーネル大学は 1969 年、ミシガン大学は 1972 年に、それぞれ軍事機密研究を行う施設を特定し、メインキャンパスの学科の研究室の研究成果は公開にする、機密として研究成果が公開できない研究は行わない、そのような条件の研究資金は受け取らない、ということにしました。

　1965 年から、科学者の組織であるアメリカ科学振興協会(American Association for the Advancement of Science, AAAS) は政治問題について正式に議論する場を設けるようになりました。一方、アメリカ物理学会は軍事研究に関わっていたり、基礎研究であっても国防省から資金を受けている会員も多く、慎重でした。カリフォルニア大学バークレー校のシュワルツ (Charles Schwartz) は 1968 年のアメリカ物理学会総会でベトナム反戦の決議を提案しましたが、受け入れられませんでした。これに不満な彼は「会員の 1％の賛同があればどの会員も発議できる」という会則修正案を提案しました。これは投票までには行きましたが、3 対 1 の比率で否決されました。彼とスタンフォード大学のパール (Martin Perl)、ミシガン大学のロス (Marc Ross) とロックフェラー

大学のポスドクのゴールドハーバー (Michael Goldhaber) は1969年2月に Scientists for Social and Political Action (SSPA) を設立しました。設立総会には300人以上の物理学者が集まりました。まもなくEngineersも加えて、Scientists and Engineers for Social and Political Action となり、4月には Science for the People (SftP) と改称しました。SftPは科学技術者の戦争協力に反対する立場をとりました。もともと科学者の団体の中ではラディカルな立場でしたが、1969年を通してリベラル派が離れて先鋭化していきました。

1960年代後半、主要学会ではアメリカ社会学会やアメリカ政治学会のように明確な反戦決議を可決するまでには至らなくても、ベトナム戦争への学会員の協力の是非をめぐる論争が頻繁に見られるようになりました。戦争に反対ならば科学者をやめても何らかの生活はできるのだから、科学者だから政府の政策に逆らえないというのは理由にならないという意見もありました。一方、政府の統合参謀本部は技術的なことでは科学者に相談して意見を聴きますが、戦略分析、政治的判断、倫理的な議論では科学者の意見を無視するようになりました。アイゼンハワー時代のように広範な政策判断を科学者に求める機運は薄れました。1968年春に国防省の諮問委員会のメンバーも大学の研究者から防衛産業やシンクタンクの軍事専門科学者に代わりました。後者は軍事拡大によって利益を受けますので利益相反の問題がありました。大学の教員も国防省からの研究費がほしいという意味での利害関係はあるのですが、それでも政権に対して中立な、時には批判的な意見を述べていました。大学の研究者と政権・国防省とが距離を置くことになったことはむしろ不幸なことでした。

7.2　Jason

科学者の戦争協力で議論を巻き起こした組織がジェイソン (Jason) です。プリンストン大学教授 (のちにカリフォルニア工科大学長) のゴールドバーガー (Murph Goldberger) は設立まもないDARPA (当時はARPA) の中に、少数の若

手物理学者を動員して軍事技術について意見を求める組織を作りました。1960年の夏に最初の研究合宿を行い、グループはJasonと名づけられました（ゴールドバーガーの妻がギリシャ神話のアルゴ船隊員のリーダーのJasonから名づけたといわれています）。ARPAからの契約を受けたIDAという民間非営利企業が運営しました。大学の教員に年間通じてフルタイムで軍事研究をしてもらうのは難しいので、夏休みだけやってもらったのです。国防省内や防衛産業の研究者からは率直な意見は得られませんので、大学の研究者の客観的な意見はやはり貴重でした。大学教員は夏休みは給与も支払われません（年間給与は12等分でなく9等分で支給されます）が、その期間は大学から拘束されず自由でもありました。Jasonの参加報酬は年齢や所属大学の格で多少異なりましたが、開始当初は1日50ドル（2015年実質ドル換算で約395ドル）で夏合宿が30日で、それ以外の10カ月は毎月6日間参加し、合計で90日なので年間4500ドル（同約3万5530ドル）もらえました。多額ではありませんが若手にとっては悪くないものでした。年長者にとっては企業コンサルタント料と競合するレベルでした。

　国防省の要望で大まかなテーマが決まり、その解決策を考えますが、分担は参加者同士が決め、強制的ではなく国防省の介入を避け客観的な研究を行いました。たとえば第1回目のテーマは、核爆発が一酸化窒素の雲を作り軍事衛星からの偵察が不可能になるかというテーマに取り組み、よほどの数が爆発しない限り問題はない、という結論を出しました。

　Jasonはベトナム戦争での課題にも取り組みました。北ベトナムから「ホーチミンルート」と呼ばれる輸送路を通って物資が南ベトナムの反政府ゲリラ（ベトコン）に供給されていました。そこで、1966年にセンサーを空から投下して地面に突き刺さして、ベトコンの動きを察知して、航空機からの攻撃を指示するプランを考案しました。軍はこの計画では敵の兵士の動きよりもトラックの動きを察知して空から破壊することに期待しました。国防省の将校は費用もかかるし技術的にも確立したものでないのでJasonのアイディアに反対しましたが、マクナマラ国防長官は導入することにしました。Air-Supported Anti-Infiltration Barrier（コードネームはProject Practice Nineで

すが、通称「マクナマラ・フェンス」）として 1967 年に 18 億ドル（2015 年実質ドル換算では約 128 億ドル）を費やし開発し、1968 年から導入されました。しかし、実際には、センサーのバッテリーが高温でうまく作動しなかったり、センサーを投下しても目標どおり地面に突き刺さらなかったりしました。また空軍はどこをどう爆撃するかをセンサーのデータによって指示されるのを好みませんでした。結局、爆撃によっては北ベトナムの輸送力は衰えなかったのです。この作戦は失敗しましたが、まもなく 1968 年に海兵隊のキーサン（Khe Sanh）基地が北ベトナム軍に包囲されたときに、250 以上のセンサーを投下することでベトコンの攻撃を察知して解放することには成功しました。電子戦への取り組みはベトナム戦争では充分な成果が上がりませんでしたが、長期的には技術進歩に貢献しました。

　1971 年 6 月に *New York Times* 紙が国防省のアナリスト（Daniel Ellsberg）がリークした 47 巻の機密研究記録の要約版を報道し、ベトナム戦争の機密研究における Jason の役割が明らかになりました。Jason の科学者はベトナム人殺戮に関与する「戦争犯罪人」として批判されるようになりました。イタリア人物理学者（Bruno Vitale）が Jason 批判の急先鋒になり、1972 年 12 月にヨーロッパの科学者グループが Jason に公開質問状を送りました。1972 年 4 月にコロンビア大学では 50 人の教員が Jason に抗議しました。Jason メンバーは自宅を突き止められ、壁に落書きされたりガレージに火をつけられたりしました。ガーウィンはニクソン政権の科学諮問委員会のメンバーで超音速旅客機の開発中止を提言した科学者で保守派ではないのですが、自宅の玄関前に嫌がらせの立て看板を置かれたり、飛行機に乗り合わせた女性から「無差別殺人者」と叫ばれました。前述の 1969 年に設立された SftP は 1972 年に *Science Against the People: The Story of Jason* を発表し Jason を痛烈に批判し、Jason が軍事研究をやめてこれまでの研究成果を公開することを求めました。歴史的に見て Jason の研究では機密研究が 3 分の 2 から 4 分の 3 を占めており、国際緊張が高まると機密研究の割合が高くなります。自由なアイディアを出してきましたが軍事目的であることは否定できません。

　Jason の科学者は自分たちは事実・情報を提供するだけで、それをどう使

うかは政府が決めている、政治的判断に関与していないし、関与するべきでもないという立場で批判に反論しました。第5章で述べた、核実験の「死の灰」の危険性の情報だけを提供するCNIと同じ考え方です。Jasonのメンバーは客観的なアドバイスによって軍部によるベトナム戦争のエスカレートを防いだとも主張しました。さらに、Jasonへの非協力を強要することの方が学問の自由に反する、との意見もありました。

1973年にDARPAの新長官ルカシク（Stephen Lukasik）はJasonとの距離を置くべきと考えました。IDAとの契約をSRI（すでにスタンフォード大学とは関係を断ち非営利研究組織になっていました）に切り替えました。2001年、DARPAの新しいディレクターのテサー（Anthony Tether）と前ディレクターのフェルナンデズ（Frank Fernandez）はJasonの成果に満足せず、3人のメンバーを推挙しましたが、Jasonのディレクターのクーニン（Steve Koonin）は資格が不充分だとして、この3人をメンバーではなくコンサルタントとして受け入れ、別の3人を新メンバーとして推挙しました。今度はテサーがこの人選を拒否したため、JasonとDARPAとの関係は悪化しました。2002年にDARPAはJasonとの直接的関係を切って、国防省のOffice of the Director of Defense Research and Engineeringの下に置きました。

Jasonの構成は今日では20％が物理学者、15％が生物学者、50％がIT技術者、15％が学際分野です。1990年代以降、生物学者が増えてきました。1960年代は男性の理論物理学者が多く、妻は専業主婦だったので、夏の合宿に意味がありました。今は配偶者が仕事を持っているので夏の合宿所に移ってこられませんし、実験物理学者が多いと自分の実験室を離れては仕事ができないという悩みがあります。現在ではJasonの手当ては月に850ドルで、研究者にとっては企業とのコンサルティング契約よりも安い金額です。

Jasonがこれまで生き残ってきたのはいくつかの要因があります。メンバーにとってテーマが興味深く、メンバー同士が敬意を払っており、愛国心があったという点です。ベトナム戦争の時代でもベトナムで戦う友人に何かをしたいと考えていました。政府が直接雇う（国立研究所の）研究者、軍需企業の研究者は政府にとって耳が痛い助言は行いにくいので、Jasonのような

組織は必要であると考えられました。少しでもJasonに関わった研究者の中から13人がノーベル賞を受賞しましたので、優秀な人材が参加していたことは事実です。

7.3　ベトナム戦争と学生

　ベトナムはフランスの植民地でしたが、第2次大戦中は日本が占領していました。第2次大戦後、フランスの統治が復活しましたが1946年に内戦が勃発し、1954年にはフランス軍は撤退しました。北緯17度線を境に北ベトナムにはホー・チ・ミン（Ho Chi Mihn）による共産主義政府（ベトナム民主共和国）と、南にはフランスが残していったバオ・ダイ（Bao Doi）政権とが成立しました。アイゼンハワー政権が後ろ盾になるとゴ・ディン・ジュム（Ngo Dinh Diem）が南ベトナム（ベトナム共和国）の首相に就きました。フランスに代わってアメリカ軍が駐留し、ケネディ政権下で駐留兵は1961年12月の3164人が1年後には1万1326人に増加しましたが、宣戦布告をした正式な戦争でなく戦闘的訓練という名目でした。南ベトナム政権が独裁的であることは当初から懸念されており、反共の砦だからといってこの政権を支持することへの批判はありました。議会のマンスフィールド上院議員やガルブレイス（John Kenneth Galbraith）らの知識人も警鐘を鳴らしていました。1963年にポーリングら55人の有識者が、アメリカの関与を減らして国際的枠組みでの解決を目指すべきという意見を表明しました。SANEを中心に5000人の大学関係者がベトナムの中立化（共産主義政権でもよいが中国からは独立した存在）を求める署名をしました。しかし、当時のアメリカ人の4分の1がアメリカがベトナムで戦っていることさえ知らず、3分の2は関心を持っていませんでした。政府の情報操作のせいもありますが、この無関心が反戦運動が盛り上がらない要因でもありました。

　1964年の選挙ではジョンソン大統領は戦火を拡大しないと期待され、国際紛争時に核兵器の使用も辞さないと述べていた共和党タカ派のゴールド

ウォーターよりも好ましいと考えられました。第2章で述べたように、科学者はスポック (Benjamin Spock) が中心になり Scientists and Engineers for Johnson-Humphrey という組織を立ち上げジョンソンを応援しました。ラディカル派も積極的ではありませんでしたが支援に回り、中道と左派の支持でジョンソンが勝利しました。

1965年に大学キャンパスでの反戦運動が行われるようになりますが、反戦運動においても、単に戦争に反対して市民を啓蒙することにより選挙を通しての意見表明で改善が可能と考えるリベラル派と、市民を動員してアメリカ社会そのものを改革しないと戦争は終結できないとするラディカル派の対立が深まりました。ラディカル派は「ジョンソン政権は大量虐殺をしたナチス第三帝国と同じくらい罪深い」という発言までしていました。この対立のため反戦運動はまとまりを欠いて支持を拡大できませんでした。戦死者が出た家族も少なく世論はまだ圧倒的に戦争支持であり、キャンパスでも戦争支持者の方が多数派でした。反戦運動の集会には、それをはるかに上回る戦争支持者が集まり卵を投げるなどの嫌がらせを行いました。また、反戦運動の組織の事務所が放火などのテロ攻撃をされることもありました。1965年末に「ヒッピー (Hippie)」という言葉が生まれ、反戦運動をしている大学生はアメリカの伝統的な価値観にそぐわない人物だとみなされるようになりました。

1967年の2月に公民権指導者のキング (Martin Luther King) 牧師が明確に反戦運動との連携を主張しました。これには当惑した関係者もいましたが、反戦運動は勢いづきました。リベラル派の中では、ラディカル派を含めることに反対していた幹部のムステ (A. J. Muste) が死去し、スポックも態度を軟化させ、反戦運動の中での大同団結の機運が高まりました。4月15日の反戦集会はニューヨークで20万人 (主催者は40万人と主張)、サンフランシスコで5万人が集まりました。このころから徴兵反対運動が起こり、キャンパスの大学生やその家族だけでなく、一般市民や知識人も加わるようになりました。

10月16日には全米で1100人以上が参加して徴兵登録カードを破棄・返却するイベントが行われました。しかし、120人もの非暴力的な参加者が逮捕されたことに抗議して、17日にラディカル派がカリフォルニア州のオー

クランド（カリフォルニア大学の本部の隣町）の陸軍の兵役登録センターを取り囲み閉鎖させました。さらに1万人のデモ隊と2000人の警官が衝突しました。10月21日には首都ワシントンで10万人規模の大きなデモが行われ、警備側も第8章で述べる1932年の退役軍人のデモ以来の体制で臨みました。

1968年になると旧正月の1月31日に北ベトナム軍が大攻勢をかけてきました。この局面で戦争が短期間にアメリカ側の勝利によって終わる見込みは薄れてきました。3月にはジョンソン再選を支持してきたケネディ（Roberet Kennedy）上院議員が大統領選出馬を表明します。それ以前から現職に逆らって活動している反戦派のマッカーシー（Eugene McCarthy）議員も予備選挙で善戦していました。

ジョンソン大統領は3月31日に北緯20度以北の爆撃を停止するとともに、大統領選挙不出馬を表明しました。リベラル派は1964年にはゴールドウォーターに反発してジョンソンを支持し、また、大統領就任後も弱者を保護するグレートソサエティポリシーにも共感していましたが、ベトナム戦争の戦火拡大のなかでジョンソンに失望していきました。4月4日にキング牧師が暗殺されると公民権運動も先鋭化し、戦争反対・徴兵制反対の運動も激しくなりました。

1968年の大統領選挙では、民主党も共和党も候補は、ベトナム戦争に関して増派でなく、撤退を進めつつ交渉で解決するという方針で大きな差異はありませんでした。また、互いにあえて争点にしない雰囲気もありました。8月25日にシカゴでの民主党大会に多数の反戦活動家が集まり警察と衝突しました。本命のケネディ上院議員が6月5日に暗殺され、副大統領のハンフリーが民主党からの候補に選出されましたが、本選では共和党のニクソンに敗れました。国民は保守派のニクソンに秩序回復を期待しました。

ニクソン政権発足後の1969年春には、400の大学で反戦デモが行われ、4000人が逮捕されました。しかし、器物破損などが起こったキャンパスは7％程度でした。この戦争は非道徳的で正当化できないので兵役を拒否をするというモラトリウム（Moratorium）運動が盛り上がり、10月15日に大規模なデモが各地が行われました。さらに、より包括的な反戦デモが首都ワシン

トンで 50 万人を集めて 11 月 15 日に行われました。大部分は非暴力的でしたが、夜になって残っていた参加者が暴徒化しました。

　ニクソン政権発足後、キッシンジャー（Henry Kissinger）大統領補佐官は反戦運動活動家に対して 1 年間猶予をくれるよう求めました。実際には大統領は撤退も発表しましたが、その一方で、CIA に対して反戦デモに共産主義者が参加していないか調査させました。過去 2 回の調査と同じく証拠は見つけられませんでした。

　1970 年 3 月にカンボジアでシアヌーク（Norodom Sihanouk）殿下が追放され軍事政権が誕生したことを好機と見て、同国内の北ベトナム軍の拠点を攻略すべく米軍と南ベトナム軍が 4 月 30 日にカンボジアに侵攻しました。これに対してはきわめて早く 5 月になると反対運動が起こりました。デモ隊は概ね穏健でしたが、一部が警察隊と衝突しました。オハイオ州のケント州立大学で州兵がデモ隊に発砲して 4 人が死亡し 13 人が負傷しました。ニクソン政権は非を認めませんでしたので、これに抗議して全米の 4 分の 1 のキャンパスで 150 万人の学生が授業をボイコットしました。1 日で終わった大学もありましたが、春学期中ずっと閉鎖された大学も出ました。それでも暴力沙汰が報告されたのは全キャンパスの 4% で 1969 年のときより少なかったのです。ただ、ミシシッピ州立大学で州警察が寮を襲撃して 2 人が死亡し、カリフォルニア大学サンディエゴ校では焼身自殺者が出ました。さらに、8 月にウィスコンシン大学で陸軍数学センターの入っている建物（Sterling Hall）が反戦運動家によって爆破され、軍事研究に関係ない物理学科のポスドクのファスナクト（Robert Fassnacht）が死亡しました。市民はキャンパスは混乱しており反戦学生を不穏分子だとみなしていました。連邦大陪審はケント州立大学において発砲した州兵は無罪とし、デモに参加した 25 人の学生を有罪としました。

　1971 年 1 月、ニクソン大統領は地上戦は 5 月末に終了させるが、10 万人は南ベトナムに駐留を続け空爆は強化すると発表しました。4 月 24 日には 20 万人とも 50 万人ともいわれるデモが首都ワシントンで行われました。1969 年 11 月と同規模なものでした。基本的には非暴力的でしたが、連邦政

府施設、交差点などで座り込みが行われ、まったくの誤認逮捕も含めて7000人が拘束されました。大統領はデモ隊には厳しい態度で臨みました。

　一方、復員兵の発言やマスコミの取材で、ベトナムにおけるアメリカ兵による住民虐殺など腐敗・不正の事件が明るみになりました。1967年ごろからアメリカ軍の規律・モラルが乱れてきたことが明らかになっていきます。そのため徴兵制でなく志願兵制がよいのではないかという意見が強まりました。ニクソン大統領は1969年11月に徴兵ための登録を義務づけますが、そこから抽選で召集すること、最終的には志願兵制度にすることを発表しました。一方、きわめて強力な爆弾であるナパーム弾、(前述した)枯葉剤の使用、農業にダメージを与えるための気候変動を起こす研究、堤防の破壊、CIAによる南ベトナムと協力しての麻薬密売なども明らかになり、ベトナム戦争におけるアメリカの国家としての非倫理的な行為が問題になりました。

　段階的撤退は続く一方、空爆は激化しました。ニクソン政権は1969年1月の成立から30カ月で、ジョンソン政権4年分よりも多くの爆弾を落としました(ジョンソン政権は第2次大戦のときの3倍以上の爆弾を落としていました)。撤退が続くなか、1971年末に多くの市民にとってベトナム戦争は最重要課題とは考えられなくなりました。一方、議会や知識人は空爆のことを理解していたので空爆停止を要求しました。アイビーリーグ(東部の名門大学)の8大学、中西部の60もの大学の学長が空爆反対の意見表明をしました。

　1972年の大統領選挙では、民主党候補のマクガバン(George McGovern)が劣勢を跳ね返すためにベトナムからの即時撤退を主張しましたが、現実的でないとの批判を受け、ニクソンが圧勝して再選されました。ニクソンはそれ以前からの和平交渉を進め、1973年1月に停戦の合意に達しました。60日以内にアメリカ兵が帰還し、600人以上いた米兵捕虜も解放されるというものです。しかし、ニクソン政権は南ベトナムの反共政権には軍事援助を続け、1973年には前年分の4分の3に当たる2億8500万ドル(2015年実質ドル換算で約15億6000万ドル)の援助を行っています。ただ、1972年にニクソン大統領は中国と国交を正常化し、ソ連とも緊張緩和(デタント)を果たし、反共の砦としての南ベトナムの重要性は低下していました。1975年3月に北ベ

トナムが大攻勢をかけると4月30日に首都サイゴンが陥落し、南ベトナムのグエン・ヴァン・チュー（Nguyen Van Thieu）元大統領（4月21日に辞任していました）ら要人はヘリコプターでアメリカ空母に逃亡しました。統一された国家は1976年にベトナム社会主義共和国と改称しました。一方、ニクソン大統領は「ウォーターゲート事件」[2]で議会から弾劾を受けそうになりましたので1974年8月8日に辞任しました。

7.4　アメリカにおける徴兵制度

　国民に兵役を義務づけることは、フランス革命の共和制とそれに続くナポレオン帝政で行われ、他のヨーロッパ諸国でも導入されるようになりました。アメリカでは独立戦争後の1792年に18歳から45歳までの白人に民兵に所属することが義務づけられました。1812年の対英戦争のときに連邦政府徴兵制度が検討されましたが、法案は成立しませんでした。しかし、州によっては徴兵制度を持っているところもありました。南北戦争時には南軍が1862年1月1日から徴兵制度を実施し、北軍も1863年3月に国民兵役法（National Enrollment Act）を成立させ、独身ならば20歳から45歳、既婚者ならば20歳から35歳までの男性は抽選により徴兵の対象になることになりました。志願兵には報奨金がありましたので、北軍の25％が移民、10％が南部からの黒人でした。徴兵に反対する暴動も都市では起きました。

　第1章で紹介したモリル法では、ランドグラント大学は農学、工学の教育だけでなく軍事教練も提供することが義務づけられていました。これは成立した1862年に南北戦争がすでに始まっており、北軍が緒戦で苦戦していたためです。1857年に議会を通過しましたがブキャナン（James Buchanan）大統領が拒否権を行使したときの法案には軍事教練は含まれていませんでした[3]。モリル法の施行は州政府任せでしたので、軍事教練の義務化はそれほどの影響力はありませんでした。アメリカは常備軍は最小限にして市民の軍事スキルを高めようとしていましたので、学生は週に数時間の軍事訓練を受

け、有事には中・少尉クラスで従軍してくれることが期待されました。

　第1次大戦にまだ参戦していない1916年、いまだに常備軍の拡充には支持が得られていませんでしたので、国防法(National Defense Act of 1916)によってReserve Officers' Training Corp (ROTC)がランドグラント大学を中心に設置され、予備役になれる大学生の軍事教練が本格化しました。ROTCは1920年にはランドグラント大学以外の大学や高校でも設置してよいことになりました。政府はランドグラント大学では軍事教練は全学生に必修だと、誤った法解釈を主張しましたが、1923年にウィスコンシン州が反発して必修をあえて取り消しました。他に2州もこれに倣いましたので、内務省教育局は必修でなくても軍事教練科目を提供していればよい、としました。1930年に司法省もその方針を支持しました。ただ、多くの州はラディカルとみなされたくありませんでしたから州立大学で軍事教練を必修にしていました。1934年に最高裁判決（Hamilton v. California）で必修ROTCは憲法違反ではないという判断が下されましたので、かえってROTC反対運動が起きました。

　1917年にはSelective Service Actが成立し、選択的な徴兵制が導入されました。志願者への報奨金と代理兵役（金を払って代わりに兵役についてもらう制度）が廃止される一方、良心的兵役拒否が認められました。これは殺傷を禁止する特定の宗派に属しているという理由での兵役拒否です。第1次大戦では、350万人の兵士のうち72％が徴兵で残りが志願兵でした。ただ、兵役登録している人の10％強しか召集されませんでした。アメリカはまだ第2次大戦に参戦していない1940年に平時徴兵制度を成立させ、1年間の兵役を課しました。1941年にこれが更新されるのに伴いROTCは廃止されました。参戦後、18歳から38歳（一時は45歳だったことあります）を対象に召集しました。1945年7月までに大学・大学院を卒業する見込みがあれば徴兵が免除されましたが、ノルマンディー上陸作戦後、学部学生の免除は取り消されました。ただ、第2次大戦では1600万人の兵士のうち、召集された者が63％で、37％が志願兵でした。パールハーバー奇襲への怒りから第2次大戦では第1次大戦よりも志願兵の比率が高かったのです。一方で良心的兵役拒否は、第2次大戦で定義が広まり、宗派を問わず個人的な宗教観や信条を理

由としてもよいことになりました。

　第2次大戦中に大学の研究者を軍事研究に動員していたOSRDとしては、大事な科学者が召集されてしまうと研究開発に支障をきたすことが問題でした。そこで職業ごとの徴兵免除によって、科学技術者のように戦争遂行に必要な職種は守られました。ブッシュは1943年に7300人の科学者のリストを作成し、召集しないよう求めたところ、陸海軍も約束してくれ実際に召集はされませんでした。1945年2月に29歳以下の職種による徴兵免除は廃止されました。それでもOSRDのリストに載った人は召集されませんでした。航空機の研究開発を行う政府機関のNACAでも陸軍が技術スタッフの徴兵を免除してくれていたのですが、1942年から特別扱いがなくなり実際に召集されました。NACAが依頼して1944年から、技術者は召集されたあとNACAに配属される形になりました。科学技術者は一兵卒として戦場に赴くより軍事技術開発に携わった方が国益になるので、兵役免除を認めるべきか、それは不公平でないのか、科学技術者以外にも兵役免除すべき職種はあるのか、などはどの国でも議論すべき問題です。

　1947年に徴兵制は廃止されましたが、志願者数が少なく冷戦も激化したので翌年6月に復活しました。大学生は学年末までは免除されました。科学・工学の人材は重要だったので免除されていました。ただ、全体として大学生は実際にはほとんど徴兵されず、また、低学力・低所得者はしばしば能力に問題があり召集されなかったので、中流労働者子弟にしわ寄せが行きました。リベラル派は裕福な大学生が免除されることは公平でないと考え、一方で保守派は例外のない皆兵を主張し、反戦運動をしている学生に愛国心を植え直すべきと考えていました。

　それでもベトナム戦争が長期化してしだいに徴兵される若者が増えてきましたので、左派は徴兵抵抗運動によって反戦運動を大衆化しようとしました。1965年から"We Won't Go"というスローガンが使われました。一般に高学歴・高所得者層の方がベトナム戦争に批判的になる傾向がありましたが、彼らは徴兵されにくかったので、ベトナム反戦運動と徴兵される懸念との関係は必ずしも強くなかったといえます。それでも1973年の徴兵制の廃

止以降、キャンパスの反戦運動の激化に歯止めがかかりました。また、キャンパスの反戦運動は目立っていましたが、実際に反戦運動に参加する学生は多数派でなく、キャンパスには戦争を支持している学生もいました。さらに学生は人種差別問題や大学のカリキュラム、学生寮、大学院生による授業（学生数が増えたのに教員は研究で忙しいので大学院生に授業をさせていました）など戦争以外のさまざまなことに不満を持って行動していたのです。

ROTC は戦後に復活し、アイゼンハワー大統領は将校には高い知性が求められるとして、ROTC を支援しました。しかし、ベトナム反戦運動のなか、ROTC は批判の的となり、1967-70 年では 200 カ所の ROTC の建物が破損されました。スタンフォード大学やハーバード大学のような有名私立大学は ROTC を廃止し、多くの大学は必修化をやめました。州立のカリフォルニア大学バークレー校も ROTC を廃止しましたが、国防省が ROTC のカリキュラム・教員人事は通常の科目と同じように大学のチェックを受けることを約束したので復活させました。1964 年に陸・空軍の ROTC も海軍に倣って学費全額免除の奨学金を出すことにしましたが、ベトナム反戦運動の高まりのなか、学生の ROTC 離れは顕著でした。

朝鮮戦争では兵士の 54％に当たる 150 万人が召集される一方、志願兵はとくに海軍・空軍に入りました。常備軍は第 2 次大戦直後に縮小された後、冷戦が始まったため拡充されていましたので、それほど召集しないでもすみました。必ずしも国民から強く支持された戦争でもないのですが、ベトナム戦争ほど目立った反対運動もありませんでした。マッカーシズムの時代ですから、戦争反対の声を上げて共産主義者とみなされることを恐れていました。言論が弾圧されていたためです。良心的兵役拒否が過去 2 回の大戦では召集兵の 0.15％でしたのが、1.5％になりました。1965 年から 73 年までにベトナム戦争では 190 万人が召集されましたが、やはり常備軍がいましたので、召集兵は戦地に派遣された 340 万人の 56％、内地勤務も含めた 870 万に対しては 22％でした。徴兵の対象になった人は 1964 年から 1973 年で 2680 万人でしたが、60％は兵役に就きませんでした。兵役に就かなかった者のうち 96％に当たる 1540 万人は大学生など合法的に免除された人で、4％

のみが非合法に兵役を逃れました。

　ボクシングのヘビー級チャンピオンのクレイ（Cassius Clay、のちにイスラム教に改宗してアリ［Muhammad Ali］）は、1966 年に「ベトコンに恨みはなく、殺したくない」という理由で兵役を拒否しました。翌年にはタイトルを剥奪され起訴・有罪となりました。しかしその後、最高裁は宗教に関係なく世俗的・個人的な思想・信条での兵役拒否を認めるようになり、1971 年には彼は無罪となりました。信念として戦争に行きたくないのならば拒否できることになりましたので、良心的兵役拒否者の実際に従軍した人に対する比率は 1967 年には 8％でしたが、1971 年には 43％、1972 年には 131％になりました（100 人召集兵をそろえるまでに 131 人が拒否していたという意味です）。

　第 2 次大戦後初となる登録者からの徴兵の抽選が 1969 年 12 月に行われました。その後も 1970 年 7 月、1971 年 8 月、1972 年 2 月（実際の召集は行っていません）に行われた後、1973 年に徴兵制は廃止されました。1975 年、フォード大統領は兵役登録の義務を廃止しましたが、ソ連のアフガニスタン侵攻を受け、カーター大統領は兵役のための登録義務づけを復活させました。現在、アメリカ軍は志願制ですが、18 歳から 25 歳の男性は兵役登録をしなければなりません。また、第 8 章で述べる通り、軍は奨学金やキャリア指導によって積極的にまた巧みに高校生・大学生を勧誘しています。

　今日の戦闘は専門的技術・知識が要るので、徴兵した素人を訓練していたのでは間に合わず、徴兵制でなく志願兵制が望ましいと主張されます。ただ、今日の戦争は武器の開発、サイバー攻撃など民間人の知識を戦場以外のところで活用する必要があります。そのため、わが国でも憲法が改正され国防が国民の義務となれば、徴兵制はなくても徴用制が導入され、戦争遂行のために意に反した勤労が求められることはありえます。民主的な国家が始めた戦争に市民がどう協力していくかという議論は、今でも重要なのです。

注
(1) 有害は確実なのですが、雨が降ると効果が薄れます。1964年3月の作戦（実験）は雨のため効果が出ず失敗に終わりました。1966年1月の作戦は雨が降っていなかったので効果がありました。
(2) 1972年6月にホワイトハウスのスタッフが、ウォーターゲートホテルにある民主党本部に侵入して盗聴器を仕掛けようとして逮捕された事件です。政権内部が関与し大統領自身がもみ消しを図ってきたことが判明し、大きな問題に発展しました。
(3) ブキャナン大統領は奴隷を使った大農園による農業から成り立つ南部の出身でしたので、自営農の拡大につながる国有地の払い下げに反対で、モリル法に対して拒否権を行使しました。1862年には南北戦争がすでに勃発していて、南部諸州は連邦議会から離脱していたのでモリル法は成立しました。

第8章
国防省による教育の支援

8.1　軍人への恩給制度

　アメリカでの軍人に対する恩給ですが、1636年に植民地の警護で傷害を受けた人には生涯支援が与えられていました。独立戦争では志願兵を集めましたが、なるべく長く軍隊に残ってもらうための誘因として1778年に、終戦まで従軍すれば、軍隊での給与の半額を7年間支給することにしました。1780年から生涯にわたって支給することになりました。ただ、アメリカでは平時には軍隊は縮小され有事に民兵を募るので退役軍人への関心は低いものでした。

　しかし、19世紀始めに独立戦争の退役軍人が高齢化すると彼らに同情が集まりました。1817年にモンロー（James Monroe）大統領のもとで手当てが支給されるようになりました。1812年の対英戦争の従軍者の中では、傷害を受けた者のみが手当てをもらえました。19世紀初めには連邦政府の財政黒字が大きくなりました。デモクラティック・リパブリカン党（今日の民主党の前身）は財源となっていた関税の引き下げを要求しました。一方、ナショナル・リパブリカン党（のちに衰退・解党）は北部の製造業を関税によって保護したかったので、関税引き下げではなく退役軍人への年金増加（支出増加による財政黒字削減）を主張し1832年に成立しました。

　南北戦争では、北軍の兵士のみが連邦政府からの支援の対象となりました。選挙目当てに共和党は従軍中に受けた傷害の定義を緩くして多くの退役軍人が年金を受けられるようにしました。民主党も対抗して支給を増やそう

としましたが、民主党のクリーブランド（Grover Cleveland）大統領は軍人年金に対しては浪費だとして批判的でした。また、軍人年金の拡充が一般市民の社会保障政策につながることはありませんでした。軍人年金における不正受給・浪費への批判も根強いものがありました。

　第1次大戦ではアメリカは1年半しか参戦しませんでしたが、400万人以上が従軍し、半数以上が海外に派兵され、11万人以上が戦死（半数は病死）しました。1917年に「戦時危険保険法（War Risk Insurance Act）」が成立し、扶養家族や未亡人も含めて年金が支給されることになりました。これは民主党が多数派を占める議会が提案したのですが、民主党のウィルソン（Woodrow Wilson）大統領とフランクリン・ルーズベルト海軍次官（のちの大統領）は消極的でした。その後は議会の提案を共和党大統領が否定する形が続きます。1922年にハーディング（Warren Harding）大統領が拒否権を行使しました。1924年はクーリッジ（Calvin Coolidge）大統領の拒否権を議会が覆して成立させました。退役軍人には従軍1日につき1ドル（2015年実質ドルでは14ドル）、海外に駐留したら1.25ドル（同17.5ドル）で年金が支給されることになったのですが、大統領と議会が妥協して支払い開始は1945年となりました。好景気だった1920年代はそれでよかったのですが、大恐慌が起こると退役軍人は年金の即時支給を求めます。議会の支払い提案に対してフーバー（Herbert Hoover）大統領が拒否権を行使しました。また、失職して生活に困窮した退役軍人が1932年に首都ワシントンへ行進し、掘っ立て小屋（「ボーナス・キャンプ」と呼ばれました）を作って居座りました。暴動に発展することを懸念したフーバー大統領は陸軍のマッカーサー（Doulas MacArthur）に命じて強制撤去させました。ただし、この事件では退役軍人は市民から同情されるよりもむしろ評判を悪くしました。

　のちにニューディール政策では公共事業が有名になりますが、ルーズベルト大統領は1932年の大統領選挙では均衡財政を主張しており、就任後には歳出削減のために退役軍人手当を削減しました[1]。議会は1935年に大統領の拒否権を覆して、従軍中に傷害を受けた退役軍人への年金を復活させます。ただ、従軍中の傷害でないものは対象外にする点では大統領の意見が通

りました。クーリッジとフーバーは退役軍人に無関心でしたが、ルーズベルトも軍人は市民の1人という立場で、優遇も冷遇もしませんでした。

　日本軍の真珠湾攻撃によってアメリカが参戦する前の1940年11月の段階で、戦時動員体制を検討するNational Resources Planning Board（NRPB）が設立され、その中では早くも軍事経済をいかに平時経済に戻すかということも検討されていました。参戦後の1942年7月にNRPBの中にPost-War Manpower Conference（PMC）が設立され、軍人の除隊をどう行うかも検討し、1943年夏には諮問レポートを提出していました（ただし、NPRBは議会の保守派によって1943年末に廃止されました）。

　1940年のSelective Service Actは、復員兵が元の仕事に就けることを促進することとしました。1942年の同法改正で徴兵対象を18-19歳に拡大する一方、それによって中断した高等教育を再開することへの支援を盛り込みました。この法律に基づいて実業家のオズボーン（Frederick Osborn）を委員長としたArmed Forces Committee on Postwar Educational Opportunities for Service Personnelが設立され、復員後の教育・職業訓練について検討しました。前述のPMCとも協力しつつ同じ時期にそれぞれが報告書を出しました。

　当時、第1次大戦の退役軍人が結成したAmerican Legionは有力な団体で、第2次大戦に従軍した人も年金の対象に含めるように動いていました。これと並んでVeterans for Foreign Wars（VFW）とDisabled American Veterans（DAV）が有力でした。Legionは1943年夏の第77議会会期末に、第2次大戦の兵役から除隊する際に金銭的手当てが支給されることを求めましたが、議会の動きは鈍いものでした。しかし、秋からの第78議会では24本もの提案がなされることになりました。ルーズベルト大統領も前述の2つの報告書を受け復員兵対策の立法化を求めましたが、彼は戦争遂行に忙殺されていたので、議会に任せる形になりました。1930年代の大恐慌は結局、戦争が始まり軍需生産と兵役によって解決されたのですが、1500万人が復員した場合、不況が再発することも予想され、大量失業する退役軍人への対応を誤れば、第1次大戦後のドイツやロシアのように革命が起こることも懸念されま

した。何らかの対策が必要なことは保守派も含めて超党派で理解が共有されていました。

8.2　G.I. Bill の成立

1943年12月にLegionは健常者も含めた退役軍人への政府支援を提案しました。心の傷を負ったり、教育・経済面で不利な状態で退役することにも配慮しました。DAVは傷害を負った退役軍人の団体なので、この案には反対でした。議会は傷害を負った退役軍人のみを対象に支援するつもりでしたが、傷害の定義を広くすることで妥協しようとしました。さらに、American Legionは教育支援も含めたServiceman's Readjustment Actを1944年1月に提案しました。VFWとDAVは教育も含めると財政負担が大きくなって傷害を持った復員兵への手当てが減ることを懸念しました。ルーズベルト大統領は3つの団体の立場を考慮しつつもとくに意見を述べず議会に任せました。Legionは保守派の新聞業界の大物ハースト (William Randolph Hearst) に依頼して全米26の新聞に取り上げてもらいました。そのなかでウォルター (Stephen Walter) という記者が覚えやすい名称としてG.I. Bill of Rights (「軍人のための権利の章典」) と名づけ、さらに略されて法案名としてはG.I. Billとなりました[2]。結局、健常者への教育支援も含めた法案が上院でクラーク (Bennett Clark) 法案 (S. 1617) として3月24日に、下院がランキン (John Rankin) 法案 (H.R. 3917) として5月18日に成立しました。両院の違いとして、上院案では2年目からの奨学金の更新のためには大学での成績基準が設けられており、下院案では25歳以上の退役軍人が支給を受けるためには兵役によって高等教育が中断されたことの証明が求められていました。結局、下院案になりました。両院調整委員会は3対3で膠着状態だったのですが、本来出席すべきギブソン (John Gibson) 下院議員がずる休みしていた (病気と偽り地元ジョージアでポーカーをしていました) のを無理やり連れてきて票決しました。最終的には上院側も賛成に回り調整委員会を全会一致で通過し、ルーズベル

ト大統領が6月22日に署名して成立しました。

　G.I. Billは実際には教育支援以外のさまざまな支援策を盛り込んでいました。5億ドル（2015年実質ドル換算で約65億ドル）で退役軍人用の医療施設が建設されました。週20ドル（同約260ドル）の失業手当が最長52週支給されることになりました。また、事業開業の支援として、銀行からローンを受けた人に政府がさらに2000ドル（同約2万6000ドル）までを4％の利子率で貸し付けることを盛り込んでいます。住宅購入に関しても同様のローンが受けられます。そして、教育に関しては90日従軍したら教育・職業訓練のために大学や専門学校に就学する授業料として500ドル（同約6500ドル）を4年間分、生活費支援として月50ドル（同約650ドル）、結婚していれば75ドル（同約970ドル）が支給されました。

　1945年当初は、復員兵はG.I. Billの内容を充分理解していなかったのであまり利用しませんでした。また、好況だったので大学進学への関心も高くありませんでした。1945年2月1日、150万人の復員兵のうち1万2840人のみがG.I. Billを利用して大学に進学しました。日本の降伏後、復員が本格化するとともにG.I. Billも利用しやすいように改正されました。除隊後2年でなく4年以内に大学に復学すればよくなり、支給された資金を使える期間は7年間から9年間に延長され、25歳以上の復員兵は兵役によって大学教育が中断されたことを証明しなくてもよくなりました。1943年の兵役についている人の25％が高卒、14％が大卒・中退だったので、兵役に就く前に大学に入っていなくてもよくなったことはG.I. Billを大いに利用しやすくしました。生活費は独身ならば月65ドル（2015年実質ドル換算で約840ドル）、結婚していれば90ドル（同約1160ドル）になりましたが、さらに1946年8月にはそれぞれ75ドル（同約868ドル）と105ドル（同約1215ドル）となり、子供がいれば15ドル（同約174ドル）の追加でした。1945年に160万人の学生のうち8万8000人がG.I. Billの受給者でした。1947年にはそれが230万人のうちの115万人となりました。

　事業開業資金援助はそもそも復員兵には経営のスキルがないので失敗も多く、そのため貸す側の退役軍人局の審査も厳しく、1945年6月段階では申

し込みの1％足らずしか認められませんでした。そこで、ローンの上限を2000ドル（2015年実質ドル換算で約2万6000ドル）から4000ドル（同約5万2000ドル）にして、開業資金としてだけでなく運転資金としても利用してよいことにしました。

　住宅ローンも3ベッドルームの家は当時でも8500ドル（同約11万ドル）しましたので、2000ドル（同約2万6000ドル）のローンでは不充分でしたし、また戦時経済下で住宅建設そのものが抑制されていて、家を手に入れることは難しかったのです。1945年に建設された21万戸の住宅のうち3％足らずがG.I. Billによって購入されていました。1949年でも復員兵の7％のみが住宅ローンを利用していたので、大学進学・職業訓練の31％、失業保険の51％に比べると低かったのです。1950年になり、政府保証分がローンの50％から60％に増加、上限金額は1945年に2月に4000ドル（同約5万3000ドル）になっていたのを7500ドル（同約9万8000ドル）にして、ローン返済期間も20年から25年にしました。1955年では5年以上家を持っている復員兵のうち88％はそれが最初の家でした。これは一般人では55％だったので、G.I. Billの効果といえましょう。1070万人の住宅所有者のうち37％がG.I. Billの利用者でした。ただし、事業や住宅のローンでは黒人は差別されていました。ローンは民間金融機関の貸し出しに政府ローンが加わる形でしたが、そもそも民間金融機関が黒人に貸しませんでした。また、黒人が住むと不動産価格が下がるため地域からも歓迎されなかったので、黒人が自分で家を持つのは容易ではありませんでした。

8.3　高等教育の拡大

　1600万人の復員兵のうち1955年までに830万人が失業手当を受け、780万人が教育・職業訓練支援を受け、400万人が事業・住宅ローンを受けました。2つ以上利用してもよいわけですが、延べ人数では何らかの恩恵を受けた復員兵は1240万人となり、復員兵全体の4分の3を超えていました。

ただし、大学進学者は 220 万人で専門学校が 350 万人、農業も含めた職業訓練実習が 210 万人です。専門学校の中には教育の内容の怪しいものもあり、また、架空の大学に進学し手当てを詐取するケースもあったようです。G.I. Bill 目当てで多くの営利専門学校が開校しました。1949 年には営利専門学校が 8800 校ありましたが、5600 校は G.I. Bill 発効後の開校です。それでも戦後 10 年間に軍を除いた就業者数は 5400 万人から 6600 万人と、1200 万人増えたのですが、G.I. Bill によって大学以外の職業訓練を受けた人が 560 万人いたことは労働者の質を高めるために貢献したといえましょう。また、美術専門学校の卒業生が 1970 年代に芸術家やイラストレーターとして活躍し、第 3 次産業化に貢献しました。

　陸軍としては復員兵は早く家庭を持ちたいので、奨学金があっても必ずしも大学に行かないだろうとも考えていました。1944 年の予測では大学進学者は 70 万人でした。その値は 1945 年夏には 100 万人に上昇修正されましたが、実際には 220 万人が進学したので予想を大幅に上回るものでした。大学生の数は全体では戦前に比べて 50％増加しましたが、復員兵の 41％は 38 の大学に集中しました。学費を出してくれるのならば有名な大学に行こうと考えたのです。1950 年には G.I. Bill 全体の予算が 80 億ドル（2015 年実質ドル換算で約 786 億ドル）で連邦政府支出の 4 分の 1 を占めていました。教育関連の予算だけで「マーシャルプラン」によってヨーロッパ復興のために使われたその年の予算額よりも大きかったのです。

　17 歳人口に占める高卒者の比率は 1940 年代末で男子が 54％、女子が 61％に上昇していたので、大学進学者数も増加する傾向にはありました。大学に進学した復員兵へのアンケートでも G.I. Bill がなければ不可能だったと回答したのは 20％のみでした。それでも予想を上回る数の復員兵はアメリカの大学に大きな影響を及ぼしました。

　G.I. Bill は大学側が要望したものではなく、多数の復員学生の受け入れには戸惑いもありました。とくに名門私立大学は学生の質が下がることを懸念しました。実際、第 2 次大戦で召集された人材の学力は高くなく、識字力が不充分なので入隊が認められないケースさえありました。また、従軍兵の多

くはアメリカの歴史を勉強しておらず、自分たちがなぜ戦っているのかもわからないので、第2次大戦の意義を説明するため入隊後に教育を行わざるを得ませんでした。しかし、大学に進学した復員兵は、もちろん多くが兵役前に在学していたせいもありますが、目的意識も高く優秀でした。復員学生は高校出たばかりの学生よりも少なくとも3歳年長であり、従軍経験によって成熟しており、学生のお遊びには付き合わないので、キャンパスの雰囲気も大人びたものに変化しました。高校を出てすぐに進学した学生にとっても、まじめな復員兵学生の存在はよい刺激になりました。大学の多くは従軍経験を何らかの形で単位化し卒業を支援しました。人数が増えて教室が不足したので、秋学期・春学期に続いて、夏休みに夏学期として開講するサマースクールが普及しました。また、朝から夜まで授業を開講するようになりました。さらに、今日、多くの大学で行われている大講義とクイズセッション（大学院生が担当し少人数クラスで討論したり小テストを受ける）も多くの学生を不足気味の教員でさばく方法ですが、陸軍の Group Discussion Method の導入でもありました。復員学生の質を懸念していたハーバード大学のコナント学長も前言を翻し、1948年の卒業生はハーバード史上、最も成績優秀で学長表彰者の数が最も多く、中退者が少なかったと称えました。復員学生は教養よりも実学を重視するといわれます。ただ、表8.1 のウィスコンシン大学では専攻別比率によると、リベラルアーツの比率は一般学生よりむしろ高かったようです。リベラルアーツの中に自然科学も含まれますが、同大学では他大学に比べて実学の中の経営・商学の比率が低いようです。同じ実学でも工学の比率は高くなっています。工学や自然科学は戦勝に貢献した学問分野として人気が高かったのです。酪農のさかんな地域であるので農学の比率も復員兵の間で高かったようです。一般に復員学生の中では教育学も人気があったので、それまで女子が多かった初等・中等教育の教員に男子が進出する要因になりました。G.I. Bill の恩恵を得たのは兵役に就いた人間なので、基本的に白人男子が多く、戦後まもなくは大卒者の中での女子比率は後退することになりました。黒人も南部では人種差別のもとで黒人専門の大学に進学しました。ただし、トルーマン大統領は1948年7月に大統領行政命令で軍の人

表8.1　ウィスコンシン大学1949年入学生の専攻

(%)

専攻	復員学生	一般学生
リベラルアーツ	38.1	25.5
教育学	10.3	6.1
経営学・商学	13.9	44.0
工学	27.6	16.0
農学	10.1	8.4

出所：Altschuler and Blumin (2009), *The G. I. Bill: A New Deal for Veterans*, Oxford: Oxford University Press, p. 94.

種隔離政策を廃止 (完全実施には6年かけましたが) しました。

　朝鮮戦争でもベトナム戦争でも、さらにその間の平時に従軍した人にも同様のG.I. Billが適用されました。朝鮮戦争時には州立大学の授業料相当分が支給され、私立大学進学を希望するのならば自分で上乗せすればよいことになりました。ベトナム戦争では受給資格が従軍90日から180日になりました。トルーマン大統領は大学生を徴兵から免除することを廃止した Universal Draft を導入しました。これには大学側も大学生を特別扱いするのは非民主主義的だとして賛成しましたが、国防省は科学技術者になれる人はなってもらった方が国益につながるとして、免除を支持していました。ベトナム戦争が激化すると、反戦運動が高まったので前述のように1973年に徴兵制は廃止されましたが、その後も国防省は奨学金プログラムを維持しています。その性格は退役後の社会適応のためというよりは貧しい家庭の子弟を入隊させるための勧誘の意味合いが強くなりましたが、この点は後述します。

8.4　国家国防教育1958年法の成立

　第2章で述べたように、1957年にソ連 (当時) が人工衛星を打ち上げた「スプートニクショック」は、アメリカ国民にとって1941年の日本による真珠

湾攻撃並みの衝撃でした。アイゼンハワー大統領はアメリカが軍事ミサイルでソ連に劣っているわけでないことを認識していましたが、アメリカの科学技術者不足、科学教育の劣位がクローズアップされ、対応を迫られました。1955年にダレス（Allen Dulles）国務長官やソ連を視察したベントン（William Benton）元上院議員が、ソ連の科学技術者、科学教育の優秀さを指摘していました。アイゼンハワーも陸軍の司令官として第2次大戦でアメリカ兵の識字率の低さの問題を認識しており、冷戦で勝利するためには市民全体の教育水準の高さが重要だと考えていました。冷戦はプロパガンダの勝負ですから、宇宙開発でソ連が先行することは社会主義の秀逸さを第3世界の諸国に示すことになり、彼らが社会主義の道を選択しかねません。また、アメリカの生徒・学生の学力低下に関しては、20世紀初頭から推進されてきた進歩主義（Progressive）教育によるものだという批判も強まっていました。進歩主義教育とは、「生きる力」の醸成を目指す実学教育で、知識・基礎学力の習得は重視しません。これを方針転換するよう連邦政府が働きかけるべきだという意見も出てきました。こうして小学校から大学院までの科学教育の見直しが行われました。第3章で示しましたように、連邦政府から大学への研究支援は基礎研究重視になりました。そして、教育の支援も行われるようになったわけです。

　アイゼンハワーは陸軍退官後、（かなり名誉職的な性格も強かったですが）名門コロンビア大学学長を務め、大学だけでなく初等中等教育の関係者とも親しくなっていました。1955年に初等中等教育の、1957年には高等教育のための審議会をホワイトハウスに立ち上げていました。しかし、連邦政府が初等中等教育も含めた教育に関与することは大きな議論を巻き起こしました。第1章で述べましたように、合衆国憲法に規定されたことだけが連邦政府の責務であり、それ以外は州政府の責務です。教育は連邦政府の責務ではないので、連邦政府による教育支援ではさまざまな問題が生じました。スプートニクショック以前から、連邦政府が校舎の建設の補助金を支給することが議論されていました。とくにカソリック系の私立の小中高校も支援することは、政教分離に反するとの意見がありました。しかし、1946年、ニュージャー

ジー州での自治体のカソリック系学校のスクールバスへの補助金は、学校でなく生徒個人を支援するという理由で連邦最高裁によって認められました。さらに、宗教系私立学校の非宗教系の科目の教科書代金の公的補助も行われるようになっていました。1956年に連邦政府による校舎建設援助である「ケリー法案」が提案されました。保守派のタフト（Robert Taft）上院議員は、宗教系私立学校に連邦資金が回るかどうかは州政府が判断するようにすれば問題ないという立場を主張しました。しかし、1954年の「ブラウン判決」を無視して教育における人種隔離を継続している州には補助金を出さないというパウエル下院議員（Adam Clayton Powell）による「パウエル修正項」が付いたので、南部選出議員が反発して成立しませんでした。

　アラバマ選出の民主党で南部では珍しいリベラル派のヒル（Lister Hill）下院議員は、ニューディール政策のように連邦政府が介入して貧困を救済することを支持していました。ただ、アラバマ州は宗教学校への公的支援を禁止しており、アラバマの有権者は他州が宗教系学校支援を認めることで自分の払った国への税金の一部がその州で宗教系学校のために使われることにも反対でした。同じくアラバマ選出のリベラルなエリオット（Carl Elliott）上院議員も連邦政府による教育支援に関心を持っていました。アイゼンハワー政権では保健教育福祉省の法制担当次官にリチャードソン（Elliot Richardson）が就任し、共和党穏健派の彼と民主党リベラル派議員が協力して、1958年に国家防衛教育法（National Defense Education Act, NDEA）が提案されました。政府案には大学院生向け奨学金、初等・中等・高等教育それぞれの段階での科学、数学、外国語科目の強化、教育関係データの集計分析が盛り込まれました。ヒルとエリオットが学生ローンと職業教育を含めました。さらに、共和党のジャビッツ（Jacob Javits）上院議員が学生ローンが返済不能になったときの政府肩代わりを盛り込みました。NDEAのローンは学生が対象なので、その大学が人種差別しているか否かは関係なくなりました。さらに、ヒル、エリオット、リチャードソン、アイゼンハワーはなるべく「パウエル修正項」を強調しないようにしました。ヒルは有権者に対して人種差別を擁護する「南部宣言（Southern Manifesto）」を支持すると明言しました。エリオットはのち

に定数変更で議席を失い、その後、知事選に出馬しても落選したので1966年に政界を引退しました。その後はリベラルな発言を封印しなくてよくなったので公民権法も支持し、選挙目当てに人種差別を支持していたことを認めて恥じました。

　1857年に設立された全米教育協会（NEA）は、専門職としての教員の組織で労働組合ではないという立場をとっていました。NEAは連邦政府資金による教員の給与増加や校舎建設補助を提言していました。このNEAのポリシーに沿ったミューレイ・メットカーフ（James Murray and Lee Metcalf）法は議会では成立しませんでしたが、NEAはこの法案への一里塚として会員にNDEAの支持を訴えました。

　NDEAは1958年8月に4年間の時限立法として両院を通過し、9月2日に大統領が署名しました。4年間の予算総額は8億8900万ドル（2015年実質ドル換算で71億7300万ドル）でした。予算の内訳は表8.2の通りですが、学部学生ローンと科学・数学・外国語教育支援が大きかったのです。学生ローンは年に1000ドル（2015年実質ドル換算で約8000ドル）が5年間で、大学も1割負担するものです。卒業・中退して1年経つと3%の利子が発生しました。約3分の2は科学・工学・数学・外国語以外の専攻の学生に渡りました。学部学生への直接的な支援（返済義務のないグラント）は理系と外国語専攻が対象でしたので、推進派である科学者はNDEAに対する全学的支援を得るために、ローンに関しては自然科学以外にも恩恵が渡ることを容認しました。一方、NDEAによって科学者の大学だけでなく高校の教育への影響力も強まりました。科学・数学・外国語教育支援のための連邦政府からの資金は、生徒・学生数に比例して州民個人総所得に反比例して各州に分配されますが、州政府も同額の予算措置を負担します。州内での分配は州政府に任されました。また、私立学校へは州政府からの貸付の形をとりました。ただ、正式な廃止はありませんでしたが1978年以降は支給されなくなりました。大学院生向け奨学金はフェローシップで返済義務のない給付型生活支援です。1年目に2000ドル（2015年実質ドル換算で約1万6000ドル）、2年目に2200ドル（同約1万7500ドル）、3年目に2400ドル（同1万9000ドル）です。専攻に規制はあ

表8.2　国家防衛教育法の使途別予算

(1959年度から62年度、万ドル)

項　目	1958-59年度	1959-60年度	1960-61年度	1961-62年度	合計
学生ローン	4,750	7,500	8,250	9,000	29,500
高校での科学、数学、外国語教育支援	7,500	7,500	7,500	7,500	30,000
大学院生奨学金	530	1,345	2,190	2,475	6,540
カウンセリング・調査	2,125	2,225	2,225	2,225	8,800
言語教育センター設置	1,525	1,525	1,525	1,525	6,100
メディア利用の研究	300	500	500	500	1,800
職業訓練教育	1,500	1,500	1,500	1,500	6,000
州からの依頼	40	40	40	40	160
合　計	18,270	22,135	23,730	24,765	88,900

出所：Urban, W. J. (2010) *More Than Science and Sputnik: The National Defense Education Act of 1958*, Tuscaloosa; The University of Alabama Press, p. 173.

りませんでしたが、1973年で受給者の64%が自然科学・工学の分野で博士号を取得しています。

　NDEAの審議の中で共和党保守派のムント（Karl Mundt）上院議員が、ローン、奨学金受給者に国家への忠誠を誓う義務づけ条項を提案しました。合衆国政府を暴力的に非合法的に転覆させようとしない、国家と憲法に忠誠を誓うという忠誠宣言を行い、宣誓供述書に署名するものです。エリオットは法案をはやく成立させたいので条項を認めました。ところが、法律施行時に大学側から反発が起きました。カリフォルニアのミルズカレジはこの義務づけがあるのでNDEAのローンに参加しないことを決めました。小さな大学の判断は話題にならなかったのですが、ハーバード大学のピュシー（Mathan Pusey）学長が問題視して、アメリカ総合大学協会（Association of American Universities, AAU）のメンバーにも問題提起すると反響を呼び、29の大学が抗議しました[3]。たとえば農民が政府から補助金をもらっても忠誠の宣誓は求められないのにおかしいという反発の声が大学側から上がりました。このままではNDEAは機能不全に陥りそうでしたが、ジョン・ケネディ上院議員が尽力して大統領就任後、マッカーシズムも鎮静化した1962年に義務づけ条項は廃止されました。ケネディ上院議員は大統領戦出馬を意識して行動し

たのかもしれませんが、狙い通り地元ハーバード大学をはじめ大学コミュニティの信頼を勝ち得ました。

　大統領になっていたケネディは1961年に連邦教育支援の法案を提案しましたが、下院を通過しませんでした。ケネディは自身がカソリック信者だったので、カソリックを優遇していると思われるのを避けるため、カソリック系学校への連邦政府補助をあえて行わないこととしました。これに対してカソリック教徒を選挙区に多く抱える都市部の議員が反発しました。共和党議員の中には連邦政府の教育への介入に反対する意見も根強く存在していました。また、連邦政府からの資金を受け取れば人種隔離政策に介入されることを恐れた南部議員は引き続き反対していました。これらの反対勢力のため成立しなかったのです。

　同様の教育法は1962年も1963年も提案されますが不成立でしたので、穴埋めとしてNDEAが延長されました。1961年に2年間、1964年に3年間延長されました。ヒルとエリオットは当然、NDEAの延長を希望していましたので、尽力しました。

　1965年に初等中等教育法（Elementary and Secondary Education Act）と高等教育法（Higher Education Act）が成立して、後者が1968年に更新されたときにNDEAの多くの部分が包含されました。高等教育法はその後も現在まで更新を続けています。高等教育法によって復員兵以外の一般の学部学生への奨学金が拡充されました。1960年代末には連邦政府の教育支援は年に120億ドル（2015年実質ドル換算で約788億ドル）となり、その半分が高等教育向けでした。貧困者向けの給付型奨学金と中流向けの政府保証ローンを組み合わせたもので、ジョンソン政権は「貧困との戦い（War on Poverty）」に取り組むなかで、単に生活保護を支給するだけでなく教育によって能力を高めることで貧困からの脱却を可能にしようとしました。シカゴ大学を中心に発展した「人的資本論」には言及しませんでしたが、実際には同じ考えでした。

　アメリカは憲法上、教育は連邦政府の管轄ではありませんが、公的資金を投じて教育を普及させるのには熱心な国でした。19世紀後半に中学校、20世紀後半に高等学校、20世紀後半には高等教育（大学）を普及させます。ヨー

ロッパではエリートだけが大学に行けばよい、そのため高校の段階でも、大多数の生徒は大学進学に備えたアカデミックなスキルよりも職業訓練を通して技能を身につけるべきだという伝統があり、すべての高校生にアカデミックスキルを教えることは無駄だと考えていました。しかし、高等教育の充実がアメリカの高度な情報産業社会を支えた要因の1つであるとの認識が広まり、今日ではヨーロッパ諸国も高等教育の拡大に力を入れています。アメリカの高等教育の推進には国防省の資金が貢献しており、国家安全保障政策の大学への影響は研究だけでなく教育にも及んでいたのです。連邦政府が教育に関与することには憲法上の疑義があったので、復員兵の補助やソ連との競争のための人材育成という国家安全保障がらみの正当化が必要だったのです。

8.5　近年の経済的徴兵制

1960年代以降、アメリカでは軍からでない一般の政府奨学金が整備されました。しかし、1980年代以降、大学の授業料は上昇し続けるのに、市場万能主義、受益者負担論によって政府支援が頭打ちです。表8.3はミシガン大学やカリフォルニア大学バークレー校のような州立大学で一番研究のレベルの高い高度研究大学の収益構造です。州政府からの支援の比率が低下して授業料の比率が増加し、現在では逆転してしまっています。州政府は州立大学は授業料を上げればよいと考え、州立大学予算は初等・中等教育や医療補助などに比べて優先順位が低くなっています。大学も安易に値上げしてしまいます。表8.4はスタンフォード大学やハーバード大学のような私立の高度研究大学の収益構造です。これらの大学は授業料がきわめて高いのですが、実際には大学が奨学金を出しているので、公表されている授業料を全額払う学生は少数派で、「実質」授業料は安くなっています。「実質」授業料収入の比率は漸増していますが、収益を支えているのは寄付・資産運用益です。ただし、表8.4において、2009年は「リーマンショック」の影響で大きな損失を出したので、比率としては運用益が極端なマイナス値でそれを補うため他

表 8.3 州立高度研究大学の収益構造

(%)

年	2000	2001	2002	2003	2004	2005	2006	2007	2008	2009	2010	2011	2012	2013	2014	2015
実質授業料	13.4	13.1	13.5	14.1	14.8	15.5	15.7	15.2	16.2	18.3	17.7	18.2	20.5	20.5	20.2	21.2
州政府からの交付金	28.8	28.5	27.6	25.0	22.6	21.7	21.6	21.3	22.7	21.9	18.1	16.7	15.8	15.0	15.0	15.3
州政府・自治体からの研究補助	2.8	2.9	6.9	6.9	6.7	6.9	6.8	6.8	7.3	8.4	7.3	7.2	7.4	7.4	7.0	6.8
寄付・資産運用益	8.1	8.5	4.2	6.8	7.3	7.4	7.9	10.4	4.8	-2.6	7.1	8.7	4.9	7.2	9.3	5.5
連邦政府からの研究補助	14.8	15.1	16.3	17.0	17.3	17.5	16.7	15.5	15.7	17.1	16.1	15.6	15.9	14.7	13.4	13.3
その他	10.7	10.4	10.2	10.1	10.2	10.0	9.9	10.0	9.4	10.0	9.0	9.3	9.4	9.2	9.0	9.5
病院など付属機関の収入	21.4	21.4	21.2	20.0	21.1	21.0	21.4	20.8	23.9	27.0	24.8	24.2	26.1	26.1	26.0	28.4
合計	100	100	100	100	100	100	100	100	100	100	100	100	100	100	100	100

出所: National Science Board (2018). *Science and Engineering Indicators 2018*. Washignton, D.C: National Science Foundation, Table 4-5.

表 8.4 私立高度研究大学の収益構造

(%)

年	2000	2001	2002	2003	2004	2005	2006	2007	2008	2009	2010	2011	2012	2013	2014	2015
実質授業料	10.2	20.4	21.1	16.4	12.5	12.3	11.7	10.2	15.8	99.6	13.9	11.0	16.1	13.2	11.5	14.3
州政府からの交付金	0.4	0.7	0.7	1.5	0.8	0.6	0.7	0.6	1.0	5.5	0.7	0.6	0.8	0.6	0.4	0.6
州政府・自治体からの研究補助	0.9	1.7	1.9	1.4	1.1	1.1	1.1	0.9	1.4	8.8	1.1	0.8	1.1	0.8	0.6	0.7
寄付・資産運用益	57.8	14.3	9.7	29.0	43.5	43.8	45.4	52.6	26.8	-354.2	35.2	46.4	23.6	38.1	47.2	34.4
連邦政府からの研究補助	10.1	20.9	23.3	18.9	15.5	15.5	14.5	11.9	17.6	112.3	16.0	13.0	18.1	13.9	11.0	13.3
その他	3.6	7.4	7.8	5.8	4.3	4.1	4.1	3.6	5.5	34.7	4.9	3.8	5.7	4.6	3.8	4.7
病院など付属機関の収入	17.0	34.6	35.6	27.0	22.2	22.6	22.5	20.2	31.9	193.4	28.4	24.4	34.6	28.9	25.4	32.0
合計	100	100	100	100	100	100	100	100	100	100	100	100	100	100	100	100

出所: National Science Board (2018). *Science and Engineering Indicators 2018*. Washignton, D.C: National Science Foundation, Table 4-5.

の項目がプラスで100を上回るという異常な状態でした。

図8.1は州立4年制大学の授業料と寮・食費も含めた在学費用の、全米の平均年収に対する比率です。上昇傾向にあることがわかります。図8.2は私立大学についてですが、寮費を含めた全額では比率が80％近くになり、一般家庭にとってきわめて負担が大きいことがわかります。ただ、前述のように名門私立大学で表示価格全額を払う学生は少なく、大学から奨学金を得ています。私立大学には営利大学も含んでいますが、営利大学はコスト意識が高く、授業料を抑えており、営利大学が増加していることはコスト抑制に貢

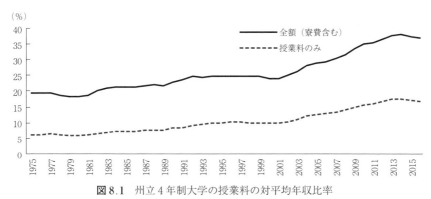

図 8.1 州立4年制大学の授業料の対平均年収比率

出所：US Department of Education（2018）*Digest of Education Statistics 2016*, Table 330.10; US Census CPS Historical Time Series A-3. (https://census.gov)

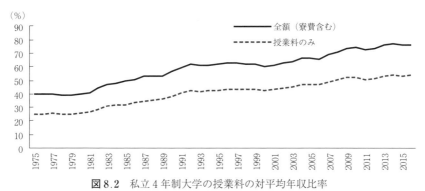

図 8.2 私立4年制大学の授業料の対平均年収比率

出所：US Department of Education（2018）*Digest of Education Statistics 2016*, Table 330.10; US Census CPS Historical Time Series A-3. (https://census.gov)

献しています。営利大学を除くと私立大学の授業料負担はさらに高くなります。

　また、州立大学では高校を出てすぐに大学に進学するのではなく、働いてお金をためて入学したり、働きながら在学したり、さらに実家から通う学生も多いのです。この点では州立大学の場合、寮費を含んだ全額でなく授業料のみを見るべきと考えられます。いずれにせよ、大学進学の財政的負担は家計にとって重くなっているのです。

　一方、奨学金は給付型（グラント）から貸与型（ローン）にシフトしています。表8.5が示すように学部生向け奨学金の金額では給付型が3分の2でしたが、1990年代末から給付型と貸与型がほぼ同額となり、2005年度以降は貸与型が上回りました。リーマンショック以降は、オバマ政権が積極的に連邦政府の給付型奨学金を増やしたので、多少、持ち直しました。しかし、大学院生向けでは貸与が3分の2を占める傾向が続いています。学部生向け奨学金のローン依存が増えてきた結果、表8.6が示すように、学士号取得時点で60%の学生が何らかの負債を抱えています。負債を抱えている学生の平均負債額は2万8400ドルです。

　高等教育（大学）は労働集約的産業で、大学教員も職員も専門職なので給与が高くなります。近年、インターネットを使ったオンライン授業も行われていますが、大学では機械による労働の代替があまり進んでいませんでした。大学は金儲け主義に走っていると批判されますが、株主のために利益を極大化する民間企業と異なり、名声・評判をめぐって競争しています。競争するために収入を増やそうと血眼になっていますが、増えた収入は競争のために使ってしまい、費用抑制の誘因があまりない高コスト体質なのです。

　株式会社による営利大学は、たしかにコスト意識が高く、授業料も安く、非白人の社会人学生に教育の門戸を開いている意義はあります。しかし、学生集めのため虚偽の広告をしたり、学生に国からの学費ローンの不正受給を勧めたり、明らかに高校卒業レベルの学力のない高校中退者を杜撰な入学審査で受け入れたり、スキャンダルも多発しています。期待していた就職ができなかったり中退してしまうので、学費ローンで破綻してしまうケースも多

表8.5 奨学金タイプ

(%)

年度	学部生			大学院生		
	給付	貸与	その他*	給付	貸与	その他*
1993	65	33	2	35	65	0
1998	50	46	4	32	66	2
2003	49	44	7	29	68	3
2008	45	50	5	28	69	3
2013	52	39	9	30	64	6
2017	55	36	9	32	64	4

注）*教育費減税、キャンパスでのアルバイト（アシスタント除く）
出所：College Borad (2017) *Trends in Student Aid 2013 & 2017*, (https://trends.collegeboard.org)

表8.6 学部卒業時の負債

年度	負債を抱える卒業生	全卒業生1人当たりの負債	負債抱えている卒業生1人当たりの負債
2001	56%	12,300ドル	22,100ドル
2006	58%	14,200ドル	24,400ドル
2011	60%	15,800ドル	26,400ドル
2016	60%	16,900ドル	28,400ドル

出所：College Borad (2017) *Trends in Student Aid 2017*, (https://trends.collegeboard.org)

いのです。教育の質は消費者である学生にはわかりにくく、本当の価値は生涯を通して現れます。消費者が充分な情報を得られないので、本来、市場メカニズムは機能しにくく、営利企業に教育を任せると消費者をだます可能性があります。それゆえ、教育機関は私立であっても非営利組織が担ってきたのです。営利大学が引き起こしているスキャンダルを見ると、教育を営利企業に任せる問題点が浮かび上がります。コスト意識の高い営利大学が高等教

育のアクセスの問題の解決策になると期待することには注意が必要です。

　国防省は学生の教育資金のスポンサーであったことを指摘しましたが、大学進学の経済的負担が大きくなっている今日、国防省の勧誘がらみの学生支援が議論を巻き起こしています。学生は兵役に就くことで軍から奨学金をもらおうとします。また、兵役に就けばエンジニアリングなど退役後の就職に役立つスキルが身につくと期待します。また、職業軍人をキャリアとして選択しようとします。ROTCでは最近、高校生対象のJ（Junior）ROTCも設置されています。ここに参加した生徒の40％は入隊しますが、そのうち80％がマイノリティ（非白人）です。

　軍が高校や大学に勧誘に来ること、また、勧誘に使えるように高校生・大学生の個人情報を国防省に渡すことが問題になっています。高校に関しては、1982年に連邦議会は国防長官が17歳以上、第11学年以上の生徒の情報を得ることを認めました。1999年に連邦議会は高校に対して、軍が企業と同じような勧誘活動を行えること、生徒の個人情報を軍に提供することを求めました。そして、2001年に「求める」の文言が"request"から、より強い"require"となりました。2002年の「落ちこぼれ廃絶法（No Child Left Behind Act）」は高校から成績不良で退学してしまう生徒をなくすことを目的としています。また、その実績を高校への補助金に連動させました。そのためには個々の生徒の成績を政府が把握しなければなりませんが、ここでの「政府」には当然、国防省も含まれることになります。生徒に関する情報の提供を拒否する高校には連邦政府からの補助金が打ち切られます。授業料収入が潤沢な私立学校以外にはこのしばりは重要です。こうして国防省は成績が不充分で大学に行けそうもない、または成績優秀者向け奨学金を得られそうもない生徒の情報を得て、彼（彼女）らをターゲットに勧誘をかけやすくなりました。

　国防省は1993年、同性愛者か否か尋ねないが、申告する必要もない、という方針（Don't Ask, Don't Tell: DADT Policy）を採用しました。1986年から94年までの間に、同性愛の学生がROTCを辞めさせられたり、9人が奨学金返還を求められました。対象は何であれ、差別をしている組織である軍がキャンパスに来て、高校生を勧誘することが問題になりました。オレゴン州

ポートランド教育委員会はこれを理由に軍の勧誘活動を禁止しました。これに不満を持つ2つの学校が1998年に教育委員会から脱退しました。1995年度の国防予算法で、キャンパスでの軍の勧誘と軍が学生の情報を得ることを認めない大学には、国防省からの契約や補助金を停止するという「ソロモン (Gerald Solomon) 修正項」が設けられました。1996年にコネチカット州最高裁は軍の同性愛差別は1991年の同性愛者権利法 (Gay Bights Act) に違反しているので、コネチカット大学ロースクールが軍のリクルーターの立ち入りを禁止しても問題ないと判断しました。学部キャンパスではROTCがあり、1862年のモリル法の規定（ランドグラント大学は農学、工学とともに軍事教練も教えること）を守っています。1997年にコネチカット州議会は法改正してロースクールでの勧誘も認めることにしました。一方、1999年に連邦議会も連邦政府からの財政支援の定義には奨学金を含まないことにしました。すなわち「ソロモン修正項」によっても学生への政府奨学金は打ち切られなくなりました。

ロースクールの関係者の団体である Forum for Academic and Institutional Rights (FAIR) は、「ソロモン修正項」に従わないと連邦政府からの財政支援を受けられないようにするのは、大学の意見表明を禁じているわけで、言論の自由を保障した憲法に違反するとして裁判を起こしました。2000年にボーイスカウトが同性愛者の幹部を排除したことに対して、団体の意思表明は言論の自由の一部なので幹部を排除することに問題はないという判決 (Boy Scouts of America v. Dale) が下っていましたので、それを逆手にとって大学には意思表明が認められるべきとの主張でした。連邦巡回控訴裁判所（高等裁判所）は全会一致ではありませんがFAIR勝訴としましたが、2006年に最高裁 (Rumsfeld v. FAIR) は全会一致でFAIR敗訴としました。リクルーターを受け入れても大学は国防省のポリシーを批判する言論の自由を侵されてはいないという理由でした。

高校生も大学生も志願すれば除隊後に奨学金がもらえることを期待して志願してしまいます。しかし、現実には、入隊して大学に行く費用を受け取る兵士は全体の35％、卒業するのは15％程度です。州立大学の授業料とほぼ

同じ額をもらえても、貧しい学生にとっては生活費が賄えません。そのため、アルバイトをすることになり勉強に時間がとれず結局卒業できないのです。一方、州兵や予備役であっても、戦場に送られない保証はありません。イラク駐留のアメリカ兵の中で1割程度は州兵や予備役でした。こうして、国防省は依然として学生の教育にとっては重要なスポンサーでありますが、兵士の確保と結びついています。アメリカは現在、徴兵制でなく志願兵制なのですが、経済的に困窮した学生が軍に志願せざるをえない状態になっているのは「経済的徴兵制」と考えられます。

注
(1) 不況のときは財政赤字を増やしてでも公共事業を行うべき、というのはイギリスの経済学者ケインズ（Jhon Maynard Keynes）が1936年に『雇用、利子、および貨幣の一般理論』で主張しました。ルーズベルト政権はこのような理論的裏づけを持たなかったので財政赤字の拡大を警戒していました。今日の経済学者はニューディール政策の公共事業支出は量的に不充分であったと考えています。
(2) G. I. はアメリカ兵のことを指します。第2次大戦中に、アメリカ兵は軍服、武器、食料、嗜好品まで政府からの支給が潤沢でしたので、他の連合国兵士が羨ましがって、アメリカ兵のことを「政府支給品（Government Issues, G. I.）」と呼んだためです。
(3) 国からの研究費を受け取る際の忠誠宣誓については、NIHは定めはしましたが実施しませんでした。NSFは定めることなく、研究費を受けられるか否かは研究者の資質によってのみ判断されるという立場でした。NSFの奨学金には忠誠宣言が含まれていましたが、政府と学生個人の関係でしたので行われてきました。NDEAは政府と大学との関係でしたので、そこに忠誠宣誓が含まれていることに大学が反発しました。

第9章
グローバル化と日本への含意

9.1 移民研究者

　19世紀後半、世界でトップの大学はドイツ（プロシャ）でした。プロシャは他国との連携によって最終的にはフランスのナポレオンに勝利しましたが、フランスに占領されていたことを屈辱に感じて19世紀は大学を強化していました。アメリカ人にとっても学部卒業後にドイツに留学するのがエリートコースとなりました。ただ、表9.1と表9.2が示しますように、ゲッティンゲン大学の場合、学生全体では法学専攻が多かったのですが、アメリカ人留学生の場合、19世紀初めには哲学が多く、その後、自然科学が多くなりました。文系の理論研究の方が人気が高かったのです。ドイツ帰りの学者がアメリカでも大学院での研究活動を重視しようと努め、1876年にジョンズホプキンス大学を嚆矢として研究大学が誕生し、既存の州立・私立大学の中にも研究重視にシフトする動きが起きました。

　移民の国、アメリカには建国後も多くの移民が市民となり、彼らの中から優れた実業家、科学者が生まれ国家の繁栄に貢献しました。19世紀では鉄鋼王カーネギーと電話の発明者（AT&T社創始者）ベル（Alexander Graham Bell）がスコットランド出身です。現在でもヤフーの創設者のヤン（Jerry Yang）とファイロ（David Filo）、グーグルの創業者のブリン（Sergery Brin）とペイジ（Larry Page）の4人はいずれもスタンフォード大学の大学院で学んだのですが、そのうちヤンは台湾、ブリンはロシアからそれぞれ幼少期に家族ともにアメリカに移住してきたのです。しかし、科学にとって大きなインパクトを

表9.1　ゲッティンゲン大学の学生の専攻

年	専攻者数比率（％）						
	神学	法学	医学	哲学	自然科学	応用実学	政治経済学
1792-1825	17.4	47.9	17.5	4.3	5.3	3.6	4.1
1826-1855	18.6	40.7	17.9	8.7	2.8	9.3	2.0
1856-1885	15.4	29.4	12.1	20.6	13.0	4.5	4.9
1886-1914	9.3	28.9	16.3	18.9	19.5	5.2	1.9
合計人数	1050	2640	1210	1113	946	416	227

注) 応用実学は薬学、歯学、農学。パートタイム学生も含む。
出所: Jarausch, K. H. (1995) American Students in Germany, 1815-1914: The Structure of German and U.S. Matriculants at Gottingen University, In Geitz, H., Heideking J. and Herbst, J (eds.) *German and Influences on Education in the United States to 1917*, Cambridge: Cambridge University Press.

表9.2　ゲッティンゲン大学でのアメリカ人留学生の専攻

年代	専攻者数比率（％）						
	神学	法学	医学	哲学	自然科学	応用実学	政治経済学
1840年代	13.0	17.4	8.7	58.7			
1850年代	2.2	19.1	13.5	34.8	28.1	1.1	1.1
1860年代	3.8	12.4	12.4	18.1	49.5	2.9	1.0
1870年代	5.7	17.0	15.7	34.0	24.5	1.9	1.3
1880年代	4.6	6.6	25.5	23.0	37.2	2.0	1.0
1890年代	2.0	4.9	23.2	21.5	41.9	3.3	3.3
1900年代	3.8	1.6	15.9	22.0	51.1	3.8	1.6
1910年代	7.0		3.0	32.0	51.0	5.0	2.0
合計人数	49	93	193	301	436	32	19

注) 応用実学は薬学、歯学、農学。
出所: Jarausch, K. H. (1995) American Students in Germany, 1815-1914: The Structure of German and U.S. Matriculants at Gottingen University, In Geitz, H., Heideking J. and Herbst, J (eds.) *German and Influences on Education in the United States to 1917*, Cambridge: Cambridge University Press.

与えたのが、1930年代のドイツからの亡命科学者です。送り出し側のドイツの事情は「column 8」を参照していただくとして、受け入れ側のことを考えてみます。

アメリカでは1920年代は移民を制限する方向になっていました。1924年のジョンソン・リード（Albert Johnson-David Reed）移民制限法では、1924-27年の暫定措置として1890年の国勢調査による国別出身者の2％をその国からの移民数の上限とすることとしました。これは、1921年の移民制限法が1910年の国勢調査を基にしていたのを改定したものです。1901年から1910年に880万人の移民がアメリカに渡ってきましたが、多くは東欧・南欧の出身でした。したがって、1910年でなく1890年の出身国別人数を基にすれば、東欧・南欧からの移民の数は制限されることになります。当時はアメリカに古くから移住した北西ヨーロッパ系の方が優秀だという意識が強く、急増していた南東ヨーロッパからの移民を制限したいという世論の後押しがありました。1927年には1920年の世論調査を基に国籍でなく最初の生まれ場所を基に上限を定める、というさらに厳しい移民制限が行われることになっていましたが、さすがに反対意見も多かったので、1929年7月1日まで実施が延期されました。1924年法による国別の割り当ては、ドイツ・オーストリア合わせて2万7370人で、1933年にはこの枠は5.3％しか使われていませんでした。

ヨーロッパと同様、アメリカ側にも反ユダヤ感情は存在していました。アメリカの名門大学ではユダヤ人が多くなりすぎたので、卒業生の子弟を優先させる「レガシー入学」を行うところも出ていました。1920年代を通じて各大学はユダヤ人比率を少しずつ下げていきました。ユダヤ人の多いニューヨーク市に所在するコロンビア大学は、40％もあったユダヤ人の比率を15-16％に下げました。エール大学は10％に、プリンストン大学は3％にしました。ハーバード大学では20-22％がユダヤ人だったのを10-15％にしました。ローウェル（Lawrence Lowell）学長はもっと減らしたかったのですが、ユダヤ系卒業生の反発があったので削減を抑制しました。

しかし、一方、1933年にヒトラーが政権を取ったとき、全世界のユダヤ

人 1550 万人のうち 30％に当たる 456 万人がアメリカに、そのうち 46％に当たる 230 万人がニューヨーク市近郊にいました。法曹界には有力なユダヤ人も多く、彼らの働きかけもあって、1933 年 5 月に早くも 17 人の大学学長を含む学者たちが、亡命ドイツ人学者緊急援助委員会（Emergency Committee in Aid of Displaced German Scholars［ナチス・ドイツのオーストリア併合後は German を Foreign に改称しました］）を設立し、亡命科学者の受け入れのための寄付金集めや就職支援を開始しました。緊急援助委員会が援助した学者は 277 人でしたが、フェローシップ（一時的金銭支援）を加えると 335 人でした。600 人以上が支援を求めてきましたが、大恐慌の時代で科学者も就職難でしたので、大学側にもユダヤ人学者の受け入れに対しては抵抗もあり、卓越した学者でないと就職できませんでした。ドイツ人が 239 人で圧倒的に多かったのですが、オーストリア、イタリア、チェコスロバキア（当時）などからも来ました。また、受け入れ人数は開戦後の 1941-42 年が多くなっています。これとは別にロックフェラー財団は 1933 年から 45 年までに 150 万ドル（2015 年実質ドル換算で約 1700 万ドル）を使って 303 人を支援しました。やはりドイツ人が 191 人と一番多かったのです。その内訳は、社会科学が 113 人、自然科学 73 人、人文学 59 人、医学 58 人でした。第 1 章で述べましたように、原爆開発の進言などで亡命物理学者が注目されますが、それ以外の分野も多かったのです。また、ドイツで公職追放になった教員は人種だけが理由でなく、思想が理由になっていることもあり、自由主義、共産主義を支持する多くの社会科学の教員が追放されましたので、その多くがアメリカにやって来ました。

　ロックフェラー財団も若手のアメリカ人物理学者の就職難を理解していました。また、同財団の方針は資金の分配は実力主義であり、社会的困窮者・弱者を救済するためには、彼らを金銭的に支援するのではなく、原因となる貧困、疾病、低生産性を克服するために科学を進歩させるべきで、そのためには優秀な研究者を支援するというものでした。したがって、すでに実績のある優秀な研究者が支援されました。実際、1933 年以降、戦争終結までの間にドイツから脱出した難民は 50 万人、アメリカに入国した難民が 24 万

人、そのうちユダヤ系が17万人でした。1924年の移民制限法では、高等教育を受けていてアメリカで教職に就ける人とその家族は優先され、社会の負担になる人物（病人・障害者・老人）は優先されず、アメリカ領事館がビザの発給を渋りました。病気の子供、学校をやめてしまった子供がいると不利でした。したがって、教師を含めて何らかの知的職業に就いたのは2万5000人のみと推定されます。大学教授になれた人は亡命前に実績のあった学者なのです。

　アメリカの物理学はドイツからの亡命が始まる1933年にはヨーロッパとほぼ同じ水準であったといわれます。しかし、どちらかというと実験偏重で理論は弱かったのです。そこにドイツから著名な理論物理学者が移ってきましたので、アメリカの物理学の水準が著しく向上しました。また、東部の有力大学に就職できなかった学者は南部で就職しました。東部偏重だったアメリカのアカデミアで劣勢だった南部の大学にとっては、一流の亡命知識人が来てくれることはありがたかったわけです。南部社会において亡命学者は黒人差別に直面しますが、自分の差別体験から黒人に共感する一方、新たに白人から差別を受けたくないので黒人支援に躊躇していたといわれます。

　しかし、アメリカが参戦するとドイツからの亡命者は敵性国民になり（日系人のように財産を没収され隔離収容されることはありませんでしたが）、差別意識を持って見られるようになりました。さらにナチスは共産主義に親しみを持つ左翼知識人を追放しましたので、亡命ドイツ人には共産主義支持者も多く、FBIや非米活動委員会の監視対象になりやすかったのです。戦後すぐの1947年にハリウッドの関係者19人が共産主義支持者だとして問題になりました。結局、11人目のブレヒト（Bertolt Brecht）が最後に取り調べられ、彼は自らヨーロッパに戻ったので、追放された監督・脚本家は10人で「ハリウッドテン」と呼ばれました。

9.2 留学生受け入れのメリット・デメリット

アメリカに海外から学者や留学生が集まることは国益につながります。まず、留学生は大学院で研究を行ってくれます。理系の大きな研究室での実際の実験の多くは、大学院生やポスドクによって行われます。研究成果の中には論文では表現しきれない実験のノウハウやコツがあり、これは暗黙知の性格が強いので実験を行う場にいる人々の間で共有され伝わっていきます。研究が行われることでその場に暗黙知が蓄積され研究効率が上がるのです。実際に研究・実験を行って実験室の暗黙知を増加させてくれる外国人の大学院生・ポスドクの存在はアメリカにとって有益です。

表9.3が示すように科学、工学の博士号の多くが留学生（一時ビザ保有者）に与えられています。とくに、工学や数学・コンピュータ科学は50％を超えています。医学、社会科学、人文学は低いのですが、物理科学では40％を超えています。さらに外国人留学生はアメリカ企業に就職してくれることでアメリカ経済に貢献します。表9.4が示すように、科学技術者のうち外国生まれは30％を占めています。そのうち60％がアジア出身です。アメリカ生まれの中でアジア系は必ずしも多くなく、白人が多くなっています。

学生ビザ（F1）を申請するときには「卒業後は帰国する」と言わないとビザは発給されないのですが、実際には大学院修了後に就職する人は多いです。企業がこの人物は有用と判断すれば就労ビザ（H-1B）を申請してくれます。表9.5は外国人留学生の博士号取得後のアメリカ残留希望です。かつての台湾や韓国のように自国の産業、とくにエレクトロニクス関連の産業が発展すると帰国するケースが増えるのですが、中国やインドの発展にもかかわらず、まだまだアメリカ残留希望者は多く、実際にはアメリカでの就職を希望していても就職先が見つからず、やむなく帰国する留学生が多数存在していています。表9.6は実際に残留している博士号取得者ですが、5年後、10年後もアメリカで活躍していることがわかります。

また、就職後に昇進・昇給で差別を感じて不満に思った外国人は起業しま

すので、外国人起業家は重要です[1]。いきなりアメリカに来ても就労ビザも人脈もなくては起業はできませんから、10年近く企業勤務を経てから独立することが多いのです。一方、学歴の低い移民は自営業となり、彼らの所得は必ずしも高くないのですが、起業意欲は旺盛です。

表9.3 博士号取得者の中での留学生（一時ビザ保有者）の比率

(2015年、%)

分野	%
全分野	26.4
科学・工学	34.1
工学	55.6
科学	27.5
自然科学	31.4
農学	35.7
生物科学	27.5
地球・大気・海洋科学	31.6
数学・コンピュータ科学	53.0
医学	20.1
物理科学	40.2
社会科学・行動科学	18.2
科学・工学以外（人文学）	12.5

出所：Natinoal Science Board (2018) *Science and Engineering Indicators 2018*, Table 2-32. Washington, D.C.: National Science Foundation.

表9.4 科学技術人材の人種構成比 (2015年)

	合計	外国生まれ	アメリカ生まれ
人数（万人）	640.7	192.3 (30.0%)	448.4 (70.0%)
構成比（%）			
先住民	0.2	0.0	0.2
アジア系	20.6	61.4	3.1
アフリカ系	4.8	4.5	4.9
ヒスパニック系	6.0	9.0	4.8
ハワイ・島嶼系	0.2	0.3	0.1
白人	66.6	23.9	84.9
混血	1.6	0.8	1.9

出所：Natinoal Science Board (2018) *Science and Engineering Indicators 2018*, Appendix Table 3-19. Washington, D.C.: National Science Foundation.

表 9.5 博士号取得留学生のアメリカ残留希望

分野	博士号取得者数（人）			残留希望（%）			残留見込みあり（%）		
	2004-07 年	2008-11 年	2012-15 年	2004-07 年	2008-11 年	2012-15 年	2004-07 年	2008-11 年	2012-15 年
科学・工学全体	49,857	55,506	59,922	76.7	75.5	75.4	51.0	49.6	45.2
中国	15,561	16,120	19,078	91.0	85.6	83.4	58.9	54.9	49.4
インド	5,774	8,936	9,113	89.1	86.6	86.5	61.9	57.8	50.9
韓国	4,735	4,836	4,303	69.5	68.1	65.7	43.7	44.7	40.5
台湾	1,925	2,275	2,430	65.0	69.9	74.6	38.1	41.8	42.3
農学	2,120	2,093	2,309	59.9	63.4	65.5	36.9	38.4	36.2
中国	414	380	567	85.7	78.7	78.1	52.4	48.2	42.3
インド	152	276	269	88.8	85.1	82.9	56.6	45.7	42.4
韓国	181	181	110	72.9	69.1	60.0	43.1	42.5	36.4
タイ	98	73	96	17.3	19.2	20.8	7.1	9.6	10.4
生物・生命科学	8,135	10,092	10,204	84.7	82.7	81.0	58.6	54.9	47.7
中国	2,859	3,277	3,155	93.9	88.6	84.6	62.3	56.6	49.6
インド	1,073	1,807	2,101	92.3	90.4	89.1	65.6	58.8	49.5
台湾	344	508	569	82.3	80.9	83.8	53.8	53.7	50.3
韓国	581	650	503	90.2	85.8	88.5	67.8	61.5	55.7
医学	1,941	2,105	2,227	65.8	71.7	70.8	41.3	44.4	40.1
インド	308	425	454	91.6	88.2	87.2	58.4	53.9	45.2
中国	337	382	439	88.7	83.2	82.9	60.2	54.7	51.0

韓国	159	187	177	73.0	79.7	72.3	37.7	49.7	37.3
台湾	197	186	153	44.2	58.1	62.1	21.8	38.2	37.3
物理科学									
中国	8,051	8,674	9,031	81.1	78.1	76.9	55.7	53.8	46.8
インド	2,836	3,064	3,392	90.9	85.8	84.1	59.8	57.3	49.5
韓国	645	1,109	1,234	86.7	83.3	83.4	61.4	58.7	49.9
台湾	579	549	450	80.8	74.5	64.4	57.0	57.6	42.0
	208	241	332	77.9	73.4	73.8	57.2	51.0	49.7
数学・コンピュータ科学									
中国	5,807	6,700	7,851	78.4	76.9	79.4	56.3	53.3	52.9
インド	2,101	2,443	3,300	91.3	86.0	87.0	65.1	58.6	56.9
韓国	638	976	970	86.4	84.4	84.6	64.7	60.5	58.8
台湾	445	475	470	75.1	71.4	70.9	47.2	43.4	46.8
	171	177	228	63.7	70.1	72.8	40.4	42.4	46.9
工学									
中国	17,073	18,253	20,722	80.1	79.1	79.2	49.5	49.5	45.2
インド	6,203	5,470	6,905	91.7	87.5	85.2	55.5	52.9	48.0
韓国	2,587	3,804	3,579	90.4	87.8	88.6	61.4	58.3	52.0
	2,052	2,014	1,786	66.6	66.8	65.7	37.8	41.6	39.5
イラン	321	576	1,581	93.8	91.1	91.5	64.2	61.3	52.5

出所: Natinoal Science Board (2018) *Science and Engineering Indicators 2018*, Table 3-21. Washington, D.C.: National Science Foundation.

表 9.6 博士号取得者の 5 年後、10 年後の在米率

	2010 年に博士号を取得した人数	5 年後に在米している率（％）	2005 年に博士号を取得した人数	10 年後に在米している率（％）
全体	36,700 人	70	31,600 人	70
分野別				
農学・生物科学・医学・環境学	9,100 人	72	7,400 人	69
数学・コンピュータ科学	4,900 人	76	3,700 人	74
物理科学	5,600 人	66	4,900 人	69
社会科学	4,800 人	49	4,800 人	51
工学	12,300 人	75	10,900 人	76
出身地別				
中国（含香港）	10,600 人	85	10,700 人	90
インド	6,300 人	83	3,500 人	85
韓国	3,600 人	66	3,000 人	56
西アジア	3,200 人	61	2,700 人	56
ヨーロッパ	3,900 人	64	3,800 人	65
南北アメリカ	3,800 人	53	3,500 人	50
その他	5,400 人	49	4,500 人	45

出所：Natinoal Science Board (2018) *Science and Engineering Indicators 2018*, Tables 3-27, 3-28. Washington, D.C.: National Science Foundation.

　仮に帰国したとしても、一流大学に留学した外国人は母国で企業の経営者になったり、政治家・官僚になったり、大学の幹部になったりします。成功した人物はアメリカの留学時代を好意的に感じてくれ、親米家になってくれると期待できます。少なくともアメリカ人の考え方を理解し、論理的な交渉相手になってくれます。これはアメリカの国益につながります。

　もちろん、留学生の増加には懸念すべき点もあります。まず、留学生が増加することで、アメリカ人の大学院進学希望者が進学できなくなっているのではないか、ということが考えられます。外国人ポスドクは安い給与でも喜んで働くので、研究者の賃金相場が下がり、アメリカ人にとって魅力的なものでなくなる恐れがあります。たしかに外国人ポスドクは賃金相場抑制効果を持つと考えられますが、大学院進学に関してはアメリカ人の間で理系離れ

が著しく、優秀な学生にとっては理工学の大学院に進学して研究者になるよりも専門職大学院（ビジネススクール、ロースクール、メディカルスクール）に進学して金融機関に勤めたり、法曹界に入ったり、開業医・勤務医になることを目指した方が、生涯所得も高く、また途中でドロップアウトする可能性も低く有利といえます。とくに白人男子で研究者になる人材が減少していますが、これは彼らがアメリカ社会では主流派エリートで、上述のような研究者以外のキャリアで成功する確率が高いので、研究者になることに関心が低いせいともいえます。外国人留学生・ポスドクはアメリカ人が埋めることができないポジションを埋めてくれます。また、アメリカは大学卒業までの教育・訓練費を負担せずに世界中の優秀な人材を大学院に集めていますので、これはアメリカにとっては効率がよいわけです。外国、とくに発展途上国にとっては頭脳流出です。日本で優れたサッカー・野球の選手がヨーロッパやアメリカに流れてしまうのと同じです。

　留学生が帰国して外国企業に勤務することは、アメリカ企業の競争相手を利することになります。それでも、アメリカ企業は帰国した留学生の起こした企業とビジネスパートナーになることもありえます。頭脳は一方的にどちらかに流れるのではなく還流するのです。台湾からの留学生が帰国し、アメリカに残って勤務している台湾人とネットワークを築いて、アメリカで開発した半導体の製造が台湾で行われ、それへの投資がアメリカから行われることも起きています。

　近年、懸念されるのが国家安全保障の問題です。アメリカの大学で学んだ知識をテロリストが利用してアメリカを攻撃する可能性があります。核兵器の場合は、核物理学や原子炉工学のような特定の学問領域の知識に危険人物がアクセスできないようにすればよかったですし、また、核物質を生成するにはコストがかかりノウハウも必要なので、基礎理論を知っただけでは核兵器を作るのは容易ではありません（第2次大戦中、ドイツも日本も原子爆弾の理論は理解していましたが、アメリカだけが成功させました）。しかし、生物・化学兵器は、農学部で農薬を作る化学の知識を得れば、大きな設備がなくても製造できます。農学や化学の一般的な科目を留学生に履修させないというのは現実

的な規制とはいえません。同時多発テロが起こる前の1990-99年の外国人の博士号取得者のうち、国家安全保障に関係する学問分野（ほとんどが工学）を専攻していたのは11％足らずでした。ただ、テロ支援国家からの留学生は博士号取得者の2％ですが、そのうち79％は工学、農学、生物科学の専攻でした。

輸出先で軍事転用される恐れのある製品や技術の輸出は禁じられていますが、外国人が国内でそのような技術・情報にアクセスできることは「みなし輸出」と呼ばれ、国家安全保障のためやはり規制が必要になります。そのため、特定の国籍からの留学生が制限されたり、外国人留学生のアメリカ国内での学びが制限されることが起こりえます。

2001年9月11日の同時多発テロ以降、アメリカはビザの発給を厳しくしました。取得に時間もかかるようになりましたので、外国人留学生や学者が新学期や学会に間に合わないことも起こりました。その結果、2003年から2004年で科学技術分野の大学院の外国人志願者は28％減少し、入学許可者は18％減少し、入学者は6％減少しました。志願者が大きく減っているのに入学者があまり減っていないのは、1人が志願する学校数が減ったためで、入学審査が甘くなったわけでは必ずしもありません。2003年6月で、物理学の博士号授与プログラムの3分の2、修士号授与プログラムの半分で、合格したのにビザが発給されず入学できなかった留学生がいたといわれます。留学生ビザの発給拒否や遅延が2002年に目立ったので、2003年3月議会の公聴会で大学関係者が不満を述べました。2週間後に科学アドバイザーのマーバーガーも科学者の意見に同意しました。

その後、図9.1が示すように留学生の数は2016年までは順調に回復していたのですが、トランプ政権の反移民政策のため留学志願者は2017年に減少しました。ブッシュ（子）政権のころから問題になっていたのですが、留学生は国際学会出席や帰省のためアメリカを出ると、再入国のときにまた審査が必要です。場合によっては入国拒否される場合もありますので、留学生は一旦、アメリカに入国したら卒業・修了するまでアメリカを出国することを避けざるを得なくなります。とくにトランプ大統領は就任早々、イスラム

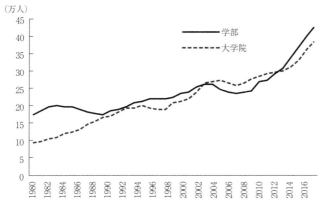

図 9.1 アメリカの大学に在籍する留学生数
出所：Institute of International Edcuation (https://www.iie.org)

教徒の多い国からの入国を制限しようとしましたので、イスラム圏からの留学生の間ではアメリカを出国したら再入国できないのではないかとの不安が広がりました。結局、トランプ大統領は特定のイスラム国だけを入国制限の対象とし、また留学生は原則として正当な理由のある入国者とみなされますので、一般の留学生が再入国を拒否されることは起こりにくいのですが、外国人の間にはアメリカは留学生を歓迎しないという認識が広まりました。また、特定の宗教や出身国での差別は憲法違反ではないかとの批判もありましたが、2018年6月に最高裁判所はこの政策は大統領の裁量権の範囲内だと判断しました。

　2017年の秋学期における500の大学の調査では、半数近くの大学で平均で7%の留学生の減少となりました。大学院での減少は研究能力の低下に、学部生の減少は収入の減少にそれぞれつながります。大学院生には国や大学が財政支援を行いますが、学部留学生は学生（親）が授業料を払っています。私立大学では留学生の70%近くが奨学金を受け取らず、表示されている授業料全額を払います。州立大学の場合は州外者の高い授業料を払ってくれます[2]。学士号取得をまだ目指していない英語研修プログラムや聴講生も含め

た100万人の留学生が390億ドルをアメリカにもたらしています。学部教育中心の州立大学であるセントラル・ミズーリ大学では、州内者の2倍に当たる6445ドルを払ってくれる留学生が1500人から944人に減少してしまい、1400万ドルの減収となり、課外活動の縮小などアメリカ人学生にも悪影響が及んでいます。

　最近では米国籍を持っていても過激思想に感化されてテロリストになる（ホームグロウン・テロリスト）の場合もありますので、外国人の流入だけを防いでも意味がないのですが、それでも危険な人物の入国は未然に防ぐべきです。しかし、大学側は国がしっかりと審査してビザを発給した留学生は、キャンパスではアメリカ人学生と同じことができるようにすべきだと主張します。キャンパスでは軍事機密研究は行わない大学がほとんどなので、留学生がどんなプログラムに参加してもよいはずです。大学が留学生の行動を監視してどの研究にアクセスできるか決定することを期待してもうまくいかないでしょう。大学任せにせず国がしっかり審査をして入国を許したら、あとは平等に扱うべきです。

　国による厳しい入国審査はグローバルな人材獲得競争でアメリカを不利にする恐れがあります。現在、世界各国が優秀な人材を奪い合っています。イギリス、オーストラリアといった英語圏は、アメリカに代わって留学生にとって魅力的な国になるかもしれません。ヨーロッパの大学も積極的に英語でのプログラムを増やしていますので、優秀な人材が集まる可能性があります。表9.7は国別の科学論文の数ですが、韓国、中国、インドが急速に本数を増加させ、2016年にはついに本数で中国がアメリカを上回りました。これは論文数という量のみの測定ですが、論文の質は被引用回数で測られます（もちろん、批判されるために引用されることもありますが、一般によく引用される論文はよく読まれていて影響力があると考えられます）。表9.8によれば、被引用回数で上位10％に入る論文の国別のシェアではアメリカが依然としてトップですが、2004年から14年でシェアの増加はわずかです。日本とヨーロッパも微増で、中国が急増させており、中国の科学論文が量だけでなく質でもトップクラスになってきていることを示しています。

第 9 章　グローバル化と日本への含意　211

表 9.7　国別科学論文数

国	2003 年	2004 年	2005 年	2006 年	2007 年	2008 年	2009 年	2010 年	2011 年	2012 年	2013 年	2014 年	2015 年	2016 年
世界全体	1,192,446.0	1,309,104.0	1,481,643.0	1,567,422.0	1,661,634.0	1,752,431.0	1,861,148.0	1,958,948.0	2,070,735.0	2,137,315.0	2,217,046.0	2,300,684.0	2,305,909.0	2,295,608.0
アメリカ	321,765.9	347,873.9	379,701.3	383,114.9	389,451.8	391,933.4	398,871.1	409,853.3	424,938.0	432,311.5	435,212.0	440,229.7	429,139.0	408,985.3
イギリス	74,599.8	78,314.4	84,993.1	88,060.9	91,352.4	92,000.6	94,757.4	95,488.8	98,479.6	101,367.0	103,051.0	102,970.6	101,407.0	97,526.9
フランス	51,757.8	54,775.8	59,581.4	62,448.0	64,476.8	67,209.2	69,380.8	70,177.1	72,035.5	74,413.7	75,266.0	75,017.4	72,224.4	69,430.8
ドイツ	70,447.7	74,144.7	82,968.9	84,434.4	88,424.9	91,159.6	95,033.3	97,179.4	100,879.4	105,373.5	105,377.5	109,262.0	105,754.9	103,121.9
日本	97,235.2	100,403.7	109,662.2	110,502.8	108,760.8	106,897.5	108,237.4	108,292.4	110,570.0	109,424.5	109,257.9	106,154.6	99,812.4	96,536.2
中国	86,621.4	119,754.6	164,747.4	189,759.8	215,700.4	249,972.9	290,330.2	316,915.3	334,045.0	332,082.1	362,972.9	393,962.7	411,268.1	426,165.3
韓国	23,201.1	27,398.8	31,646.6	36,746.8	41,521.7	44,300.9	46,020.6	50,935.1	54,716.8	57,373.7	59,205.9	62,691.2	64,523.1	63,063.0
インド	26,797.1	28,930.1	33,215.8	38,590.3	43,624.9	48,794.2	54,667.1	62,790.2	75,337.3	82,182.2	88,942.4	100,574.8	106,663.4	110,319.6

出所：National Science Board (2018) *Science and Engineering Indicators 2018*, Washington, D. C.: National Science Foundation, Appendix Table 5-27.

表 9.8 被引用回数で上位10%に入る論文の国別比率

(%)

分野	アメリカ		EU		中国		日本	
	2004年	2014年	2004年	2014年	2004年	2014年	2004年	2014年
科学・工学全分野	15.01	15.36	10.79	12.14	5.76	9.72	7.51	7.68
工学	14.50	14.03	12.57	11.49	5.44	10.17	7.74	6.55
天文学	15.35	17.72	10.74	12.08	5.51	6.82	10.00	15.19
化学	15.22	13.98	10.76	10.12	8.28	12.76	9.98	7.95
物理学	15.01	14.69	11.57	12.55	7.48	9.95	8.66	9.45
地球科学	13.26	15.81	12.59	13.84	5.80	9.41	8.79	8.53
数学	15.08	13.15	10.27	12.01	12.44	10.90	8.38	9.95
コンピュータ科学	16.53	18.50	9.40	11.35	4.86	9.95	5.70	5.29
農学	12.29	14.79	13.50	14.58	6.38	11.31	4.89	5.51
生物科学	14.90	15.97	11.02	13.10	3.43	7.62	8.31	9.32
医学	16.35	16.51	9.91	12.58	3.57	7.14	5.55	6.70
その他科学	10.21	10.73	11.08	10.67	7.83	13.37	5.69	6.56
心理学	12.32	12.22	8.95	10.52	9.47	9.37	2.90	4.23
社会科学	13.73	13.21	8.77	10.86	12.00	17.10	5.54	8.50

出所: National Science Board (2018) *Science and Engineering Indicators 2018*, Washington. D. C.: National Science Foundation, Appendix Table 5-48.

アメリカ以外の国の大学のレベルが向上することは、まず、学部卒業生が増えればアメリカの大学院に進学数が増えますし、外国で博士号を取得してからアメリカに来るポスドクが増えるというメリットがあります。しかし、しだいに外国人がアメリカに来ず自国で博士号を取得し、研究職にも就き、企業の研究者になるかもしれません。さらに、途上国の人材が中国に留学するケースも増えるでしょう。国家安全保障を理由に外国人受け入れに慎重になりすぎると、これまでのようにアメリカが優秀な人材を集められなくなる可能性があります。国家安全保障とイノベーションのための人材獲得競争の慎重なバランスが求められます。

9.3 日本の大学における軍事研究

わが国では明治維新後の富国強兵政策のもと、大学の研究は産業のみならず軍事にも重要とみなされてきました。1886 年の「帝国大学令」では「帝国大学では国家に奉仕することが大学ならびに大学人の任務である」と定められました。ちなみに、戦後 1947 年の学校教育法では、大学は「国家でなく学術そのものと、教育を受ける人とに貢献し、それを通して間接的に社会の発展に寄与する」と定められています。

ウランの核分裂反応が大きなエネルギーを生み出すことは科学者の間では理解されていましたので、日本も太平洋戦争中に原子爆弾の開発を行いました。陸軍は 1943 年 9 月から理化学研究所の仁科芳雄によって「ニ号研究（ニシナのニ）」を行い、ウラン濃縮を試みましたが成功することなく、装置は 1945 年 4 月の空襲で焼失してしまいました。海軍は京都大学の荒勝文策によって「F 号研究（Fission［核分裂］のF）」を行いましたが、ウラン鉱が入手できず 1945 年 7 月に中止になりました。マンハッタン計画予算の 0.25% 程度と考えられ、実験継続する電力も不足していたので、とても開発を期待できるものではなく、それは当事者も理解していました。むしろ、若い科学者を戦場に行かせないという意味もあったといわれます。一方、軍は基礎研究だ

とわかっていながら、サイクロトロンの建設にも資金を出していました。科学技術の基礎知識を欧米に依存することから脱却したいと考えていたためです。この装置は戦後、占領軍によって軍事研究施設と判断（誤解）され破壊されてしまいました。また、のちにノーベル賞を受賞する朝永振一郎は電波兵器の開発に動員されていましたが、理論研究を継続して量子論の重要な論文を 1943 年に日本語で発表しており、軍事プロジェクトでは手抜きの報告書だけを書いていたともいわれます。戦後 1951 年のアンケート調査で科学者は戦時中は豊富な資金で自由に研究できていたと考え、それほど辛い経験だと感じていないことも明らかになりました。レーダーの開発も行われており、菊池正士（大阪大学）や嵯峨野遼吉（東京大学）が参加していました。仁科はレーダーの開発にも参加していましたが、それだけ人材層が薄かったといえましょう。もっとも第 1 章で述べたように、東北大学の八木秀次が開発した「八木アンテナ」は海外ではレーダーへの応用が注目されていましたが、日本は無視していました。

　医学では京都大学医学部出身の陸軍軍医石井四郎が、関東軍防疫給水部（中心部隊は「731 部隊」と呼ばれました）の研究施設を満州に建設し、細菌兵器を開発するとともに人体実験を行いました。1942 年 8 月には東京大学出身で満州医科大学教授の北野政次が隊長となり、1945 年 3 月に対ソ細菌戦に備えて石井が復帰しました。反日活動をした中国人やロシア人はこの施設に送られて、満州の酷寒期に屋外に放置しての凍傷の罹患観察、ペスト菌・赤痢菌の感染経過観察、気圧（極端な高圧・低圧）への耐性実験、毒ガスの効果の検証などでの人体実験が行われていました。また、破傷風や結核菌の治験（感染させて治療法を試す検体と試さない検体の比較）や生体解剖まで行っていました。さらに、細菌兵器を対ソ連戦（1939 年のノモンハン事件）で使用したり、1940 年代には細菌を空中散布したり水・食物に混ぜたりしました。これは細菌兵器というより大規模人体実験でした。10 年の活動期間で 2000 人から 3000 人が犠牲になりました。終戦間際には証拠隠滅のため、まだ生きていた収容者を殺害しました。

　関係者は戦後、占領軍の取り調べを受けました。実戦に役に立たなかった

細菌兵器の開発は認めましたが、人体実験や生体解剖には口を閉ざしました。ソ連に捕えられた関係者が自白していたのですが、アメリカにデータと標本を提供することと引き換えに免責されました。アメリカは細菌兵器に批判的で開発が遅れていたので、これがソ連の手に渡らず占有できることを望んだのです（裁判になって公表されてしまうのを恐れました）。大学から派遣されていた731部隊の研究者の多くは戦後も医学部で教鞭をとり、中には医学部長さらには医科大学学長になった人物もいました。軍医は大学に就職しにくかったので、1950年に設立された血液製剤を生産する日本ブラッドバンク社（1964年に、ミドリ十字社と改称）の要職を占めました。

実は人体実験にはフィリピンで捕えられ満州に移送されていたアメリカ人捕虜も含まれており、これが明らかになっていれば免責は与えられなかったかもしれません。1945年5月から6月にかけて、九州大学医学部でアメリカ軍捕虜に対する生体解剖が行われた「相川事件」では30人が参加しましたが、B・C級戦犯となり1948年に絞首刑5人、有罪18人となっていたのです。また、ドイツのユダヤ人を使った人体実験を裁いた「ニュンレンベルグ医師裁判」では23人の被告のうち7人が死刑、5人が終身刑、4人が懲役刑でした。これらに比べれば731部隊はまったく罪を問われなかったといってもよいでしょう。ソ連・中国での裁判の被告もそれほど重い罪に問われませんでした。

大学の研究者が軍国主義に協力した反省から、戦後のわが国の大学は明らかに軍事応用目的のある研究、軍事関係機関から提供された研究費による研究を行わなくなりました。また、産業界との連携にも抵抗感が抱かれました。1949年に発足した日本学術会議は1950年4月に、戦争を目的とする科学の研究には絶対に従わないと決議しました。ただ、1951年の3月と10月に同様の決議が提案されたときは否決されています。朝鮮戦争が始まり、軍事研究の「絶対に」という全否定に疑問が呈されるとともに、戦争から科学を守るにせよ、その手段としての非武装か、再軍備か、中立か対米協調か、日本憲法は守るべきかなどについてまで、科学者が団体として意見表明すべきでないという考えも存在しました。

それでも軍事研究は行わない立場がとられていたのですが、1959年から

アメリカ陸軍の極東研究開発局から 37 の機関に 90 のテーマで研究資金が提供されていたことが、1967 年になって明らかになりました。東京大学、京都大学は軍からの資金を受けるべきでないという態度を明らかにしました。慶応義塾大学医学部は、ペニシリンのように軍事研究が民間にも役立つ成果をもたらすこともあるので内容で判断すべきという立場をとりましたが、翌年には辞退の方針に転じました。また、前年の 1966 年には日本物理学会の半導体国際会議に、アメリカ陸軍の同じ組織から 280 万円 (2015 年では 1089 万円に相当) が出されていたことも明らかになりました。アメリカから招待した学者の旅費ということでした。1967 年に同学会は国内外の軍事組織からは一切研究費を受け取らないという決議を、賛成 1927、反対 777、保留 639 で可決しました。1967 年に日本学術会議も、軍事目的のための科学研究を行わないという 1950 年に続いての 2 回目の声明を出しました。このころベトナム戦争への日本の間接的関与が問題になっていました。反戦の世論は戦後間もない 1950 年代よりむしろ強くなっていました。世論調査でも 1953 年には、戦争の絶対否定が 15%、条件付き肯定が 75% でしたが、1968 年には前者が 75%、後者が 20% と逆転しました。自衛隊員が国内留学で国立大学大学院に在籍することにも反対が強く、留学先に私立大学を含めざるを得なくなっていました。

1980 年代には第 5 章で述べたアメリカの「SDI (スターウォーズ) 計画」への参加が問題になりました。1985 年に当時の「レーガン・中曽根 (康弘首相) 会談」で話題になり、3 月にワインバーガー国防長官から参加依頼の書簡が届きました。1986 年 9 月に参加を閣議決定し、1987 年 7 月にアメリカと協定を結びました。アメリカでは宇宙に軍拡競争を広げることへの懸念、実現不可能なことに資金を投入することへの懸念から反対運動がありましたが、日本でも反対の署名が集まりました。1985 年 11 月に数学者 614 人、1986 年 8 月には筑波学研都市の国立研究機関所属の研究者 3506 人、1986 年秋には物理学者 2000 人超が署名しました。天文学者の間ではアメリカ側の提案する研究テーマが基礎研究として魅力的という意見もありましたが、4 分の 3 が反対署名に加わりました。

9.4 最近の議論

このように戦後は軍事研究反対を貫いてきたのですが、21世紀に入り、国会において野党の中でさえ改憲派が多数を占める保守化のなか、政府も大学の軍事研究を促進しようとしています。防衛省（2007年までは防衛庁）の技術研究本部（2015年10月から防衛装備庁の一部となり技術戦略部と改称）は日本版DARPAとなるべく、大学や独立法人との関係強化を目指しており、2004年から国内技術交流を行っています。表9.9のように年に数件ですが、組織改編後の2015年12月からはホームページ上での全事業の公開を取りやめました。ただし、DARPAとは異なり、技術交流での研究には予算がついていません。成果が実用化されれば別途、予算はつくでしょう。

1967年に軍事研究を否定した日本物理学会でも1992年には、研究費が軍関係の組織から出ていても、軍関係の組織が行った研究であっても、研究内容が明白な軍事研究でなければ学会として否定しない、と方針を緩和しました。研究成果がどのように利用されるかわからないのですが、軍は軍事利用につながると思っているから研究費を出します。科学者の立場として自分の研究成果がどう利用されるか「出口」でのコントロールができないので、軍からは資金を受け取らないという「入口」でのコントロールを行うというのも科学者の良心なのですが、変容しつつあります。

技術戦略部による2015年度からの「安全保障技術研究推進制度」は、技術交流とは異なり完全に防衛省からの軍事研究のための資金提供です。1件当たり年3000万円で最大3年間支給されます。2015年度予算は総額3億円でしたが、2016年度は6億円になり、2017年度には自民党の後押しもあり110億円と急増しました。基礎研究なので成果は民間でも利用できるとされていますが、実際には①既存の防衛装備の能力を飛躍的に向上させる技術、②新しい概念の防衛装備の創生につながるような革新的な技術、③注目されている先端技術の防衛分野への適用です。ただ、これでは基礎研究でなく防衛装備品（武器）の開発ではないかとの批判があったので、2016年度ではこ

表 9.9 防衛技術研究本部と大学・研究機関との技術交流

年度	提携先	内容
2004	宇宙航空研究開発機構	複合材料
2005	宇宙航空研究開発機構	ヘリコプタの技術
2006	医薬品食品衛生研究所	大気中粒子の観測データ解析
2007	情報処理推進機構	情報セキュリティ
2008	宇宙航空研究開発機構	比較風洞試験
2008	海上技術安全研究所	多胴船の波浪中船体運動・船体応答技術
2008	東京消防庁	ソフトウェア無線機による中継
2009	帯広畜産大学	生物探知試験
2010	帝京平成大学	大気中粒子の観測データ解析
2011	東京工業大学	空気圧計測技術
2012	東洋大学	疲労度合の研究
2012	横浜国立大学	無人小型移動体の制御アルゴリズム
2012	慶応義塾大学	圧縮性を考慮したキャビテーション
2013	情報通信研究機構	高分解能映像データ
2013	情報通信研究機構	海洋レーダー技術
2013	理化学研究所	中赤外線電子波長可変レーザーによる遠隔探知
2013	宇宙航空研究開発機構	赤外線センサ技術
2013	九州大学	爆薬探知技術
2014	水産工学研究所	水中音響信号処理技術
2014	帝京平成大学	爆薬探知技術
2014	千葉工業大学	3次元地図構築技術・過酷環境下での移動体（ロボット）技術
2014	九州大学	海洋レーダーによる海洋観測
2014	情報処理推進機構	高分解能映像レーダー、サイバーセキュリティ
2014	海洋研究開発機構	自立型水中探査機
2014	宇宙航空研究開発機構	ヘリコプタ技術、赤外線センサ、滞空型無人航空機
2014	千葉大学	大型車両用エンジン技術
2014	電力中央研究所・東京工業大学	レーザーによる遠隔・非接触計測技術
2015	金沢工業大学	水中無人車両の計測・既席爆発装置への対処
2015	宇宙航空研究開発機構	人間工学技術
2016	宇宙航空研究開発機構	衛星搭載赤外線センサ・極超音速飛行技術
2016	警察庁	対弾時人員衝撃評価

出所：池内了（2016）『科学者と戦争』岩波新書、pp. 62-63。

れらの定義を削除し、基礎研究フェーズだと強調しています。

　また成果の公開は 2015 年度版では「公開が可能」でしたが、「事前に防衛省から公開しても支障がないか確認する」としていました。これに対しても懸念があったので、2016 年度には「成果は原則として公開」で、研究期間中の公開では防衛庁に「事前に届け出る」としてトーンダウンしました。ただ、大学関係者の間でこの補助金を受け取ることの是非に議論が巻き起こりました。2015 年度は 109 件の応募（うち大学から 58 件）でしたのが、2016 年度は 44 件（うち大学から 23 件）に減少しました。2017 年度は予算は大幅に増え、応募数も 73 件と増加しましたが、大学からは 22 件と増えませんでした。軍事研究を義務づける法律はまだありませんので、軍事研究が広まるか否かは大学側の態度次第でもあります。大学よりも国に近い国立研究機関の研究者でも、日本やアメリカの国防機関からの研究費受け入れには 2 対 1 で反対の方が多いのです。ただ、生まれたときから保守的な新自由主義の世論に浸かってきた若い世代では、軍事研究に肯定的な意見が多くなる傾向もあるので、社会の規範が与える影響も大きいといえましょう。

　しかし、近年、文部科学省から各大学への予算分配は「選択と集中」の方針が採られ、教員数に比例（教員 1 人当たりは平等）するのでなく、審査によって分配される競争的資金が多くなっています。応募者が提案した研究計画で成果が上がるか否かの審査では、過去の研究実績が重要ですから、どうしても有力大学の教員が獲得しやすくなります。研究費に困った大学とその教員には防衛省からの資金が魅力的です。経済的に恵まれない研究者が研究費欲しさに資金が潤沢な軍事研究に参加せざるを得なくなる、という点で「研究者版経済的徴兵制」といえましょう。アメリカで貧しい学生が大学進学の奨学金欲しさやスキル習得の期待で軍に志願するのと同じなのです。

　さらに、2001 年に発足した総合科学技術会議（2014 年に総合科学技術・イノベーション会議に改称）が 2014 年度に 550 億円で革新的研究開発推進プログラム（ImPACT）を開始しました。これは民生技術開発を促進するとともに軍事に転用可能なものは積極的に利用するというものです。ここでも日本版 DARPA となることが目標とされています。

軍事研究反対の声明を2度にわたって出してきた日本学術会議ですが、自民党はそのリベラルな姿勢に不満を持っていました。1983年に日本学術会議法の改正が国会で可決され、1985年から実施されました。科学者による直接選挙による公選制から、推薦制に変わりました。学会や協会が候補者と選挙人（推薦人）を選び、学問分野ごとに選挙人が集まって、候補者の中から会員を選出することになりました。学術会議は推薦制に反対でしたが、選挙による選出を残すことで妥協しました。2004年に再び法改正され、現会員が後継会員を選出するように完全な推薦制になりました。学術会議は研究者コミュニティの意見を吸い上げることが難しくなり、保守化して、政府との対立姿勢が弱くなりました。

　同会議が2006年に発表した「科学者の行動規範」では、社会の安全と安寧を目指すことが科学者の責務とされました。この「安全・安寧のため」ということに防衛のための技術開発が含まれることは容易に予想できます。すべての戦争は防衛を目的に行われます。アメリカでさえ国防省（Department of Defense）と呼んでいるのです。SDIに見られるように自分たちの防衛技術を向上させることで自らの攻撃もしやすくします。

　2016年5月に安全保障と学術に関する検討委員会が設置され、その結果としての2017年3月の声明では、「戦争を目的とする科学研究は行わない」という1950年と1967年の方針を踏襲することになりました。声明は幹事会で決議され4月に総会で意見交換がされました。当時の大西隆会長は自ら学長を務める豊橋科学技術大学が防衛省からの研究資金を受け入れており、「時代が変わった」「防衛のための研究は軍事研究でない」として軍事研究禁止の見直しに前向きでした。日本学術会議は軍事的安全保障研究とみなされる可能性のある研究について、その適切性を審査する制度を設けるべきだと述べ、大学・研究機関が倫理規定を設けるべきだと提案しました。防衛省の制度には応募すべきでないとすると当時の大西会長派が反発するので苦渋の選択でしたが、日本学術会議が大学に命令をするのを避けるべきだとの意見も多いので、大学に任せる形にしています。2017年10月に新会長に就任した山極寿一京都大学学長は軍事研究解禁に慎重な立場をとっていますが、会

員（研究者）に強制できないので議論は続いています。現在は一応の歯止めがなされていますが、軍事研究の解禁が喫緊のテーマとして議論される時代になっているのです。

今日、大学教員の軍事研究解禁論で主張されているのは、国民の義務または公務員の義務という意見です。2014年に、防衛省は輸送機C-2のドアの不具合について東京大学の航空宇宙工学化科の教授にアドバイスを求めましたが、東京大学は軍事研究をしないという立場から拒否しました。防衛省からの協力依頼にもかかわらず文部科学省は大学の立場を尊重して傍観しました。（実際にはその教授は大学に無届けでアドバイスをしたともいわれていますが）この対応に関しては「税金で賄われている大学が国の要請を断るとはけしからん」という意見が出ました。やはり2014年に日本維新の会の議員が国会で、名古屋大学が1987年に制定した平和憲章が軍学共同を否定していることに対して、税金を受けている国立大学が国のための軍事研究を否定することを批判しました。

本書で述べたようにアメリカでは国防省から研究資金を受けていましたが、政府の軍事政策について大学の研究者が自由に批判していました。「税金で賄っている」という議論で大学の研究者の言論の自由を封鎖するような動きは注視しなければなりません。

注
(1) 女性、非白人、外国人に対する差別は法的には存在しませんが、実際には昇進しにくいので、見えない上限がある、という意味で「ガラスの天井（Glass Ceiling）」といわれます。
(2) 州立大学は州政府からの資金援助を受けていますので、納税者の子弟の授業料が安く、州外者の授業料は高く、入学選抜も厳しいのです。アメリカ国民であれば1年間州立大学に通えば2年目からは州内者扱いを認める州もありましたが、財政難の最近は認められない州も多いです。むしろ、高校卒業後1年間、その州で働いて納税することで州内者になってから州立大学に入学する方がよいのです。

column 8

ナチスからの亡命科学者

　1933年1月にヒトラーが首相に就任しました。3月に全権委任法が可決され、議会の承認なしに首相が法律を制定できることになりました。そして、4月7日の職業官吏再建法によって、アーリア人（純粋なドイツ人）でないものは公務員になれないことになりました。祖父母の1人でもユダヤ人ならば追放の対象になります。大学は多くが州立で、教員は公務員でしたので、ユダヤ系教員が追放されることになりました。1936年までに1600人の教員（3分の1が科学者）が職を失いました。問題はその量とともに質です。付表8.1が示すように、過去または将来ノーベル賞を受賞する13人がアメリカかイギリスに亡命しました。また、付表8.2は、物理学の分野でのちに移住していく科学者が論文を多く書いていたことを示しています。付表8.3は、そのうちの量子論に注目したものですが、25%のドイツ語論文がのちに移住する学者によって書かれていたことを示してます。

　カイザー・ヴィルヘルム協会の研究所は政府と産業からの資金を得ており、職員の大半は職業官吏法の対象となる公務員ではありませんでしたが、傘下の物理化学・電気化学研究所は政府の直接の管理下でしたので、所長のハーバー（Fritz Harber）は4分の1に当たるユダヤ人研究者を解雇した後、自身もユダヤ人なので辞任してスイスに亡命しました。彼は化学肥料の合成で農業生産の増大に貢献した一方、第1次大戦中は毒ガス兵器の開発でも中心的役割を果たしました。彼は愛国者として後者に関して躊躇はありませんでした。英仏両国からの反対はありましたが、化学肥料合成での貢献が認められ1918年にノーベル化学賞を受賞していました。そのような愛国者でさえユダヤ人ということで追放

第9章　グローバル化と日本への含意　223

付表8.1　ヨーロッパからの亡命物理学者（カッコ内は移住したときの国籍）

イギリスへ	アメリカへ	イギリス経由アメリカへ
ボルン（ドイツ）	バーグマン（ドイツ）	ベック（オーストリア）
エーヴァルト（ドイツ）	ブロッホ（スイス）**	ベーテ（ドイツ）**
フレーリヒ（ドイツ）	ブリルアン（フランス）	エーレンハフト（オーストリア）
フュルト（ドイツ）	デバイ（オランダ）*	フリッシュ（オーストリア）
ガーボル（ハンガリー）**	デルブリュック（ドイツ）**	フックス（ドイツ）
ハイトラー（ドイツ）	アインシュタイン（ドイツ）*	ヘルツ（ドイツ）*
ケンマー（ドイツ）	エルザッサー（ドイツ）	ロンドン（ドイツ）
クルティ（ハンガリー）	フェルミ（イタリア）*	ラビノウィッチ（ドイツ）
メンデルスゾーン（ドイツ）	フランク（ドイツ）*	シュテルン（ドイツ）*
シュレディンガー（オーストリア）*	ヘルツベルク（ドイツ）**	シラード（ハンガリー）
ジーモン（ドイツ）	ラーデンブルク（ドイツ）	テラー（ドイツ）
	ランデ（ドイツ）	
	セグレ（イタリア）**	
	ティサ（ハンガリー）	
	ヴァイスコップフ（ドイツ）	
	ウィグナー（ハンガリー）	

注）* 亡命したときにすでにノーベル賞受賞。
　　** 移住したのちにノーベル賞受賞。
出所　カーオ, H.（岡本拓司監訳、有賀暢迪・稲葉肇訳）(2015)『20世紀物理学史（下）』名古屋大学出版会、329頁。

付表8.2　1926年から1933年の物理学でのドイツ語論文出版数

分野	ドイツ語出版物	後に移住する科学者によるもの	比率（％）
量子論	864	217	25.1
核・放射能・粒子線	532	100	18.8
スペクトル	958	123	12.7
流体力学・気体力学	1740	163	9.4
機械工学	1030	58	6.6
音響学	482	18	3.8
合計	23216	2505	10.8

出所　付表8.1に同じ（308頁）。

付表8.3　量子論における移民科学者による語論文

年	ドイツ語論文数	量子論の論文全体に占める比率（％）	のちに移住する科学者による論文数	ドイツ語論文に占める比率（％）
1926	173	49.7	16	18.6
1927	319	50.8	42	25.9
1928	295	44.4	31	23.7
1929	286	43.4	28	22.6
1930	326	44.5	35	24.1
1931	208	50.5	33	31.4
1932	170	30.6	12	23.1
1933	153	38.6	20	33.9
合計	1930	44.8	217	25.1

出所　付表8.1に同じ（307頁）。

されたのでした。彼は1934年に亡命先のスイスで亡くなりますが、彼が殺虫剤として開発したチクロンBという青酸ガスは、ユダヤ人強制収容所での大量虐殺に使われました。

　西洋社会における反ユダヤ主義は根強いものがあります。実業界では差別されて成功が難しいので、ユダヤ人は学力をつけさせようと子弟の教育に熱心でした。学問の世界でも差別はありますので、比較的新しい学問で、また理論的証明や実験で白黒がつけやすい物理学の分野にユダヤ人が増えていきました。しかし、ナチス政権誕生前からレーナルト（Phillipp Lenard、1905年ノーベル物理学賞受賞）とシュタルケ（Johannes Stark、1919年同賞受賞）が中心になり、反アインシュタイン運動を繰り広げていました。1931年にはアインシュタインを批判する本に100人あまりの科学者・哲学者が寄稿していました。ユダヤ人が陰謀をめぐらし、アインシュタインの相対性理論や量子理論など難解な理論を世界に普及させているという批判がなされました。ただ現実には、実験物理学者の2人は数学を用いる理論物理学の発展についていけなくなっていた

のです。ドイツの物理学のリーダーであり続けるため、彼らは「ドイツ（アーリア）物理学」を提唱しましたが、アーリア物理学は体系だった科学思想を生み出すことはありませんでした。多くの物理学者はアーリア物理学に賛同せず、アインシュタインの名前は出さなくても相対性理論を教えていました。ナチスの党員となる科学者は少なかったのですが、ナチスは学生の間で人気がありましたので、1933年以降は若い科学者の党員が増えました。

ドイツの原爆開発は1942年以降、ほとんど進歩しませんでした。減速材に用いる重水は占領下のノルウェーでしか製造されていませんでしたが、連合軍の妨害にあい充分に入手できませんでした。また、ベルリンの研究施設そのものも空襲で被害を受けました。ハイゼンベルクをリーダーとする科学者は、完成の自信がなかったので政府に対して多額の予算請求をしませんでした。その結果、政府はマンハッタン計画と同じ規模の支援を原爆ではなくロケットに対して行いました（column 6参照）。政府に原爆開発の資金がなかったわけではないのです。科学者の原爆開発への自信のなさは彼らが原爆に必要なウラン235の量を過大に見積もっていたためです。また、黒鉛を安く純化して減速材として使うことに成功できなかったので、重水に頼らざるを得ず、重水が入手できないので開発が進みませんでした。

戦争末期の1945年3月にロケット技術者と同様、原爆開発者もアメリカが捕捉して聞き取り調査が行われました。ドイツ人科学者はアメリカが原爆の開発に成功したと聞かされ、自分たちが実は遅れていることを初めて理解しました。さらに、彼らはナチスに勝ってほしくなかったのでわざと開発を遅らせたと発言しました。ハイゼンベルクはたしかに理論物理学の研究もしており開発への本気さが疑われるのですが、優秀な物理学者の亡命によってドイツの研究開発能力が低下していたのも事実です。ドイツの科学者は意図的な遅延を主張することで自らの戦時中の行為を美化しようとしたのです。

おわりに

　制度とは経路依存性があり、ここまでに至る経緯が異なればこれから進んでいく方向も違うわけで、外国の制度を導入しても同じ結果になるとは限りません。日本の大学はアメリカの影響を強く受けていますが、大学を取り巻く制度は日本とアメリカとでは次の2点で大きく異なります。

　第1に、アメリカでは中央政府である連邦政府の役割は限定的で州の権限が強く、教育は基本的に州政府の責務でした。フランスのナポレオンやドイツのビスマルク、そしてわが国の明治政府も富国強兵政策として政府資金で大学の研究を支援しました。しかし、アメリカの連邦政府が大学の研究を支援するようになったのは第2次大戦の成功体験によるものです。それまでは大学、とくに私立大学は連邦政府から研究資金を受け取れば介入もされると警戒していました。しかし、第2次大戦中の潤沢な研究予算に慣れてしまった大学の研究者は、戦前の清貧な状態に戻りたくありませんでしたので、連邦政府資金、とくに初期は国防省からの研究費を受け入れたのです。こうして、冷戦型の研究大学が生まれました。この点、中央集権的に文部省（現文部科学省）が大学の研究支援をしてきたわが国は、防衛省からの資金に頼らず、文部科学省が資金を出し続ければよいと考えられます。

　第2に、アメリカでは新しい技術は民間企業が市場メカニズムのなかで開発、実用化するものなので、連邦政府が民間技術の開発を援助することは市場への不当な介入であるとしてタブー視されてきました。ただ、実際には国防省の研究開発活動が軍事技術だけでなくスピンオフや両用技術という形で民生技術の発展に貢献してきました。政府による巨大な研究開発支援は国家安全保障という建前が必要だったのです。

　しかし、民生技術のイノベーションにとってスピンオフや両用技術はあくまでも間接的な恩恵です。日本では政府が民生技術を支援することには反対はないので、必要ならば初めから民生技術の開発を支援するべきであり、民

生技術の開発に役立つから軍事研究をすべきというのは適切でありません。ここでは防衛省でなく、経済産業省の研究開発予算を増やせばよいのです。もちろん、どの技術を開発したらよいかについて、政府が民間企業よりも的確な判断ができる保証はありません。(現実問題として測定は難しいですが)スピルオーバー効果の大きい分野、公共財の分野、さまざまな分野に応用が可能な汎用技術などに政府資金を投入することが望まれます。

　軍事研究の問題点は、機密保護、秘匿がからむことです。今日、アメリカの多くの大学ではメインキャンパスにおいては公表できない研究を行わず、軍事研究は特定の施設で行っています。研究の発展のためにはオープンな情報交換が不可決です。それを妨げることは避けるべきです。日本での大学の軍事研究解禁論では大学への機密研究の導入が求められそうですので、今後を注視する必要があります。またグローバル化した世界で優秀な人材を集めなければならないので、外国人の研究へのアクセスが懸念されるようなテーマはキャンパスの研究活動として好ましくありません。これは企業との産学連携でも同様です。結果を公表できないような研究を大学は受け入れるべきでないのです。本書では国家安全保障と学問の自由の問題に注目したため、産学連携に関連した学問の自由の問題は充分に分析できませんでしたので、今後の研究課題としたいと思います。

　筆者は国家の軍事研究を否定しているわけではありません。防衛省は必要な軍事技術の研究開発は、自身の研究所で身分の信頼できる研究者に機密保護を命じて行えばよいので、大学を利用すべきでないと考えます。軍需産業の肥大化と経済発展との関係は改めて議論しなければなりませんが、必要な軍事技術は政府資金で大学でなく軍需企業に機密研究開発として依頼すべきです。軍隊は国家安全保障のために必要ならば持てばよいので、「災害のときに役に立つ」とか「大学の研究を活性化する」「イノベーションを生み出す」という理由での正当化は適切ではないでしょう。

　最近、懸念すべきは、国から給与をもらっている、国からの研究費で研究しているのだから、国が軍事研究をすると言ったら協力しろ、という論調です。本書で述べたように、アメリカでは国防省が大学の研究の重要なスポン

サーでしたが、大学の研究者は是々非々で意見を述べてきました。理系だけでなく文系においても政府の政策に意見を述べてよいのかという問題が発生します。たとえば、(厳密には法人化された現在は公務員でないのですが、実際には国から給与が支払われている) 国立大学の教員は、国の経済政策、外交政策を批判してはいけないのでしょうか。公立大学の教員は設立母体の都道府県・自治体の財政政策を批判してはいけないのでしょうか。一方で、国・自治体の緊縮財政は公務員である国公立大学の教員の給与の削減につながりますから、国公立大学の経済学部の教員は緊縮財政を支持しないという利益相反の問題が存在します。

　「国から給料をもらっている云々」という議論は研究者としての大学教員への規制だけに限りません。学生の皆さんにも関係します。国立大学の入学式・卒業式での国歌斉唱・国旗掲揚に関して、2015年に安倍首相は「国立大学が税金で賄われていることを教育基本法にのっとり正しく実施されるべきである(斉唱・掲揚すべき)」と答弁し、文部科学大臣も「適切(斉唱・掲揚)な対応を要請する」と答えました。その後、「要請は強制ではない」とトーンダウンしましたが、「税金で賄っているから国に逆らうな」は理工医系における軍事研究だけでなく、大学全体の問題なのです(教育基本法は多様な解釈が可能で、大学の自治を容認している面もありますから、教育基本法を根拠にして国歌・国旗を強制することには無理もあります)。

　私立大学であっても研究費を国から受けていたり、学生の奨学金が国から出ていれば「言うことを聞け」となりかねません。何よりもアメリカ以上に日本では大学や学部・学科の設立に関する許認可権を国が握っています。教育の効果は人生全般にわたって現れ、受験生はその大学の本当の教育の質がわからないという「情報の非対称性」があるので、市場での自由競争に任せず政府が許認可権を有するというのは理が通ります。医薬品の効能・安全性は消費者にはわからないので国が許認可するのと同じです。実際、アメリカの営利企業による大学は、就職実績の誇張や政府からの奨学金詐取の手助け、学力ない学生の不正な入学許可など、スキャンダルが続出しています。ですから、消費者(学生)保護の観点から、大学は私立大学でも非営利組織と

して運営されることが多く、市場での自由競争に任せず政府がさまざまに規制してきました。しかし、許認可権を握った国が大学の自治や学問の自由に規制をかけてくる、また、それを予見した大学が萎縮したり忖度する可能性があることを認識する必要があります。本書で考察したアメリカの国防省と大学との関係は、決して他人事ではないのです。

　読者の皆さんの多くは文系の学部学生ですので、本書で取り上げた大学の科学者の軍事研究協力というのは、自分の問題としては考えにくいかもしれません。また、現在の戦争は専門知識を持ったプロによって行われるので、素人を少しばかり訓練しても役に立ちませんから、将来、憲法がどう変わっても、国防が国民の義務として加わっても、徴兵されることはないと思っているかもしれません。しかし、戦争が始まればまたは平時の抑止力としての軍備においても、前線の兵士だけでなく、人文・社会科学を利用した敵国の分析、さらに軍需産業での勤労など銃後の一般労働として、自分の意志に反して「徴用」される可能性はあります。また、科学者の軍事研究協力は結局、税金を使った研究なのですから、そのあるべき姿を一市民、一納税者として考えておく必要があります。さらに、科学者は社会の構成員なのですから、社会の規範に影響を受けます。そして、一般市民の意見が社会の規範を醸成するのですから、市民１人１人が意識を高める必要があります。

推奨文献

　本書はテキストブックですので、厳密な文献の引用は記載していません。以下に入手しやすい日本語の単行本を推奨文献として挙げておきます。

青木富貴子（2008）『731―石井四郎と細菌戦部隊の闇を暴く』新潮文庫。
池内了（2016）『科学者と戦争』岩波新書。
池内了ほか（2017）『「軍学共同」と安倍政権』新日本出版社。
小俣和一郎（2003）『検証　人体実験―731部隊・ナチ医学』第三文明社。
黒川修司（1994）『赤狩り時代の米国大学―遅すぎた名誉回復』中公新書。
ゴールデン，D.（花田知恵訳）（2017）『盗まれる大学―中国スパイと機密漏洩』原書房。
齋藤勝裕（2017）『SUPERサイエンス　戦争と平和のテクノロジー』C&R研究所。
国立国会図書館調査及び立法考査局編（2017）『冷戦後の科学技術政策の変容』国立国会図書館調査及び立法考査局。
四ノ宮成祥・河原直人編著（2013）『生命科学とバイオセキュリティ―デュアルユース・ジレンマとその対応』東信堂。
杉山滋郎（2017）『「軍事研究」の戦後史―科学者はどう向きあってきたか』ミネルヴァ書房。
辻俊彦（2012）『レーダーの歴史―英独　暗夜の死闘』芸立出版。
堤未果（2010）『報道が教えてくれないアメリカ弱者革命』新潮文庫。
デ・サルセド，A. M.（田沢恭子訳）（2017）『戦争がつくった現代の食卓―軍と加工食品の知られざる関係』白揚社。
中沢志保（1995）『オッペンハイマー―原爆の父はなぜ水爆開発に反対したか』中公新書。
的川泰宣（2000）『月をめざした二人の科学者―アポロとスプートニクの軌跡』中公新書。
パーカー，B.（藤原多伽夫訳）（2016）『戦争の物理学―弓矢から水爆まで兵器はいかに生み出されたか』白揚社。
バゴット，J.（青柳伸子訳）（2015）『原子爆弾　1938〜1950年―いかに物理学者たちは、世界を残虐と恐怖へ導いていったか？』作品社。
ハンナス，W. C.，マルヴィノン，J.，プイージ，A. B. ほか（玉置悟訳）（2015）『中国の産業スパイ網―世界の先進技術や軍事技術はこうして漁られている』草思社。
ボール，P.（池内了・小畑史哉訳）『ヒトラーと物理学者たち―科学が国家に仕えるとき』岩波書店。
益川敏英（2015）『科学者は戦争で何をしたか』集英社新書。
脇英世（2003）『インターネットを創った人たち』青土社。

索引

アルファベット

AAAS（American Association for the Advancement of Science）159
AAU（Assocaiton of American Universities）187
AAUP（American Association of University Professors）130, 131, 137, 140
ABM（Anti-Ballistic Missile）103, 104, 111, 112, 113, 116, 117
American Legion 177, 178
AT&T 社 5, 7, 52, 55, 56, 197
CIA（Central Intelligence Agency）80, 117, 167, 168
CIS（Center for International Studies）143
CNI（Greater St. Louis Citizens' Committee for Nuclear Information）100, 101, 163
DAV（Disabled American Vetreans）177, 178
EPA（Environment Protection Agency）29, 36
FAIR（Forum for Academic and Institutional Rights）195
FBI（Federal Bureau of Investigation）134, 138, 153, 154, 201
GE 社 5, 52, 56, 62
GM 社 7, 22
IBM 社 57, 64, 73, 74, 76, 90
ICBM（Inter-Continental Ballistic Missile）77, 102, 103, 104, 111, 125
IDA（Institute for Defense Analysis）143, 161, 163
MAD（Mutual Assured Destruction）104
MIT（Massachusetts Institute of Technology）5, 7, 9, 10, 21, 23, 26, 27, 30, 36, 51, 52, 53, 54, 57, 60, 82, 90, 91, 115, 143, 158, 159
MX ミサイル 104, 107
NACA（National Advisory Committee for Aeronautics）9, 28, 59, 60, 61, 62, 77, 171
NAS（National Academy of Science）2, 3, 5, 6, 7, 8, 9, 23, 29, 61, 113, 118
NASA（Nationoal Aeronautics and Space Administration）9, 28, 30, 55, 77, 109, 121
NDEA（National Defense Education Act）185, 186, 187, 188, 196
NDRC（National Defense Research Committee）9, 14, 15, 16
NEA (National Education Association)137, 186
NIH（National Institutes of Health）24, 35, 38, 44, 196
NORAD（North America Aerospace Defense Command）105
NRC（National Research Council）6, 7, 8, 9
NRPB（National Resources Planning Board）177
NSF（National Science Foundation）8, 21, 22, 27, 31, 70, 78, 85, 91, 99, 103, 142, 144, 159, 196
OSRD（Office of Scientific Research and Development）9, 10, 16, 20, 21, 22, 51, 171
OST（Office of Science and Technology）27, 28, 29, 30
OSTP（Office of Science and Technology Policy）31, 34, 35, 36
OTA（Office of Technology Assessment）31, 109, 110
Peer Review 25, 152
PMC（Post-War Manpoer Conference）177
PSAC（President's Science Advisory Committee）26, 27, 28, 30, 157
PWA（Public Work Administration）8
RAND 研究所 69, 78, 90, 91
ROTC（Reserve Officers' Training Corp.）170, 172, 194, 195
SAB（Science Advisory Board）7, 8
SACC（Science Action Cordinating Committee）158
SAF（Students for Academic Freedom）147
SAFEGUARD missile 103, 104
SANE（Committee for Sane Nuclear Policy）101, 164
SDS（Students for a Democratic Society）143, 158
Serviceman's Readjustment Act 178
SftP（Science for the People）160, 162
SIPI（Scientists' Institute for Public Information）101
SORO（Special Operations Research Office）142,

144
SRI（Stanford Research Institute） 53, 91, 159, 163
SSRS（Society for Social Responsibility in Science） 100
TRW社 74, 118
U-2 89
Uボート 6, 11, 12
Union of Concerned Sicentists 33, 109, 114, 118, 158
US Steel社 7
V1号 12, 102, 120
V2号 102, 120, 121, 122
VFW（Veteran for Foreign Wars） 177, 178
VHSIC（Very High Speed Integrated Cuicuit）プロジェクト 73, 74, 75
X線レーザー 106, 107, 108, 109, 113, 114, 125

あ

アイゼンハワー（Dwight Eisenhower）大統領・政権 26, 27, 35, 76, 80, 100, 103, 154, 158, 160, 164, 172, 184, 185
アインシュタイン（Albert Einstein） 13, 14, 99, 110, 224, 225
アチソン（Dean Acheson） 95, 97
アメリカ科学振興協会 → AAAS
アメリカ総合大学協会 → AAU
アメリカ大学教授協会 → AAUP
アメリカン大学 142, 144
アリ（Muhammad Ali） 173
アリソン（William Allison），―委員会 5
アレン（Raymond Allen） 137
アンダーソン（Hurst Anderson） 142, 144
石井四郎 214
移民制限法（ジョンソン［Albert Johnson］・リード［David Reed］法） 199, 201
インスツルメンテーション研究所 52, 158
ウィーズナー（Jerome Wiesner） 27, 28, 30, 103, 158
ウィスコンシン大学 91, 129, 130, 167, 182, 183
ウィルソン（Charles Wilson） 23
ウィルソン（Woodrow Wilson）大統領 6, 7, 176
ウラム（Stnislaw Ulam） 98
エアバス社 63, 64

エール大学 3, 4, 128, 130, 145, 199
エジソン（Thomas Edison） 5
エネルギー省 22, 37, 38, 43, 44, 96, 100, 159
エリー（Richard Ely） 129, 130
エリオット（Carl Elliott） 185, 187, 188
オッペンハイマー（Frank Oppenheimer） 138
オッペンハイマー（Robert Oppenheimer） 17, 18, 94, 95, 97, 98, 99, 139, 153, 154, 155
オバマ（Barak Obama）大統領・政権 24, 32, 34, 35, 36, 118, 192

か

ガーウィン（Richard Garwin） 29, 109, 162
カーソン（Rachel Carson） 157
カーター（Jamese Carter）大統領・政権 25, 32, 62, 104, 106, 107, 173
カーネギー（Andrew Carnegie）―財団・協会 5, 8, 12, 20, 197
海軍研究局（Office of Naval Research, ONR） 24
科学研究開発局 → OSRD
カリフォルニア工科大学 51, 52, 60, 63, 160
カリフォルニア大学（バークレー校） 15, 16, 17, 98, 130, 109, 138, 153, 154, 159, 172, 189
枯葉剤 78, 156, 157, 168
キーワース（George Keyworth） 108, 109
技術評価室 → OTA
キスティアコフスキイ（George Kistiakowsky） 26, 103, 158
キッシンジャー（Henry Kissinger） 167
ギボンズ（John Gibbons） 31
キリアン（Jamese Killian） 26, 103
キルゴア（Harry Kilgore） 21, 22
キング（Martin Luther King） 165, 166
ギングリッチ（Newt Gingrich） 72
グーゼンコ（Igor Gousenko） 135, 136
クーリッジ（Calvin Coolidge）大統領 176, 177
グッゲンハイム（Daniel and Henry Frank Guggenheim）家 60
クラーク（Bennet Clark）法案 178
グラハム（Daniel Graham） 106, 107
クリーブランド（Grover Cleveland）大統領 176
グリーングラス（David and Ruth Greenglass）夫妻 135, 136
クリントン（William Clinton）大統領・政権 31,

索引　233

32, 34, 72, 75, 81, 82, 84, 88, 91, 116, 117, 118
クレイ（Cassius Clay）→ アリ
グローブス（Leslie Groves）　16, 17, 18, 23, 95, 96, 134, 153, 154
ゲッティンゲン大学　5, 153, 198
ケネディ（Edward Kennedy）　31, 85, 108
ケネディ（John F. Kennedy）大統領・政権　27, 28, 30, 33, 35, 36, 155, 156, 164, 187, 188
ケネディ（Robert Kennedy）　166
原子力委員会　22, 37, 54, 57, 95, 96, 97, 98, 100, 139, 154, 155
憲法修正第1条　126
憲法修正第5条　101, 139
公共事業局 → PWA
航空宇宙局 → NASA
高等教育法　188
コーエン（Morris and Loan Cohen）夫妻　134, 136
コーネル大学　103, 113, 159
ゴールド（Harry Gold）　134, 135, 136
ゴールドウォーター（Barry Goldwater）　30, 33, 164, 166
国内安全保障法（マッカラン［Pat McCarran］）法　133
国防動員室（Office of Defense Mobilization, ODM）　26
国務省　143
国立衛生研究所 → NIH
国家航空諮問委員会 → NACA
国家標準局（National Bureau of Standards, NBS）　5, 14, 60, 61, 85
国家防衛研究委員会 → NDRC
コナント（James Conant）　9, 15, 18, 94, 96, 97, 182
コネチカット大学　195
コモナー（Barry Commoner）　100, 101
ゴルバチョフ（Michael Gorbachev）　111, 112, 115
コロラド大学　100, 146
コロンビア大学　4, 16, 52, 100, 123, 124, 130, 143, 147, 159, 162, 184, 199
コンプトン（Arthur Compton）　94, 95
コンプトン（Karl Compton）　7, 8, 51, 94

さ

サハロフ（Andrei Sakharov）　112
サミュエルソン（Paul Samuelson）　21, 36
シーボーグ（Glen Seaborg）　15
ジェファーソン（Thomas Jefferson）大統領　1, 4, 25, 36, 126
シカゴ大学　16, 19, 94, 129, 134, 147, 188
ジュウェット（Frank Jewett）　8
シュトラスマン（Fritz Strassmann）　13, 14
ジョージア工科大学　6, 60
初等中等教育法　188
ジョンズホプキンス大学　12, 82, 99, 130, 197
ジョンソン（Lyndon Johnson）大統領・政権　28, 30, 33, 78, 155, 164, 165, 166, 168, 188
シラード（Leo Szilard）　14, 94, 139
スターリン（Joseph Stalin）　18
スタンフォード大学　51, 52, 53, 54, 56, 60, 75, 76, 82, 91, 129, 130, 142, 159, 163, 172, 189, 197
スティムソン（Henry Stimson）　94, 95
ストローズ（Lewis Strauss）　97, 154
スパイ法（Espionage Act）　127
スプートニクショック　26, 76, 77, 79, 141, 183
スミス（Howard Smith）法　127
スミソン（James Smithson），スミソニアン協会　3, 59
セマテック（Seminconductor Manufacturing Technology, SEMATECH）　74, 75
セレラ社　38
扇動法（Sedition Act）　127
セントラル・ミズーリ大学　210
全米科学アカデミー → NAS
全米科学財団 → NSF
全米教育協会 → NEA
全米研究評議会 → NRC
ソロモン（Gerald Solomon）修正項　195

た

ターマン（Frederic Terman）　52, 53, 75
第2モリル法　4
ダグラス社（マクダネル・ダグラス社）　60, 61, 62, 63, 64, 69, 80

チャーチル（Ward Churchill）　146, 147
チャーチル（Winston Churchill）　10, 18, 95, 148
中央情報局 → CIA
テニュア制度・教員　129, 131, 137, 139, 140, 146, 147, 148, 149, 150, 151
デュブリッジ　157
テラー（Edward Teller）　14, 27, 97, 98, 103, 105, 106, 107, 108, 109, 114, 125, 154, 155
トランプ（Ronald Trump）大統領・政権　35, 36, 208, 209
トルーマン（Harry Truman）大統領・政権　18, 20, 22, 26, 95, 97, 111, 133, 182, 183
ドレイパー（Charles Draper）, 一研究所　52, 158

な

ナン（Sam Nunn）　113
ニクソン（Richard Nixon）大統領・政権　28, 29, 30, 35, 103, 104, 157, 162, 166, 167, 168, 169
日本学術会議　215, 216, 220
日本物理学会　216, 217
ニューディール政策　7, 176, 185, 196
ニュンレンベルグ裁判　156, 215
ネイティック研究所　92
ノイス（Arthur Noyces）　6
農務省　4, 22, 44, 45, 46, 157
ノースロップ社　61, 63, 80

は

バーチェ（Alexander Dalls Bache）　2
ハーディング（Warren Harding）大統領　176
ハーバー（Fritz Harber）　222
ハーバード大学　3, 4, 5, 9, 11, 21, 36, 52, 82, 128, 130, 133, 134, 142, 153, 157, 158, 172, 182, 187, 188, 189, 199
ハーン（Otto Hahn）　13, 14
バーンズ（James Byrnes）　94, 95
ハイゼンベルク（Werner Heisenberg）　122, 225
パウエル（Adam Clayton Powell）修正項　185
パスツール（Louis Pasteur）　70
ハッチ法　4

パトリオット（ミサイル）　114, 115, 116, 118
ハリウッドテン　201
バルーク（Bernard Baruch）　95
反フェデラリスト　1, 126
ヒトラー（Adolf Hitler）　60, 94, 120, 139, 199, 222
非米活動委員会　132, 133, 138, 201
ヒル（Lister Hill）　185, 188
フィールズ（Craig Fields）　81
フーバー（Edgar Hoover）　154
フーバー（Herbert Hoover）大統領　176, 177
フェデラリスト（Federarist）　1
フェルミ（Enrico Fermi）　15, 16, 94, 97, 155
フォード（Gerald Ford）大統領・政権　31, 105, 115, 157, 173
フォン・ノイマン（John von Neumann）　17, 57
フォン・ブラウン（Whelner von Brawn）　27, 102, 120, 121, 122
ブキャナン（Jamese Buchanan）　169, 174
ブキャナン（Patrick Buchanan）　114
フックス（Klaus Fuchs）　97, 134, 135, 136
ブッシュ（子）（George W. Bush）大統領・政権　33, 34, 35, 36, 82, 117, 208
ブッシュ（父）（George H. W. Bush）大統領・政権　75, 81, 82, 88
ブッシュ（Vannevar Bush）ブッシュ・レポート　9, 10, 12, 15, 16, 20, 21, 22, 23, 25, 26, 39, 42, 94, 96, 111, 171
フランク（James Frank）　95
フリッシュ（Otto Frisch）　13, 14
プリンストン大学　199
フルブライト（William Fulbright）　29, 79, 143
ブロムリー（Allan Bromley）　75, 81
ベーテ（Hans Bethe）　15, 97
ヘール（George Hale）　6, 7
ペンシルバニア大学　56, 57, 130
ベンター（Craig Venter）　38
ベンデツェン（Karl Bendetsen）　106, 107
ヘンリー（Joseph Henry）　2
放射線研究所　10, 11, 52
亡命ドイツ人学者緊急援助委員会　200
ボーア（Niels Bohr）　13, 14, 70
ボーイング社　28, 30, 60, 61, 62, 63, 64, 89
ボーエン（Harold Bowen）　23, 24
ホーニング（Donald Horning）　29, 103
ポーリング（Linus Pauling）　99, 101, 164
ホール（Theodore Hall）　133, 134, 135, 136

索引　235

保健教育福祉省（保健福祉省）　22, 24, 34, 36, 44, 157, 159, 185
ホルドレン（John Holdren）　34, 35

ま

マーバーガー（John Marburger）　35, 208
マイトナー（Lise Meitner）　13, 14
マクナマラ（Robeert McNamara）　28, 156, 158, 161, 162
マクマホン（Brian McMahon），一法　96, 97
マケロイ（Neil McElroy）　76, 77
マサチューセッツ工科大学　→ MIT
マッカーシー（Joseph McCarthy），マッカーシズム　29, 132, 133, 136, 139, 140, 141, 172, 187
マンスフィールド（Mike Mansfield），一条項　79, 91, 164
マンハッタン計画　16, 23, 57, 94, 111, 133, 138, 139, 153, 213, 225
ミシガン大学　60, 159, 189
ミューレイ・メットカーフ（Jamess Murray-Lee Metcalf）法案　186
ミリカン（Robert Millikan）　6
ミルズカレッジ　187
メイ（Alan May）　134, 135
メイ・ジョンソン（Andrew May-Edwin Johnson）法案　96
モスバッカー（Robert Mosbacher）　75, 81
モリル法　4, 6, 169, 174, 195
モンロー（Jamese Monroe）大統領　175

や

八木アンテナ　11, 214
冶金研究所　16, 94, 95, 96, 134

ら

ライト（Wilbur and Orville Wright）兄弟　59, 65, 122
ラッセル（Bertrand Russell），ラッセル・アインシュタイン声明　99
ラムズフェルド（Ronald Rumsfeld）　117
ランキン（John Rankin），一法案　132, 178
ランドグラント大学　4, 5, 6, 169, 170, 195
リチャードソン（Elliot Richardson）　185
リニアモデル　20, 21, 32, 39, 42, 70
リバモア（ローレンス・リバモア）研究所　98, 99, 105, 106, 109, 114
リバリング（Harold Levering）忠誠　138
良心的兵役拒否，一者　170, 172, 173
リリエンソール（David Lilienthal）　95, 96, 97
リンカーン研究所　52, 57, 82, 158, 159
リンカーン（Abraham Lincoln）大統領　4, 25
ルイス（Meriwether Lewis）・クラーク（William Clerk）探検隊　4
ルーズベルト（Franklyn Roosevelt）大統領・政権　7, 14, 20, 26, 61, 94, 132, 176, 177, 178, 196
レーガン（Ronald Reagan）大統領・政権　31, 32, 35, 43, 62, 74, 75, 77, 82, 104, 105, 106, 107, 108, 110, 111, 113, 115, 116, 216
連邦捜査局　→ FBI
ローゼンバーグ（Julius and Ethel Rosenberg）夫妻　135, 136
ローレンス（Earnest Lawrence）　94, 97, 98
ロス（Edward Ross）　129, 130
ロスアラモス研究所　17, 19, 57, 96, 97, 98, 99, 108, 114, 134, 138, 153
ロッキード（ロッキード・マーチン）社　62, 80, 82, 83, 105
ロックフェラー財団・家　8, 20, 129, 200
ロング（Franklin Long）　103

わ

ワインバーガー（Casper Weinberger）　108, 110, 216
ワシントン大学（シアトル）　60, 63, 136, 137
ワシントン大学（セントルイス）　100, 101
ワシントン（George Washington）大統領　1
ワロップ（Malcolm Wallop）　105, 107

著者略歴

宮田由紀夫（みやた　ゆきお）

1960年　東京生まれ
1983年　大阪大学経済学部卒業
1987年　University of Washington (Seattle) 工学部（材料工学科）卒業
1989年　Washington University (St. Louis) 工業政策学研究科修了
1994年　同経済学研究科修了（経済学 Ph.D.）
大阪商業大学、大阪府立大学勤務を経て現在、関西学院大学国際学部教授

専　　門　産業組織論、アメリカ経済論
主な著作
『アメリカにおける大学の地域貢献―産学連携の事例研究―』中央経済社、2009年。
『アメリカのイノベーション政策―科学技術への公共投資から知的財産化へ―』昭和堂、2011年。
『アメリカの産学連携と学問的誠実性』玉川大学出版部、2013年。
『アメリカ航空宇宙産業で学ぶミクロ経済学』関西学院大学出版会、2013年。
『暴走するアメリカ大学スポーツの経済学』東信堂、2016年。

アメリカにおける国家安全保障と大学

2019 年 4 月 5 日 初版第一刷発行

著　者　　宮田　由紀夫

発行者　　田村和彦
発行所　　関西学院大学出版会
所在地　　〒 662-0891
　　　　　兵庫県西宮市上ケ原一番町 1-155
電　話　　0798-53-7002

印　刷　　株式会社クイックス

©2019 Yukio Miyata
Printed in Japan by Kwansei Gakuin University Press
ISBN 978-4-86283-278-8
乱丁・落丁本はお取り替えいたします。
本書の全部または一部を無断で複写・複製することを禁じます。